要素市场扭曲下的
中国内需问题研究

李广泳　著

Yaosu Shichang Niuquxia De Zhongguo Neixu Wenti Yanjiu

中国社会科学出版社

图书在版编目（CIP）数据

要素市场扭曲下的中国内需问题研究／李广泳著 . —北京：中国
社会科学出版社，2015.10
ISBN 978 - 7 - 5161 - 7023 - 6

Ⅰ. ①要… Ⅱ. ①李… Ⅲ. ①中国经济—研究 Ⅳ. ①F12

中国版本图书馆 CIP 数据核字（2015）第 262475 号

出 版 人	赵剑英	
选题策划	刘　艳	
责任编辑	刘　艳	
责任校对	陈　晨	
责任印制	戴　宽	

出　　版	中国社会科学出版社	
社　　址	北京鼓楼西大街甲 158 号	
邮　　编	100720	
网　　址	http://www.csspw.cn	
发 行 部	010 - 84083685	
门 市 部	010 - 84029450	
经　　销	新华书店及其他书店	

印　　刷	北京明恒达印务有限公司	
装　　订	廊坊市广阳区广增装订厂	
版　　次	2015 年 10 月第 1 版	
印　　次	2015 年 10 月第 1 次印刷	

开　　本	710×1000 1/16	
印　　张	15	
字　　数	272 千字	
定　　价	58.00 元	

目　录

图目录

表目录

第一章 导论

本研究在新古典经济学的理论框架下，以国际比较的视角研究了中国内需不足问题。在国民收入初次分配阶段，测算了中国核心生产要素资本和劳动价格的扭曲程度，结合中国居民收入来源数据和国际劳动收入份额数据，并通过理论分析和实证检验研究了中国要素价格存在扭曲现象及其扭曲的原因，最后解释了国民收入初次分配阶段居民消费受抑制的原因。在国民收入再分配阶段，利用居民效用最大化假设，推导公共支出对居民消费的替代方程式，通过国际比较，实证研究了中国公共支出对居民消费的影响，特别是教育、医疗、社保等公共支出对居民消费的影响，发现其中存在的问题，并从公共支出的规模、结构和效率三个方面对问题的原因做了分析，最后解释了国民收入再分配阶段居民消费受抑制的原因。在初次分配和再分配关系上，通过实证研究，检验了公共支出对劳动收入份额的影响。最后，根据研究结论，从决定初次分配的金融方面和决定再分配的财政方面提出了相应的政策建议。

第一节 研究背景与问题提出

一 研究背景

改革开放以来，中国经济增长的速度令世人瞩目。经济高增长的背后，带来了居民衣、食、住、行等消费品的一次又一次升级，中国的国际地位也得到了一步步提升，诸如此类都是值得肯定的。然而，在此期间也暴露出不少问题，特别是在 2008 年之后，中国经济所面临的转型问题。

中国既往的经济成就被一些人甚至是一些研究者认为是增长的奇迹或中国模式，转型问题的出现，让这些人多少有了一点清醒。经济转型就是既往的经济发展模式难以为继，不得不寻找可持续性的经济发展模式。因为经济发展模式受路径依赖影响较强，无论从观念上还是从实践上当事人很难突破原有的行事方式，只有在危机的倒逼之下才可能突破。中国发展模式所面临的问题，即长期以来中国经济增长依赖高投资、高出口的粗放式发展问题。在当时一穷二白的短缺经济情况下，这种经济增长模式确实收到了良好的效果。改革开放后，中国在以经济建设为中心的思想指导下，通过调动人们强烈改变穷困现状的热情，用廉价的自然资源、廉价的资本和廉价的劳动力，配合出口导向政策实现了经济的高速增长。时至今日，国内环境问题、产能过剩问题、国外需求不振问题，使中国出口增速下滑。以往经济发展模式使中国经济遇到了"肠梗阻"。那么，经济转型要转到什么样的模式？1997年亚洲金融危机爆发后，国内就找到了要依赖内需发展经济的道路。扩大内需的呼声到如今已经叫嚣了好几个五年计划了，相关政策也出台了一轮又一轮，但收效甚微。本研究认为只有抓住内需问题的实质，相关政策才能有效。因此，内需问题仍需进一步深入研究，寻找到问题的根源，才能突破路径依赖实现经济成功转型。这就是本研究的现实背景。

从现实情况来看，居民消费不足是被大家（包括反对依靠内需拉动经济增长的经济学者）认可的。从理论上来看，研究消费率合理区间的不少，但没有得出一致的结论，西方主流经济学对此也没有给出明确答案，这也与凯恩斯的需求管理理论并未得到一致认同有关。现代经济增长理论的分析框架是在提高供给能力的基础上进行不断扩展和创新的，消费只不过是配合效用函数为理论分析搭建了一个框架。消费率是所有的单个理性人效用最大化下的消费加总对GDP的比率，属于宏观层面。但它包含诸多个体理性成分，不论宏观消费率高或者低，都是消费者在自身收入基础上做出的理性选择。因此，讨论最优消费率无助于解决中国的现实问题，而且不同的国家或地区有不同的生产结构，即使同一个国家在不同的时期也可能具有不同的消费率。比如，在经济起步阶段，嗷嗷待哺的国人用"饥不择食"的方式推动经济发展无可厚非，西方资本主义国家在资本主义发展初期同样经历了在后世看来不可取的发展模式。因此，经济的发展模式是当事人理性选择的结果，那么消费率的合理区间界定问题，就要用经济发展模式的可持续性来衡量。首先，宏观经济需要遵循供需平衡规律，这样一来简单再生产才能够得以实现，然后才能够通过技术创新、体制机制创新等实现扩大再生产，而消费是社会生产的目的，如果社会生产仅满足部分人的奢侈消费，多数人正常消费得不到满足，不要说从道德层面评价消费率，就连经济运行都难以为继。马克思早在《资本论》中就论述到资本主义自由竞争时期会出现生产过剩的经济危机，对生产力产生极大的破坏作用，等等。因此，研究消费问题更应该在保证宏观经济能够顺畅运行的前提下，关注如何提高经济中个体的消费需求，回到消费本身，正如亚当·斯密所说，消费是需求的终点。

因此，要确定一个国家的消费率是否合理，更多地应该以该国自身的经济运行状况为依据。目前，外需不振，国内投资"过剩"，面临着经济循环不畅的危险。由此推定，中国现在的居民消费率低下就是不合理的。进一步深入研究抑制居民消费的关键因素，探讨问题形成的逻辑关系，对症下药，找到合理的对策，这便构成了本书的理论和思想背景。

二　问题的提出

依据上文所述，探寻影响中国居民消费的关键因素以及通过理论分析和实证检验来阐释其形成的逻辑则是要研究的问题。不可能穷尽影响居民消费的各种因素，然而通过梳理和总结传统消费理论和现代消费理论发现，影响消费的核心因素是收入和对不确定性的预期。收入要考虑国民收入分配，从统计数据也发现，工资收入占城镇居民收入的70%以上，占农村居民收入的40%以上而且在不断上升，转移性收入排在居民收入的第二位，财产性收入比例微乎其微。因此，在国民收入初次分配阶段，劳动收入份额是影响居民收入的关键因素，在国民收入二次分配阶段，公共支出不仅通过转移支付影响居民收入，关键是公共支出通过大社保体系影响居民对不确定性的预期，最终影响消费。

因此，只有初次分配阶段劳动收入份额不断提高，二次分配阶段社会保障能够相对公平覆盖，居民消费水平才有可能提高。现实情况是劳动收入份额低、社会保障差距既不能全覆盖也不能相对公平覆盖。那么，是什么原因造成了这种局面呢？关键在初次分配阶段，要解释劳动收入份额低下的原因，在二次分配阶段，为什么公共支出没有发挥理论意义上的功能，也就是说，即使人们的收入水平提高了，如果各项公共服务不到位，居民就会有这样或那样的顾虑，进而也不敢放开消费。

根据以上阐释，所要研究的问题就明确了，那就是在初次分配阶段通过劳资分配模型、劳资讨价还价模型以及要素扭曲度测算研究劳动收入份额低下的原因，在二次分配阶段通过公共支出对居民消费替代模型和数据包络模型研究公共支出抑制消费的原因。

第二节　研究目的与选题意义

一　研究目的

在理论研究上，试图通过应用劳资分配模型、劳资讨价还价模型、融资约束模型以及公共支出与消费间的替代性数理模型，结合既往中国经济发展的实际，建立一套能够清楚地解释中国内需问题的逻辑。本研究认为，中国居民消费不足的原因并不是乱象丛生没有关键点的，而是在逻辑上有一套清晰的脉络可以被理解和把握。

依据上述理论模型和逻辑关系，通过计量经济学的理论分析方法建立相应的实证模型，应用国内外经验数据对理论和逻辑推理进行统计检验，分析如下问题：劳动收入份额是否对中国居民消费有显著影响，劳动收入份额对消费影响的情况是否与国外有差别；资本和劳动要素价格是否存在扭曲以及扭曲程度如何；国内融资约束是否通过劳动收入份额抑制了居民消费，外商直接投资是否影响了劳动收入份额；公共支出对居民消费是替代的还是互补的，与国外公共支出是否有区别，国内公共支出规模、结构和效率如何，是否发挥了公共服务的职能；等等。并进一步通过模拟分析劳动收入份额和公共支出的变化对居民消费的冲击影响，对相关变量做出预测。最后，依据理论分析和实证检验得出的结论，重点从金融领域和财政领域提出相应的政策建议。

二　选题意义

随着经济多年来的高增长，中国经济取得了了不起的成就，但也遇到了可持续发展的瓶颈。关注中国问题的国内外研究一致认为，实现经济的可持续发展，内需是根本，扩大内需是实现中国经济转型的必由之路。然而，对内需的研究可谓五花八门，对内需的解释也不下 10 种，诸如劳动收入份额、收入差距、社会保障甚至是东方偏爱储蓄的文化等，都对内需不足问题作了大量研究，但是鲜有从理论逻辑上分析中国内需不足的实质。因此，提出的相关政策建议也是碎片化的，从近年来扩大内需的政策实施来看，效果不显著。因此，对内需问题的研究有待进一步深入，否则，不能认清问题的实质，就不可能对症下药地解决根本问题。因此，经济理论研究一定要结合中国的实际，中国的发展实际也是对已有经济理论的验证并促其修正，从这个意义上讲，该选题既有学术意义又具有提供解决中国问题对策的现实意义。

第三节　研究方法与分析工具

一　研究方法

1. 实证分析与规范分析相结合

本研究采用了逻辑实证主义的研究范式，以经验事实为逻辑起点，应用理论模型进行递推分析，然后通过官方权威数据进行实证检验来验证逻辑推理，再与经验事实相对照，把握问题的实质，最后通过规范分析，以研究结论为依据，提出相应的政策建议。在具体的理论分析和应用方面，既遵循新古典经济学主流的分析框架，又结合国情吸收了政治经济学的分析思路，以客观的经验数据为支撑，以成熟规范的应用计量经济学理论为基础做了细致的检验。

2. 比较分析法

比较不同类型国家居民消费率的演变，比较中国与发达国家的劳动收入份额的演变，比较中国与发达国家和其他发展中国家的公共支出等，探寻经济发展规律，揭示中国居民消费率低水平的不合理性，揭示中国公共支出结构和效率存在的问题等。比较分税制改革前后居民消费受收入、利率以及公共支出影响的差异，探寻提高居民消费的相应对策。比较国内各省市公共支出的结构和规模，比较城乡公共支出差别，为提高公共支出效率促进消费提供理论依据。

3. 微观与宏观、动态与静态分析相结合

理论模型都有其微观基础，经验数据既有官方宏观统计数据，又有研究机构调查研究的数据，回归分析既有静态模拟又考虑了动态变化。

二　分析工具

在理论模型应用和数理模型推导上，都应用了严谨的动态最优化方法。在实证分析时，主要运用现代计量经济学的分析工具对国内和国际数据进行实证检验。具体来说，运用了回归（Regression）模型、状态空间（Space）模型、自回归移动平均（ARMA）模型、向量自回归（VAR）模型、动态面板（Dynamic Panel）模型和数据包络（DEA）模型等各种计量经济学方法。在数值模拟方面，应用了卡尔曼滤波算法（Kalman Filter Algorithm）和脉冲响应分析（Impulse response analysis）等定量分析方法。

第四节　研究思路与篇章结构

一　研究思路

本研究紧紧围绕居民消费展开，首先，进行了居民消费率的国际比较，发现中国居民消费率与其他国家有较大差异。通过梳理西方传统和现代消费理论，总结出影响消费的根本因素。结合中国居民收入来源数据，本研究从初次分配和二次分配两条主线展开，在初次分配阶段，以劳资分配理论模型为起点，测算了劳动和资本要素价格扭曲的程度，接着应用劳资讨价还价模型和融资约束模型等讨论中国劳动收入份额低下的原因。通过理论分析发现，在中国资本扭曲了劳动，使得劳动收入份额低于发达国家。在内资上，通过实证检验信贷资金配置市场化指数对居民消费影响符合之前的理论推理，在外资上，通过实证检验 FDI 对居民消费影响同样与之前的理论分析吻合。在二次分配阶段，在居民效用最优化基础上，通过推导公共支出对居民消费替代性的数理方程式，对 38 个国家的经验数据进行了计量经济学检验，发现在二次分配阶段，中国的公共支出也没有发挥其理论上的功能，接着通过公共支出规模、结构和效率的国际比较，解释了中国公共支出问题存在的原因。其中二次分配（公共支出）对初次分配（劳动收入份额）也有影响，并做了相应的实证检验。最后，依据理论分析和实证检验得出的结论，重点从金融领域和财政领域提出相应的政策建议。具体来说，研究思路如图 1-1 所示，方框中的内容为理论分析说明，横线处的内容为实证分析说明。

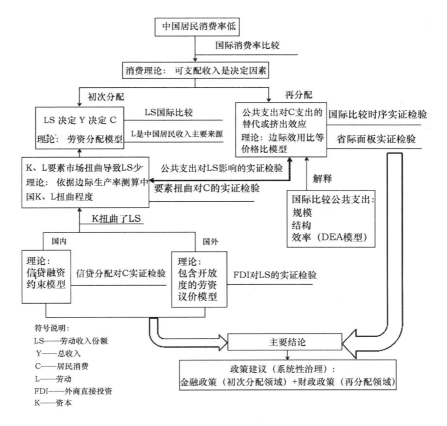

图 1-1　本书研究思路

二 篇章结构

本书在结构安排上，共分两大部分。

第一部分从第一章到第六章，研究国民收入初次分配阶段，劳动收入份额低下对居民消费的抑制作用。首先从介绍西方传统的和现代的经典消费理论包括国内外居民消费率的比较理出影响居民消费的核心因素出发，进而着重介绍劳资分配模型，解释劳动收入份额是影响中国居民消费的关键因素。从要素市场扭曲对居民消费的影响入手，通过测算中国劳动和资本要素价格扭曲程度，并应用劳资讨价还价模型分析资本要素扭曲劳动要素的过程。进一步通过融资约束模型解释国内资本要素扭曲劳动要素价格，导致劳动收入份额低下，并结合信贷资金分配市场化指数对居民消费的影响的实证分析来检验上述逻辑。针对经济全球化的背景，借助开放条件下的劳资讨价还价模型，又探讨了外商直接投资（FDI）对国内劳动收入份额的影响。

第二部分从第七章到第九章，探讨在国民收入再分配阶段，公共支出对居民消费的影响。通过推导公共支出对居民消费的替代效应方程式，使用国际和省际面板数据分析公共支出对居民消费的影响。在此基础上，通过分析国际比较公共支出的规模、结构以及效率解释国内公共支出存在问题的原因，并有针对性地提出政策建议。

以下是对各章主要内容做的概括性介绍。

第一章为导论。基于国内经济增长模式面临亟待转变的大背景，提出研究居民消费不足的根本原因问题。通过既有的理论模型和推导的数理模型，厘清了在国民收入分配的两个阶段都存在着对居民消费的制约作用。首先，在初次分配阶段，由于资本扭曲劳动，导致劳动者收入低下，因而直接损害了居民消费的根基；其次，在二次分配时，公共支出又没有为居民编制好消除不确定担忧的"社会保障网"，导致居民不敢消费，不能消费，进一步强化了整个社会的消费不足。

第二章从消费率的国际比较切入，通过比较世界各国或地区（包括发达国家或地区和发展中国家）1970—2009 年的居民消费率，发现中国居民消费率的特殊性，结合传统消费理论、现代消费理论以及研究中国内需问题的相关文献，探讨影响居民消费的规律，其中最为关键的因素就是劳动收入以及对未来不确定性的顾虑。

第三章研究中国国民收入初次分配阶段劳动收入份额决定消费率的情况。从分析中国城乡居民收入结构入手，发现工资性收入是中国城镇居民的主要收入来源，而且工资性收入占中国农村居民收入的比例也很高，并呈增长趋势。转移性收入比例列第二位，财产性收入比例微乎其微。初步判断工资性收入（也可以认为是劳动收入）是影响中国居民收入的关键因素，同时劳动收入份额的国际比较发现，中国不但低于发达国家的现阶段，也低于发达国家的资本主义初期，进一步判断劳动收入份额低下决定了中国居民的消费率低下。通过劳资分配理论分析和状态空间模型实证检验，发现中国城乡居民消费对收入有较强的敏感性，而对利率不敏感。国际和国内省际面板模型也发现劳动收入份额对居民消费确实有较为显著的影响。因此，判断初次分配阶段劳动收入份额决定了消费率。

第四章探讨了要素市场扭曲对居民消费的影响。通过劳动收入份额决定模型和劳资讨价还价模型分析要素扭曲的过程，然后利用微观经济学理论测算了中国的资本和劳动要素价格的扭曲程度，通过各种类型的所有制企业在资本和劳动市场上要素价格对比证实了中国要素市场存在扭曲现象，并用省际面板数据模型检验了要素市场扭曲对居民消费的影响。

第五章研究国内资本扭曲劳动对居民消费的影响。应用融资约束下推导出的数理模型，解释了中国资本扭曲了劳动。然后使用中国 30 个省（自治区、直辖市）1997—2009 年的省际面板数据，实证检验了中国信贷资金分配市场化指数对居民消费的影响，检验了资本对劳动的扭曲。

第六章研究了 FDI 对劳动的扭曲。首先，基于开放条件下劳资讨价还价模型探讨了 FDI 对国内劳动收入份额的影响。其次，应用 ARMA 回归模型、状态空间模型、向量自回归模型以及面板数据模型做了实证检验，并且根据中国的政策变化，做了阶段性的实证研究。

第七章研究了国民收入再分配对居民消费的影响。首先，在居民效用最大化基础上推导了公共支出对居民消费替代性方程式，使用 1970—2009 年的国际数据，对 38 个国家（包括发达国家或地区和发展中国家）的公共支出对居民消费的替代性做了实证研究，发现在多数国家公共支出与居民消费存在互补关系，只有包括中国在内的少数国家存在替代关系。用国内省际动态面板数据回归，得出了类似的结论。由此，说明中国公共支出总体上抑制了居民消费，而且教育、医疗等有益支出也对居民消费起到了抑制作用。最后，对消费率受劳动收入份额和公共支出冲击影响做了模拟分析。

第八章研究了公共支出的规模、结构和效率，并针对第七章中国公共支出存在问题的原因做了解释性研究。通过比较国内外公共支出的规模、结构和效率，发现中国公共支出抑制居民消费的原因。重点用数据包络（DEA）模型对公共支出的效率进行了测算，发现中国公共支出不仅在制度设计上存在效率损失，而且在管理上也存在效率损失。

第九章为结论和政策建议。针对以上研究提出了政策建议。具体从影响国民收入初次分配的金融领域和影响国民收入再分配的财政领域着手，提出针对性的政策建议。希望中国金融和财政能够走向法制化、市场化的轨道，为中国经济转型提供制度保障。

第五节　创新之处

从宏观上对中国居民消费问题的研究较多，但多局限于从某一方面或理论或实证分析，碎片化研究很难从整体上把握中国居民消费问题的实质，因此在政策上就不可能给出治本的建议。而本研究在现有文献研究的基础上，从两次国民收入分配入手，厘清中国消费问题的因果关系，把握问题的实质。中国初次分配阶段资本扭曲劳动，导致劳动收入份额低下，侵蚀了居民消费的根基，最终抑制了居民消费。国民收入再分配阶段，公共支出无论是在制度设计上还是在管理上与其他国家相比都存在较大的效率损失，公共支出不仅没有为居民"编织"抵御风险的"社会保障安全网"，而且公共支出对初次分配阶段的劳动收入份额还有负向影响。因此，本研究从总体上研究了中国居民消费问题。

在理论研究上，既有新古典经济理论的微观分析基础，又根据中国经济发展的实际应用了政治经济学分析问题的方法，诸如把劳资分配模型、劳动收入份额决定模型、劳资讨价还价模型以及融资约束影响劳动收入份额的数理模型和公共支出对居民消费替代性数理模型等，作为分析中国消费问题的理论工具，建立了一套能够清晰解释中国内需问题的逻辑。

在实证方面，本研究恰当地运用了多种成熟的计量经济学分析方法，检验了上述思想，包括状态空间模型、向量自回归模型、自回归移动平均模型、动态面板模型、数据包络模型以及脉冲响应模拟分析等。

在政策建议方面，本研究认为中国居民消费问题的根源在金融，财政是中国居民消费问题的补充，金融决定了财政，要想解决消费问题就要从根本上解决金融问题。

第二章 制约消费的关键因素分析

1997 年亚洲金融危机出口受阻使中国意识到过度依赖外需的风险，但是至今未能摆脱主要依靠投资和出口拉动的经济增长模式。危机到来时呼唤内需，通过开拓出市场，更换贸易伙伴使得危机的远离，内需的呼声也会减弱，随之也强化了路径依赖。2008 年世界性的金融危机爆发，中国出口增速持续下滑，这让中国彻底感受到过度依赖外需的危险。之所以中国能在亚洲金融危机之后依然能够较快地沿着原来的发展路径前行，主要是及时地调整了外贸伙伴，亚洲消费不振，就把目光转向了欧美市场，经济发展到今天中国才真正感受到依赖外需不可能长远，启动不了内需，经济发展就没有动力。相比英美发达国家 80% 左右的最终消费率，中国不到 50% 显然是偏低了。① 突破的关键是启动内需，启动内需的关键在于提高居民消费支出，实现主要依靠消费拉动的经济增长。需要澄清的是，消费拉动经济增长，并不是鼓励居民超前消费，透支市场的消费能力，而是通过提高居民收入水平引致居民增加消费，最终推动消费升级。

第一节 消费率的国际比较

居民消费率指的是某国或某地区一定时期内（一般是一年内）居民消费比重，按照国内生产总值（GDP）支出法统计，即居民消费额与国内生产总值的比值。居民消费率和政府消费率一起构成了某国或某地区的最终消费率。居民消费率的变化反映着宏观经济变化，对宏观经济的健康运行

---

① 根据世界银行 WEI 数据库显示，2012 年美国的最终消费率为 84%，英国为 87%，中国仅为 49%。

产生重大影响。在经济起步阶段居民消费率过高就会影响资本积累，在经济发展到一定水平之后，居民消费率过低便会导致内需不足，最终都会引起宏观经济结构失调，抑制扩大再生产，甚至破坏简单再生产的进行，进而引发经济危机。改革开放初期至 20 世纪 90 年代之前，中国消费需求高涨，彻底摆脱了短缺经济，促进了经济高增长。但是 1990 年之后特别是 1994 年分税制实施之后，中国投资和出口扩张开始，而居民消费率总体上呈现出下降的趋势，2000 年之后甚至下滑到 40% 以下，这与世界其他经济体形成了鲜明的对比，关于 1950 年以来世界各国或地区居民消费率的走势，见图 2 - 1。从世界各国消费率的对比图来看，中国居民消费率水平的低下是罕见的，即使计划经济时代居民消费率在 50% 以上，但是仍然低于其他国家，这与当时压缩居民消费支援重工业发展有关。改革开放后，中国居民消费率下滑到 50% 以下，而世界其他国家和地区居民消费率，大约在 20 世纪 70 年代走势开始平稳，均值约为 70%。仅新加坡居民消费率走势和比例与中国类似，但是新加坡政府在社会保障政策上承担了较大的责任，相当于公共部门的部分消费实质是居民消费，也就是说居民的部分消费被隐藏到公共消费当中，而其居民实际消费率并不是各国消费比较图上所显示的那样低。

从理论上来说，谈到消费率问题时，多数人都会讨论到钱纳里的消费增长理论。钱纳里[①]（1975）通过实证研究发现，消费率随着经济发展水平（以人均 GDP 为标准）在不断变化。他以 1964 年美元为基准，通过对各国数据加总的笼统测算得出，当一国的人均 GDP 从 100 美元上升到 1000 美元时，消费率会表现为逐年显著下降，为 60% 左右；人均 GDP 超过 1000 美元后，消费率的变化逐渐趋于平稳，有逐步上升趋势。而如今中国的人均 GDP 已超过 7000 美元，居民消费率却仍在 35% 左右的低位徘徊。

居民消费低下的问题在经济增长较快的时期或许会被掩盖，而当中国经济面临着依靠投资和外需拉动转向内需拉动的转型困难时，居民消费则成了回避不了的问题，研究消费问题，首先要探讨制约居民消费的关键因素。

---

① ［美］钱纳里、［以色列］塞尔昆：《发展的型式 1950—1970》，李新华等译，经济科学出版社 1988 年版，第 30—33 页。

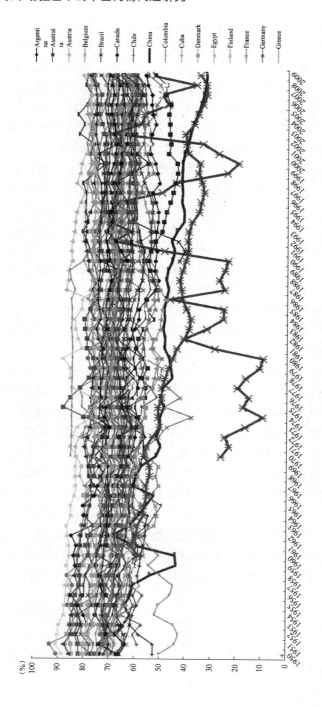

图2-1 1950—2009年世界各国或地区居民消费率走势

第二节　传统消费理论与现代消费理论

西方消费理论以是否考虑理性预期为标志，划分为传统消费理论和现代消费理论两个研究阶段。传统消费理论又以有无微观基础为准，分为缺少微观基础的绝对收入假说理论、具有微观基础的相对收入假说理论、生命周期假说理论以及持久收入假说理论。在现代消费理论的研究阶段，因考虑理性预期问题，对消费问题的研究从确定性阶段进入了不确定性阶段。

一　传统消费理论

1. 绝对收入假说[①]

绝对收入假说认为，当期消费主要取决于消费者的当期收入，即存在 $C = C_0 + \beta YD$ 这样稳定的消费函数。其中 C 是当期消费，C_0 是自发消费，β 是边际消费倾向，YD 是可支配收入。短期消费由当期绝对收入水平和边际消费倾向决定，而边际消费倾向将会小于 1，即消费者增加 1 个单位收入，在边际消费递减规律作用下，消费增加会小于 1 个单位。

2. 相对收入假说[②]

相对收入假说认为，消费除了受当期收入的影响外，还会受到其他人的消费和消费者自身以往消费的影响。相对收入假说解释了消费具有稳定性，说明了消费具有稳定经济的作用，因此也使得对消费问题的研究视角从宏观进入到了微观。

3. 生命周期假说[③]

生命周期假说认为，人的生命可以分为两个阶段，即收入大于消费的

---

① 　[英] 凯恩斯：《就业、利息和货币通论》，高鸿业译，商务印书馆 2009 年版，第 96 页。

② 　Duesenberry，"Income-Consumption Relations and their Implications"，*Income*，*Employment and Public Policy in Metzler*，1948.

③ 　Modigliani Franco，"Life Cycle，Individual Thrift，and the Wealth of Nations"，*The American Economic Review*，1986，76（3），pp. 297 – 313.

阶段和收入小于消费的阶段。消费者在前一个阶段进行储蓄，而在后一个收入少的阶段负储蓄，家庭平滑每一个阶段的消费，以实现一生中效用的最大化。即 $C = \alpha_0 YL + \alpha_1 WR$，其中 α_0 和 α_1 分别是劳动收入 YL 和财产（因储蓄）收入 WR 的边际消费倾向。该假说揭示了消费不取决于现期收入，而取决于消费者一生的收入。

4. 持久收入假说[1]

持久收入假说认为，消费者的收入可分为暂时性收入和持久性收入两部分，暂时性收入是指收入中不可预见的、带有偶然性的收入，消费也可分成暂时性消费和持久性消费两部分。持久收入假说和生命周期假说类似，即着眼于对未来收入的预期，其思想比较相似，都表明代表性消费者的消费由其一生的财富价值所决定。因此，后来的学者一般将两者合二为一，称为生命周期—持久收入假说。

传统消费理论都研究了收入对消费的影响，也可以说，西方传统消费理论是关于收入与消费关系的理论、消费主要由收入决定的理论。

二 现代消费理论

1. 随机游走假说

Hall（1978）将理性预期引入生命周期—持久收入假说，一个无限生存的典型消费者，当收入流是一个随机变量时，在追求一生期望效用最大化时，推导结论表明，除当期消费以外的任何信息都不能预测下一期的消费，即消费轨迹是一个随机游走的曲线，收入的变化不能预测消费的变化[2]。Flavin（1981）利用现实数据对其进行实证检验发现，消费的变化可以用收入来预测，实际上消费变动与预期收入变动间存在着显著的正相关性，即消费存在过度敏感性[3]。Campbell 等（1989）实证检验发现，当收入变动时，消费的实际波动远小于 Hall 对消费变动的理论预测

① Friedman, *A Theory of Consumption Function*, Princeton, N. J.: National Bureau of Economic Research and Princeton University Press, 1957.

② Hall Robert E., "Stochastic Implications of the Life Cycle-Permanent Income Hypothesis: Theory and Evidence", *Journal of Political Economy*, 1978, 86（6）, pp. 971 – 987.

③ Flavin, M., "The adjustment of consumption to changing expectations about future income", *Journal of Political Economy*, 1981, 89, pp. 974 – 998.

值，说明消费相对于当期收入来说，过于平滑，即消费具有过度平滑性[1]。

2. 预防性储蓄假说

预防性储蓄假说认为，当存在收入风险时，消费者的消费行为不仅要考虑持久收入的多少，还要考虑持久收入的风险，Caballero 等（1990）认为风险主要体现为劳动收入的变化。当期劳动收入的变化不仅意味着持久收入的改变，还意味着风险。如果消费者不在乎风险，那么他会根据持久收入的变化而决定消费的变化，这时不存在过度平滑性。但是考虑到风险，消费者必须同时进行预防性储蓄以规避风险，所以消费的变化必然小于收入的变化，表现出过度平滑性[2]。

3. 流动性约束假说

Deaton（1991）认为，在不确定性条件下，受到流动性约束的消费者的消费与其收入流量有关，如果与收入流是正相关的，消费者倾向于增加谨慎性储蓄；如果收入流是随机游走的，消费者凭经验进行消费[3]。Sydney Ludvigson[4]（1999）论证了流动性约束随时间的变化。流动性约束假说再次解释了消费的过度敏感性，由于现实中流动性约束的存在，人们并不是在任何时候都可以借到钱，他只能消费当前的财富，因此与无流动性约束相比，流动性约束下的消费者的消费比较低。也就是说，流动性约束下的消费只与当期劳动收入正相关，这就对消费的"过度敏感性"给出了解释。所以为了保证收入下降时消费不会大幅下降，消费者就会被迫减少当前的消费，增加储蓄，以应付未来收入下降的风险。

4. λ假说

Campbell 和 Mankiw[5]（1991）认为，一个可靠的消费函数既要符合理

---

① Campbell, John and Deaton, Angus, "Why is consumption so smooth?", *Review of Economic Study*, 1989, 56, pp. 357 – 372.

② Caballero, Ricando J., "Consumption puzzles and precautionary saving", *Journal of Monetary Economics*, 1990, 67, pp. 113 – 136.

③ Deaton, A., "Saving and Liquidity Constraints", *Econometrica*, 1991, 59（5）, pp. 1221 – 1248.

④ Sydney Ludvigson, "Consumption and Credit: A Model of Time-Varying Liquidity Constraints", *Review of Economics and Statistics*, 1999, Vol. 81, No. 3, pp. 434 – 447.

⑤ Campbell, John Y. and Mankiw, N. G, "The response of consumption to income: A cross-country investigation", *European Economic Review*, 1991, 35, pp. 723 – 726.

性预期下持久收入假说，又能与现实数据相吻合，因此他们提出了λ假说。λ是即期收入和持久收入之间的权重分配比例，在宏观意义上可以理解为社会总体依据此消费函数来消费，也可以认为有人（第一类消费者）按照持久收入决定消费，有人（第二类消费者）按照即期收入决定消费，这样λ假说兼容了理性预期下的持久收入假说和过度敏感性问题。

西方消费经济理论发展至今已趋于成熟，从中可以清楚地看到影响消费的主要变量就是消费者的收入，即使探讨不确定条件下的居民消费行为，考虑的也是不确定性对收入的影响，即人们对未来不确定的担忧。西方消费理论有关收入分配对宏观消费影响的探讨较少。在本书接下来的研究中，首先实证检验中国居民消费对收入和利率的敏感性问题，然后着重从影响居民收入的初次分配和影响不确定性的再次分配问题展开讨论。

第三节　中国内需不足的相关研究

中国经济发展到今天，才真正感受到依赖外需不可能长远，启动不了内需，经济发展就没有动力，经济可持续发展也只能是一个梦想。

那么，究竟是什么原因导致了中国内需的不足？相关的研究提供的解释大致可归为三类。

一　从劳动收入份额展开的研究

劳动收入在整个国民收入中所占的份额，一定程度上决定了消费需求的大小，而消费需求是内需能否扩张的关键因素（Aziz and Cui[①]，2007；罗长远[②]，2008）。周明海等[③]（2010）从劳动收入份额的影响范围展开，认

---

① Aziz J. and L. Cui, "Explaining China's Low Consumption: The Neglected Role of Household Income", *IMF Working Paper*, 2007.

② 罗长远：《卡尔多"特征事实"再思考：对劳动收入占比的分析》，《世界经济》2008年第11期，第95页。

③ 周明海、肖文等：《中国劳动收入份额的下降：度量与解释的研究进展》，《世界经济文汇》2010年第6期，第103页。

为劳动者收入份额既是社会消费能力的约束条件，也影响着企业的生产成本，进一步影响企业的生产效率和经济增长。李扬和殷剑峰（2007）更是犀利地指出由居民向企业和政府倾斜的国民收入结构是中国内需不足的主要动因[1]。伍山林（2011）也确信垄断和改制降低了中国劳动收入份额[2]。徐现祥和王海港（2008）从分析劳动报酬过低的原因展开，认为中国要素贡献分配的标准是被扭曲的[3]。白重恩和钱震杰[4]（2009）、李稻葵等[5]（2009）、龚刚和杨光[6]（2010）进一步深入分析国民收入分配扭曲的原因，他们认为经济发展、城乡二元结构、城市化进程、产业结构变迁等因素可能是我国国民收入分配结构扭曲、居民消费率下降的主要原因。从边际消费递减规律来看，收入差距过大也会导致消费不足，但本研究认为中国收入差距问题是劳动收入份额问题导致的结果之一，在经济转型期，市场规范性程度较低，少部分人通过体制遗留问题获得了高收入，而多数人靠劳动取得收入，并且劳动收入在总收入份额中所占比重较低，最终产生了居民收入差距问题。Daudey E. 和 C. Garcia-Penalosa（2007）也肯定了这一点[7]。郭庆旺和吕冰洋（2012）的实证结论也是如此，他们认为要素收入分配与居民收入分配之间存在密切联系。由于居民收入中劳动收入不平等程度一般大大低于资本收入不平等程度，要素收入分配向劳动倾斜将有助于缩小居民收入分配差距[8]。马敏娜[9]（2001）、臧旭恒和张继海[10]（2005）、

---

① 李扬、殷剑峰：《中国高储蓄率问题探究——基于 1992—2003 年资金流量表的分析》，《经济研究》2007 年第 6 期。

② 伍山林：《劳动收入份额决定机制：一个微观模型》，《经济研究》2011 年第 9 期，第 55—68 页。

③ 徐现祥、王海港：《我国初次分配中的两极分化及成因》，《经济研究》2008 年第 2 期，第 117 页。

④ 白重恩、钱震杰：《谁在挤占居民的收入——中国国民收入分配格局分析》，《中国社会科学》2009 年第 5 期。

⑤ 李稻葵、刘霖林、王红领：《GDP 中劳动份额演变的 U 型规律》，《经济研究》2009 年第 1 期。

⑥ 龚刚、杨光：《从功能性收入分配看中国收入分配的不平等》，《中国社会科学》2010 年第 2 期。

⑦ Daudey, E. and Garcia-Penalosa, C., "The personal and the factor distributions of Income in a Cross-Section of Countries", *Journal of Development Studies*, 2007, Vol. 43, No. 5, pp. 812 – 829.

⑧ 郭庆旺、吕冰洋：《论要素收入分配对居民收入分配的影响》，《中国社会科学》2012 年第 12 期，第 46—62 页。

⑨ 马敏娜：《我国居民收入差距扩大对居民消费需求的影响》，《当代经济研究》2001 年第 1 期。

⑩ 臧旭恒、张继海：《收入分配对中国城镇居民消费需求影响的实证分析》，《经济理论与经济管理》2005 年第 6 期。

李军①（2003）、田青和马健等②（2008）、李光和梁嘉骅③（2011）、白暴力和傅辉煌④（2011）、陈斌开⑤（2012）等较多学者都从理论或实证角度验证了收入差距拉大抑制了内需。

二 从储蓄需求展开的研究

Zeldes⑥（1989），Meng⑦（2003），Blanchard and Giavazzi⑧（2003），Louis Kuijs⑨（2006），骆祚炎⑩（2010），Giles and Yoo⑪（2007），Chamon and Prasad⑫（2008），何立新等⑬（2008），杨汝岱和陈斌开⑭（2009），

---

① 李军：《收入差距对消费需求影响的定量分析》，《数量经济技术经济研究》2003 年第 9 期。

② 田青、马健、高铁梅：《我国城镇居民消费影响因素的区域差异分析》，《管理世界》2008 年第 7 期，第 27 页。

③ 李光、梁嘉骅：《三大收入差距对消费影响的实证分析》，《中国软科学》2011 年第 3 期，第 160 页。

④ 白暴力、傅辉煌：《收入分配差距偏大的主要因素和消费需求牵扯》，《改革》2011 第 1 期，第 32 页。

⑤ 陈斌开：《收入分配与中国居民消费——理论和基于中国的实证研究》，《南开经济研究》2012 年第 1 期，第 33 页。

⑥ Zeldes, S., "Optimal Consumption with Stochastic Income: Deviations from Certainty Equivalence", *Quarterly Journal of Economics*, 1989, 104（2），pp. 275 – 298.

⑦ Meng, Xin, "Unemployment, Consumption Smoothing, and Precautionary Saving in Urban China", *Journal of Comparative Economics*, 2003, Vol. 31, No. 3, pp. 465 – 485.

⑧ Blanchard, O. and F. Giavazzi, "Macroeconomic Effects of Regulation and Deregulation in Goods and Labor Markets", *Quarterly Journal of Economics*, 2003, 118（3），pp. 879 – 907.

⑨ Louis Kuijs, "How will China's Saving-investment Balance Evolve?", *World Bank Policy Research Working Paper*, 3958, July 2006.

⑩ 骆祚炎：《城镇居民收入结构、收入初次分配格局与消费过度敏感性 1985—2008 年的经验数据》，《财贸研究》2010 年第 2 期，第 2 页。

⑪ Giles, John and Yoo, Kyeongwon, "Precautionary Behavior, Migrant Networks, and Household Consumption Decisions: An Empirical Analysis Using Household Panel Data from Rural China", *Review of Economics and Statistics*, 2007, Vol. 89, No. 3, pp. 534 – 551.

⑫ Chamon, Marcos, and Prasad, Eswar, "Why Are Saving Rates of Urban Households in China Rising?", *American Economic Journal/Macroeconomics*, Forthcoming, 2008.

⑬ 何立新、封进、佐藤宏：《养老保险改革对家庭储蓄率的影响：中国的经验证据》，《经济研究》2008 年第 10 期，第 117—130 页。

⑭ 杨汝岱、陈斌开：《高等教育改革、预防性储蓄与居民消费行为》，《经济研究》2009 年第 8 期，第 113—124 页。

张德勇[1]（2013）等认为中国就业、教育、医疗、养老和住房等使得人们对未来开支的不确定性增强，导致了预防性储蓄增加，消费率下降。臧文斌和刘国恩等[2]（2012），Hubbard 等[3]（1995），Gruber 和 Yelowitz[4]（1999），Engen 和 Gruber[5]（1995），Kantor 和 Fishback[6]（1996），Wagstaff 和 Pradhan[7]（2005），Chou 等[8]（2003）等通过对医疗保障、工伤保险等制度的研究也证实了其对居民储蓄率的影响。樊彩耀（2000）针对中国的国情和历史条件，认为居民消费需求增长与社会保障之间存在明显的相关关系。中国城镇居民消费倾向所发生的阶段性变化与社会保障福利费用支出的变化有着极为密切的关系，二者变化趋势基本吻合。社会保障福利支出增长较快，城镇居民消费倾向就较高，消费增长也就较快，反之则较慢[9]。也有不少学者从文化、习惯以及偏好等方面来分析中国居民的储蓄偏高，以此来解释消费率下降，如黄少安和孙涛[10]（2005）、叶海云[11]（2000）、杭斌[12]（2009）等。

---

① 张德勇：《财政支出政策对扩大内需的效应——基于 VAR 模型的分析框架》，《财贸经济》2013 年第 8 期，第 38—46 页。

② 臧文斌、刘国恩等：《中国城镇居民基本医疗保险对家庭消费的影响》，《经济研究》2012年第 7 期，第 75—85 页。

③ Hubbard, R., G., Skinner, J., and Zeldes, S. P., "Precautionary Saving and Social Insurance", *Journal of Political Economy*, 1995, Vol. 103, pp. 360 – 399.

④ Gruber, J., and Yelowitz, A., "Public Health Insurance and Private Savings", *Journal of Political Economy*, 1999, Vol. 107, p. 1249 – 1274.

⑤ Engen, E. M., and Gruber, J., "Unemployment Insurance and Precautionary Saving", *NBER Working paper*, 1995, No. 5252.

⑥ Kantor, S. E., and Fishback, P. V., "Precautionary Saving, Insurance and the Origins of Workers' Compensation", *Journal of Political Economy*, 1996, Vol. 104, pp. 419 – 442.

⑦ Wagstaff, A. and M., Pradhan, "Health Insurance Impacts on Health and Nonmedical Consumption in a Developing Country", 2005, SSRN.

⑧ Chou, S. Y., Liu, J. T., and Hammitt, J. K., "National Health Insurance and Precautionary Saving: Evidence from Taiwan", *Journal of Public Economics*, 2003, Vol. 87, pp. 1873 – 1894.

⑨ 樊彩耀：《完善社会保障体系促进居民消费增长》，《宏观经济研究》2000 年第 7 期，第53—57 页。

⑩ 黄少安、孙涛：《非正规制度、消费模式和代际交叠模型——东方文化信念中居民消费特征的理论分析》，《经济研究》2005 年第 4 期，第 57—65 页。

⑪ 叶海云：《试论流动性约束、短视行为与我国消费需求疲软的关系》，《经济研究》2000年第 11 期，第 39—44 页。

⑫ 杭斌：《习惯形成下的农户缓冲储备行为》，《经济研究》2009 年第 1 期，第 96—105 页。

三　从流动性约束展开的研究

Juan A. Rojas Banco de España（2008）通过建立迭代模型研究了社会保障改革对消费的影响，当内生化借贷受限制时，社会保障改革能降低居民储蓄率。放松借贷限制，允许风险借贷，将会减少预防性储蓄，增加消费[①]。Norman Loayza，Klaus Schmidt-Hebbel 和 Luis Serven（2000）认为，金融自由化对私人储蓄率起到了决定性作用。首先，信贷可利用度的增加降低了私人储蓄率；其次，金融深化抑制储蓄和实际利率[②]。姜正和和陈震（2014）使用微观调查数据研究发现，流动性约束抑制了中国居民的消费支出，中国的基本医疗保障体系能够在一定程度上缓解疾病风险给消费者带来的冲击，但无法完全对冲医疗风险给居民消费带来的影响[③]。屠俊明（2012）对中国居民消费的过度波动性研究发现，流动性约束通过弱化居民消费跨期优化能力对居民消费产生替代作用，从而增加了居民消费波动[④]。封福育（2014）应用门限回归模型研究中国城镇居民消费对收入的敏感性发现，流动性约束导致低收入居民的消费对收入有较强的敏感性，即流动性抑制了居民消费[⑤]。在货币政策对消费的影响研究中，郭新强、汪伟和杨坤（2013）使用中国的季度数据，用结构向量自回归模型研究得出，扩张性货币政策通过刚性储蓄家庭的流动性约束抑制了居民消费[⑥]。在研究财政政策对消费影响的过程中，储德银和童大龙（2012）发现，流动性约束在很大程度上能够解释财政政策冲击居民消费产生的非对称性效

---

① Juan A. Rojas Banco de España, "Social Security Reform with Uninsurable Income Risk and Endogenous Borrowing Constraints", *Review of Economics Dynamics*, January 2008, Volume 11, Issue 1, pp. 83 – 103.

② Norman Loayza, Klaus Schmidt-Hebbel, and Luis Serven, "What Drives Private Saving across the World?", *The Review of Economics and Statistics*, May 2000, Vol. 82, No. 2, pp. 165 – 181.

③ 姜正和、陈震：《疾病风险、流动性约束与居民消费——基于中国微观调查数据的经验研究》，《消费经济》2014 年第 3 期。

④ 屠俊明：《流动性约束、政府消费替代与中国居民消费波动》，《经济理论与经济管理》2012 年第 2 期。

⑤ 封福育：《短视、流动性约束与城镇居民消费——基于门限回归模型的经验分析》，《中央财经大学学报》2014 年第 7 期。

⑥ 郭新强、汪伟、杨坤：《刚性储蓄、货币政策与中国居民消费动态》，《金融研究》2013 年第 2 期。

应，预期可支配收入受流动性约束影响，甚至能够使居民的消费需求发生逆转①。

上述三类解释从劳动收入、影响储蓄的大社保（教育、医疗、养老以及住房等）政策和流动性约束等方面分析了中国内需不足的原因。理论分析也有一定的说服力，尤其是近年来相关政策建议也在不断转化为现实，但是政策多是碎片化的，从政策实施的效果来看，很不理想。

———————

① 储德银、童大龙：《中国财政政策对居民消费需求的非对称效应——基于流动性约束视角下一个新的分析框架》，《公共管理学报》2012 年第 1 期。

第三章 初次分配阶段劳动收入决定居民消费

第一节 中国居民收入状况和劳动收入份额的国际比较

无论是传统消费理论还是现代消费理论，都认为收入是居民消费的决定因素。那么，中国居民的收入状况如何，主要收入来源有哪些，是进一步研究收入决定问题的基础。

一 中国城乡居民收入额及收入结构

中国是典型的二元经济社会，因此将分别考察中国城镇和农村居民的收入结构及其绝对数。从表 3-1 可以看出，1990—2012 年间，城镇居民的工资性收入占其总收入的 70% 以上，是城镇居民最主要的收入部分。从表 3-2 来看，工资性收入也是农村居民收入的主要来源，其比例和经营性收入相当，都占 40% 以上，而且农村居民的工资性收入占比仍在上升，这与农村劳动力外出务工有关，经营性收入即土地种植收入绝对数稳定，其比例随着工资性收入比例的上升在下降。在初次分配阶段，与工资性收入相对应，财产性收入比重较低，因此分析工资性收入或者说是劳动收入将是讨论的重点。从城乡收入结构来看，在二次分配阶段，转移性收入也是城乡居民的重要组成部分，因此将在最后讨论有关公共支出的问题。从收入的绝对量来看，中国城镇居民人均收入是农村居民人均收入的 3 倍多，城乡收入差距较大，而农村工资性收入比重随着外出务工人口的增加而不断上升，因此研究劳动收入也就是从整体上研究中国劳动收入比例。从宏观上说，扩大居民消费，提高居民消费率就要研究如何提高劳动收入份额。

表 3 - 1　　　　城镇居民各项收入占其可支配收入的比重

	1990 年	2000 年	2010 年	2011 年	2012 年
人均可支配收入（元）	1510	6280	19109	21810	24565
工资性收入比重（%）	76.1	71.4	71.7	70.7	70.6
经营净收入比重（%）	1.5	3.9	9.0	10.1	10.4
财产性收入比重（%）	1.0	2.0	2.7	3.0	2.9
转移性收入比重（%）	21.8	22.9	26.7	26.2	25.9

数据来源：作者依据《中国统计摘要 2013》整理。

表 3 - 2　　　　农村居民各项收入占其纯收入的比重

	1990 年	2000 年	2010 年	2011 年	2012 年
人均纯收入（元）	686	2253	5919	6977	7917
工资性收入比重（%）	20.2	31.2	41.1	42.5	43.6
经营性收入比重（%）	75.6	63.3	47.9	46.2	44.6
财产性收入比重（%）	4.2	2.0	3.4	3.3	3.2
转移性收入比重（%）	NA	3.5	7.7	8.1	8.7

数据来源：作者依据《中国统计摘要 2013》整理。

二　劳动收入份额的国际比较

从中国城乡居民的收入结构来看，工资性收入即劳动收入是居民收入的主要部分，因此影响居民消费率的决定因素即劳动收入份额。那么，中国的劳动收入份额在国民收入中占比情况如何，与其他国家比较怎么样呢？图 3 - 1 中国劳动收入份额与欧美日等发达国家的比较，该数据来自PIKETTY - ZUCMAN WEALTH - INCOME DATA SET（2013），中国的数据是从 1970 年开始统计的，从中可以看出，中国的劳动收入份额在 20 世纪70 年代是比较低的，约在 40% 以下，这与改革开放之前中国实行低工资政策有关，改革开放之后，中国劳动收入份额不断增加，一直增加到占国民收入的 50% 左右，在 2000 年之后开始下降，且下降比例较大，一路下滑到40%附近，可能与这段时间贸易顺差大幅增长有关。2008年之后有所好转，劳动收入份额开始增加，一是由于民工荒的出现，劳动成本增加；二是由于各类物价特别是房价攀升，社会保障覆盖面低有关。

与发达国家相比，显然中国劳动收入份额是低下的，欧美日等发达国家的劳动收入份额在70%左右，美国最高接近80%，而且发达国家劳动收入份额也比较稳定，尽管近年来有所下降，但是仍在60%以上。

就经济发展相同阶段比较而言，如图3-2所示，由于数据的可获得性原因，这里仅画出了法国1896年以来的劳动收入份额图，从变化趋势来看，法国的劳动收入份额并没有发生太大变化，仅个别年份略微低于60%。从法国的劳动收入份额变化来看，经济发展的不同阶段劳动收入份额波动不会太大。法国在其工业化中期，劳动收入份额占70%左右，而中国已到了工业化中后期，但是劳动收入份额仍然较低，总体来看，中国无论与发达国家的工业化高级阶段还是同等发展中期阶段相比都相差较大。

第二节　劳资分配的理论模型

在经济活动中，考虑投入两种要素即 K（资本）和 L（劳动）进行生产，总产出为：

$$Y = F(K,L)$$

代表性劳动者收入为：

$$Y_i = w_i + rK_i$$

其中，w_i 表示工资，r 表示利率，K_i 表示资本存量。

考虑到劳资收入分配关系时，y_i 表示经济中个体 i 相对于总体的平均收入，即 $y_i = Y_i/(Y/L)$，Daudey 和 García-Peñalosa（2005）把个体收入[1]表示为：

$$y_i = LS \cdot \omega_i + (1 - LS) \cdot k_i$$

其中，$\omega_i = w_i/\bar{w}$ 是相对于平均工资的个体工资，个体在社会收入分配中

① Emilie Daudey and Cecilia García-Peñalosa. , "The Personal and the Factor Distributions of Income in a Cross-Section of Countries", *Journal of Development Studies*, 2005, 43 (5), 812 - 829.

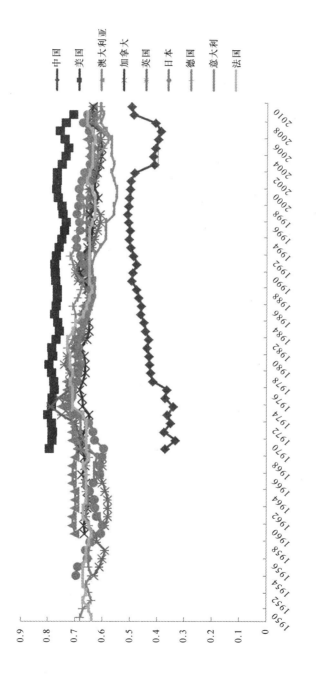

图3-1　劳动收入份额的国际比较

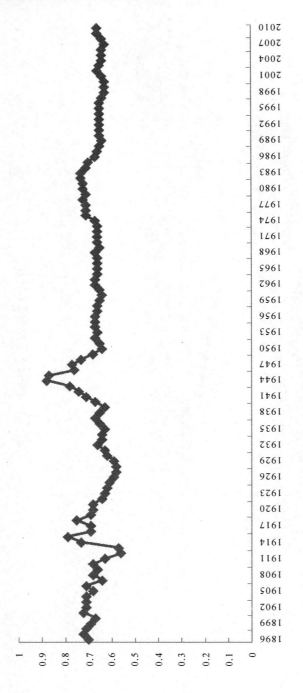

图3-2　1896年以来法国劳动收入份额的变化趋势

的地位可以通过比较 w_i 与 $\bar{w}$ 的大小来衡量，与之相对应，$k_i = K_i/(K/L)$ 是相对于平均资本水平下，个体的资本收入。LS 是总产出中劳动收入份额，$LS = \bar{w}L/Y$，那么个人收入分配决定于个人的劳动禀赋、资本禀赋以及劳资分配国民收入的方式。

在经济社会中，如果个人财富占有相对于劳动差距较大，那么提高劳动在国民收入中的份额则有助于缩小收入差距，有利于改善收入分配不平等的状况。

一 中国居民消费对收入和利率的敏感性检验

依据 Flavin（1981）的研究结论，消费的变化可以用收入来预测，实际上消费变动与预期收入变动间存在着显著的正相关性，即消费存在过度敏感性[①]。那么，在中国是否也有消费存在过度敏感性现象？同时也用中国居民消费对利率的敏感性来实证检验。

1. 计量模型设定

在 Campbell 和 Mankiw（1991）λ假说的基础上，推导的消费敏感性理论方程式：

$$dc_t = c_0 + \beta\,\lambda dy_t + \delta dr_t + \mu_t$$

其中，dc_t 是消费的一阶差分，表示消费的变动；c_0 是自发消费常数项；β 是按照当期收入决定消费的第二类消费者的边际消费倾向；λ 是第二类消费者所占的比例；y_t 是第二类消费者的可支配收入；$\beta\lambda$ 刻画消费随收入变化的反应程度，即消费对收入变化的敏感性；r_t 是实际利率；δ 刻画消费者对利率变化的反应，如果 $\delta > 0$，说明消费者对利率的变化中收入效应超过替代效应，那么居民消费会受到财产性收入特别是金融资产收入的影响，$\delta < 0$，说明替代效应超过收入效应；μ_t 是随机误差项。

2. 实证检验

（1）变量与数据说明。该部分中居民消费、收入以及价格指数数据来源于 2013 年《中国统计年鉴》，实际利率数据来自世界银行数据库，统计年限为 1980—2012 年。消费和收入数据变量都通过以 1978 年为基期的相应价格指数进行了平减处理，即采用的是实际值，全国样本数据通过人口

---

① Flavin, M., "The adjustment of consumption to changing expectations about future income", *Journal of Political Economy*, 1981, 89, pp. 974 – 998.

数据进行了加权平均处理，采用的是人均指标，考虑到解释统计结果的便利性，利率用的是实际利率乘以100，不影响统计性质。

（2）变量数据的单位根检验。采用增广的 ADF 检验方法，最大滞后长度根据施瓦茨信息准则确定，对消费和收入数据都进行了对数化处理。

1）y 表示全国样本的人均可支配收入；

2）y_c 表示城镇样本的人均可支配收入；

3）y_a 表示农村样本的人均实际收入；

4）c 表示全国样本的人均消费；

5）c_c 表示城镇样本的人均消费；

6）c_a 表示农村样本的人均消费；

7）r 表示实际利率。

从检验结果可知，时间序列原变量都是不平稳的，一阶差分后的序列都是平稳的，属于一阶单整序列，见表 3 – 3。

表 3 – 3　　　　　　　　　序列及一阶差分序列的平稳性检验

变量	检验类型（c，t，k）	ADF 值	差分变量	检验类型（c，t，k）	ADF 值
$\lg(y)$	（c，0，8）	−1.511	$d\lg(y)$	（c，0，8）	−3.298**
$\lg(y_c)$	（c，0，8）	−1.968	$d\lg(y_c)$	（c，0，8）	−2.887**
$\lg(y_a)$	（c，0，8）	−1.186	$d\lg(y_a)$	（c，0，8）	−3.429**
$\lg(c)$	（c，0，8）	1.485	$d\lg(c)$	（c，0，8）	−3.466**
$\lg(c_c)$	（c，0，8）	1.132	$d\lg(c_c)$	（c，0，8）	−4.300***
$\lg(c_a)$	（c，0，8）	0.827	$d\lg(c_a)$	（c，0，8）	−3.068**
r	（c，t，7）	−3.179	dr	（c，t，7）	−5.496***

注：检验类型中括号里的 c 是常数项、t 是时间趋势项、k 是施瓦茨准则选择的最优滞后期；***和**分别表示在1%和5%显著水平上拒绝存在单位根的原假设；d 表示一阶差分。

（3）基于状态空间模型的居民消费敏感性检验。状态空间模型是由已知的观测值，通过引入状态变量，建立刻画状态变化的状态方程预测未来时期的状态，再用未来时期的状态预测未来时期的观测值。通过传递状态信息的量测方程比较实际观测值与预测观测值的误差是否符合模型统计假设。

状态变量反映动态系统的内在特征，一般是随机的、不可观测的，而观测向量也是随机的，但是可观测的。

状态空间模型由两个方程组成：一个是状态方程或叫传递方程，另一个是量测方程。

状态方程表示从前期状态向当期状态转换的关系，即由前期估计当期。

量测方程表示观测变量与系统状态变量的内在关系，即由当期的状态变量估计当期的观测值。

状态空间模型有多种类型，这里构建的是时变线性参数模型：

$$y_t = x'_t sv_t + \mu_t, \mu_t \sim iidN(0, \sigma_\mu^2) \qquad (3-1)$$

$$sv_t = sv_{t-1} + \eta_t, \eta_t \sim iidN(0, \sigma_\eta^2) \qquad (3-2)$$

其中，式（3-1）是量测方程，式（3-2）是状态方程，y_t、x_t 是可观测的变量，sv_t 是不可观测的变量，考察消费对收入和利率的敏感性，即是通过构建状态空间模型估计 sv_t 的特征来判断。

估计方法：时变线性参数状态空间模型是利用卡尔曼滤波递归算法来估计的，它适用于刻画经济结构发生变化时经济变量之间的关系。应用卡尔曼滤波递归算法估计时变参数是基于过去所有的历史观测，不需要比回归更多的观测或者存储，而且收敛快，在经济领域特别是金融领域被广泛使用。

使用全国、城镇和农村的人均收入、消费对数差分以及实际利率差分构建时变参数的状态空间模型。

量测方程：

$dlg(c) = SV1 * dlg(y) + SV2 * dr + [var = exp(c(1))]$

状态方程：

$SV1 = SV1 \ (-1)$

$SV2 = SV2 \ (-1)$

在状态空间模型中，$SV1$ 和 $SV2$ 分别对应理论模型中的 $\beta \lambda$ 和 δ，极大似然迭代估计的结果如表 3-4 所示，从估计的结果来看，各统计量的指标都较为显著。利用卡尔曼滤波递归算法估计得到全国、城镇和农村居民消费对收入变动和利率变动的敏感性检验结果，如图 3-3、图 3-4 和图 3-5 所示，结果显示，中国居民消费对收入变动非常敏感，在 1980—1984 年间，居民消费对收入的变动依赖性是逐年增强的，也说明改革开放之初，居民收入变化明显，消费欲望不断增加；1985—1994 年，居民消费对居民收入的依赖性逐步降低，该时期随着市场逐步放开，计划经济向市场经济的过渡，无论是劳动者的生产积极性还是地方政府发展经济的积极性都得到了激发，消费逐步趋于稳定，而受收入波动的影响逐步减弱；分税财政体制改革之后，居民消费波动受收入波动的影响反而在逐步增强，可能的原因：一是财权上收，事权下放，地方财政困难显现，地方政府不得不通过其他渠道发展经济，尤其是后来出现的土地财政；二是随后教育、医疗市场化、住房商品化改革，由于居民对不确定的担忧，收入的大部分不得不用来弥补本该公共支出的部分，使得消费出现萎缩。居民消费波动受利率波动影响不大，即消费对利率不敏感，总体上来看，居民消费对利率的敏感性1980—1994 年期间明显不如 1995—2012 年，中国居民消费对利率的敏感性不强可能是由于中国居民的实际储蓄利率较低，财产性收入对利率的反应不敏感，而且中国居民的投资渠道狭窄。

表 3 - 4　　　　　　　　　　基于状态空间模型的估计结果

	全国（1980—2012 年）	城镇（1980—2012 年）	农村（1980—2012 年）
估计方法	极大似然迭代估计	极大似然迭代估计	极大似然迭代估计
$c(1)$	2.341*** (9.744)	2.343*** (9.686)	2.338*** (9.758)
$SV1$ 最终状态	1.178*** (11.197)	1.162*** (12.125)	1.196*** (10.324)
$SV2$ 最终状态	0.456*** (2.481)	0.455*** (2.793)	0.455*** (2.791)
似然对数	−98.026	−98.166	−97.898
有效观察值	30	30	30

注：括号里的数为系数的 t 统计量的值；***表示 1% 水平上显著。

二　劳动收入份额对消费率的影响

正如上述所阐释的，中国居民的收入主要靠劳动，财产性收入很小，居民消费对收入变化反应异常敏感，虽然对利率变化产生收入效应，但是反应较弱。通过国际面板数据和国内省际面板数据，进一步实证研究劳动收入份额对居民消费率的影响。

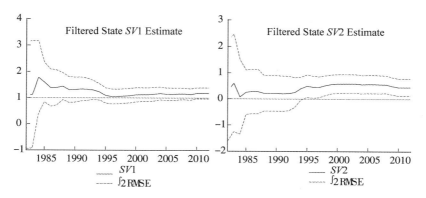

图 3 - 3　全国样本下的居民消费对收入和利率变动的敏感度

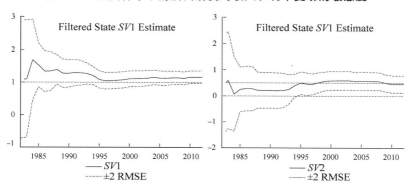

图 3 - 4　城镇样本下的居民消费对收入和利率变动的敏感度

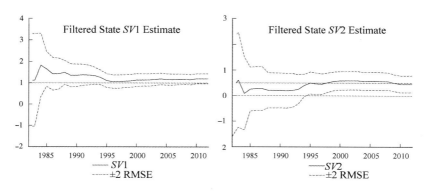

图 3 - 5　农村样本下的居民消费对收入和利率变动的敏感度

1. 面板数据说明

国际面板数据是来自中国、美国、英国、德国、法国、意大利、澳大利亚、加拿大和日本 9 个国家 1970—2009 年的劳动收入份额和居民消费率数据，该数据来源于皮凯蒂和祖克曼财富收入数据集（PIKETTY – ZUC-MAN WEALTH – INCOME DATA SET。）

省际面板数据是中国 31 个省（自治区、直辖市）1997—2009 年劳动收入份额、居民消费率以及其他一些控制变量数据，控制变量包括：外商直接投资指数、国内信贷资金分配市场化指数、引进外资指数、劳动力流动指数、减轻企业税费负担指数和减轻农民税费负担指数。该数据来源于中国各省（自治区、直辖市）统计年鉴和樊纲等的《中国市场化指数——各地区市场化相对进程 2011 年报告》。

2. 面板单位根检验

与时间序列模型类似，如果面板数据中存在单位根，则回归得到的估计量将是有偏的（即存在虚假回归）。因此，在用面板数据模型进行估计之前，需要进行单位根检验，以判断各变量的平稳性。为了避免单一检验方法的缺陷，提高检验结果的可靠性，针对变量数据生成的特点，采用 LLC 检验法、IPS 检验法、ADF – Fisher CH 检验法和 PP-Fisher CH 检验法四种方法进行面板单位根检验，检验结果如表 3 – 5 所示。从表 3 – 5 中可以看出，无论是针对同质面板的 LLC 检验，还是针对异质面板的 IPS 检验、ADF – Fisher CH 检验和 PP – Fisher CH 检验，检验结果都表明，经过差分处理后的所选变量平稳。因此，综合四种面板单位根的检验方法，国际面板回归模型中的劳动收入份额 LS 和居民消费率 Rcp 均为一阶单整序列。省级面板数据同样是一阶单整序列。

3. 面板数据协整关系检验

面板数据单位根检验结果说明了模型的变量都是一阶单整序列，满足面板协整性检验的要求，可进一步做面板协整检验。如果在检验中拒绝原假设，则表明变量之间存在协整关系。面板协整检验结果如表 3 – 6 所示，从统计结果的显著水平可以看出，国际面板数据 LS 与 Rcp 之间存在协整关系。

表 3 − 5　　　　　　　　　　　　面板单位根检验

变量	LLC − test	IPS − test	CH − test	
			ADF − Fisher	PP − Fisher
LS	− 0. 149	0. 081	14. 663	16. 122
	(0. 584)	(0. 441)	(0. 532)	(0. 685)
dLS	− 10. 173***	− 11. 187***	143. 136***	153. 948***
	(0. 000)	(0. 000)	(0. 000)	(0. 000)
Rcp	1. 787	1. 005	15. 274	13. 845
	(0. 739)	(0. 963)	(0. 843)	(0. 643)
dRcp	− 9. 812***	− 11. 528***	148. 089***	142. 857***
	(0. 000)	(0. 000)	(0. 000)	(0. 000)

注: d 表示一阶差分; 括号内的数为相应统计量的 p 值, 检验形式为带截距项, 滞后期数根据 Schwarz 原则来确定; ***、**和*分别表示在 1%、5% 和 10% 的显著性水平上拒绝存在面板单位根的原假设。

表 3 − 6　　　　　　　　　　　　面板协整检验结果

	统计量	含时间趋势和截距项
Pedroni − test	Panel PP	1. 832**
		(0. 033)
	Panel ADF	− 2. 217**
		(0. 013)
	Group ADF	− 1. 856**
		(0. 031)
Fisher − test	Trace	51. 34***
		(0. 000)
	max-eigen	39. 87***
		(0. 002)
Kao − test	ADF	− 2. 287**
		(0. 011)

注: ***和**分别表示在 1% 和 5% 的显著性水平上拒绝不存在协整关系的原假设; 括号内的数值表示统计量的概率值。

4. 劳动收入份额对居民消费率的回归分析

（1）面板模型设定。计量经济学模型的基本形式设定为：

$$Rcp_{it} = \alpha_0 + \alpha_1 LS_{it} + \beta X_{it} + \gamma_i + \gamma_t + \mu_{it}$$

其中，i 表示国家或省，t 表示年份。Rcp_{it} 和 LS_{it} 分别表示 9 个国家或中国 31 个省宏观消费率和劳动收入份额，从二者之间的散点图（如图 3-6 和图 3-7 所示）所传递信息可以看出，两者呈正相关关系。省际面板数据回归分析时，对居民消费率和劳动收入份额数据进行了对数化处理。X_{it} 表示控制变量向量。γ_i 和 γ_t 分别表示国家或省和年份特定效应，μ_{it} 是随机扰动项。

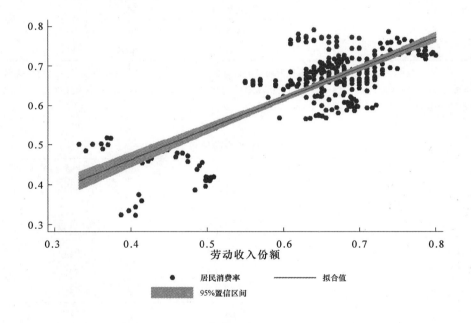

图 3-6　1970—2009 年 9 国劳动收入份额与居民消费率散点图

（2）实证结果及其分析。对于省际面板数据回归分析，还加入了一些控制变量，由于不是该部分研究的重点，在回归结果表 3-7 中未列出。对控制变量的说明：

1）引进外资指数：一个地区吸引外资的能力很大程度上反映了该地区经济活力和营商环境的优劣，因此吸引外资能力对居民会有一定影响。

2）外商直接投资指数：以各省历年实际利用外资额表示。

3）劳动力流动指数：该指数在很大程度上体现了经济活动的效率，劳动报酬从理论上来说是依据劳动生产率来定价的，中国经济效率提高除了劳动成本低廉之外，还表现为农村富余劳动力的流动性，私营企业劳动力流动性较强，而国有企业劳动力的流动性较差。

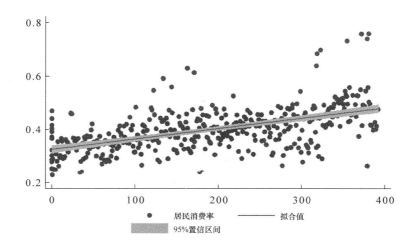

图 3 – 7　1997—2009 年中国 31 个省市劳动收入份额与居民消费率散点图

4）信贷资金分配市场化指数：信贷资金分配市场化程度高低反映了金融效率，对经济有较大影响。

5）减轻农民税费负担指数：居民消费提升的空间很大程度上需靠农民填补，特别是不断转移的农民工群体，减轻农民税费负担对消费有一定影响。

6）减轻企业税费负担。

从表 3 – 7 的面板回归结果来看，国际面板数据和国内省际面板数据回归结果都表明，居民消费受劳动收入份额的正向影响较大；从 F 检验和豪斯曼检验结果来看，混合面板和随机效应面板回归分析较为准确。从国际面板回归结果可以看出，包含中国的面板回归统计系数明显要大于不含中国数据的回归系数，这也表明中国居民消费受劳动收入份额影响明显高于发达国家。从省际面板回归结果来看，各种方法回归结果统计系数类似，中国居民消费受收入份额的正向影响较大。

表3—7 国际和省际面板数据回归结果

解释变量	国际面板因变量:居民消费率 RCP_α						省际面板因变量:居民消费率 $\lg(RCP_\alpha)$		
	(1)混合(含中国)	(2)FE(含中国)	(3)RE(含中国)	(4)混合(不含中国)	(5)FE(不含中国)	(6)RE(不含中国)	(7)混合	(8)FE	(9)RE
LS_{it}	0.770*** (69.23)	0.557*** (27.73)	0.770*** (69.15)	0.335*** (18.66)	0.673*** (27.75)	0.335*** (18.63)			
$\lg(LS_\alpha)$							0.054*** (46.79)	0.054*** (46.73)	0.054*** (46.73)
α_0	0.15*** (19.73)	0.26*** (17.95)	0.14*** (19.71)	0.43*** (33.31)	0.18*** (8.55)	0.43*** (33.47)	-1.00*** (-58.31)	-1.00*** (-58.24)	1.00*** (58.24)
R^2	0.60	0.98	0.60	0.12	0.95	0.12	0.29	0.29	0.29
F - test		[1.000]			[1.000]			[1.000]	
H - test			[1.000]			[1.000]			[1.000]
观察值	3240	3078	3078	2560	2368	2560	12493	12493	12493

注:圆括号里的数是估计系数的统计量的值,中括号里的数为统计检验的 P 值;*** 表示 1% 水平上显著。

第四章 中国居民消费不足的根源
——要素市场扭曲

劳动收入是中国居民收入最主要的收入来源，实证研究也证实劳动收入份额对居民消费有很强的拉动作用。那么，中国居民消费率与其他国家相比如此之低，与中国劳动收入份额低下应该不无关系，探寻导致中国劳动收入份额较低的原因，则是进一步研究的重点。

对于消费问题，应该跳出就消费而研究消费的怪圈，消费只不过是良性经济发展的结果，而内需问题只不过是中国经济发展模式带来的问题之一而已。居民消费模式决定于国民收入分配模式，国民收入分配模式又决定于社会生产模式，生产模式最终决定于生产要素的占有或控制模式，决定生产的基本要素是资本和劳动。经过 30 多年的改革开放，中国产品市场基本实现了市场化，而生产要素市场的市场化进程仅处于初级阶段，换言之，中国的要素市场是扭曲的，并产生了如下后果：

一是人为地压低了劳动成本，造成居民收入水平难以提高；

二是高度垄断甚至行政化，造成了居民之间社会保障差距巨大，最终导致了整体上的居民有效需求不足。

上述逻辑清晰地表明，中国的消费问题归根结底是要素市场扭曲的结果。正如黄益平等[①]（2011）指出的，要素市场扭曲相当于对家庭部门征税，减少家庭收入，压抑消费支出。由此来看，要素市场扭曲是中国内需问题产生的根本原因。中国地方政府又出于依靠控制和管制部分要素市场来促使地方经济发展的动机，会造成地区要素市场的市场化进程滞后于产品市场

---

① 黄益平、陶坤玉：《中国外部失衡的原因与对策：要素市场扭曲的角色》，《新金融》2011第 6 期，第 7—13 页。

（张杰等[1]，2011）。但这并不意味着，纠正要素市场扭曲不能依靠市场的力量。因此，在研究中国要素市场扭曲的同时，还要通过理论和实证分析，研究如何通过市场的力量来纠正中国要素市场的扭曲，从而达到扩大内需的目的。

第一节　要素市场扭曲与内需的作用机制

一　要素分配理论模型

1. 劳动收入份额决定模型[2]

在新古典经济理论假设下，规模报酬不变，不存在技术进步，生产函数是齐次线性的，在企业追求利润最大化的封闭经济中，有：

$$Y = F(K,L) = KF(1,L/K) = Kf(l)$$

即资本产出比为：

$k = K/Y = 1/f(l)$

$\max\pi = pY - wL - rK = Kpf(l) - Kwl - rK$

一阶条件：

$$\frac{d\pi}{dl} = Kpf'(l) - Kw = 0$$

$$\Rightarrow w/p = f'(l)$$

由此可得：

$LS = wL/pY = l \cdot f'(l)/f(l) = k \cdot l \cdot f'(l)$

可见，劳动收入份额是资本产出比的函数，即劳动收入份额与资本产出比关系的 SK 曲线，如图 4-1 所示。

（1）在完全竞争情况下，对不同生产函数假设的讨论：

1）当生产函数为柯布道格拉斯生产函数时，完全市场竞争条件下，劳动收入占比等于劳动产出弹性。

---

① 张杰、周晓艳等：《要素市场扭曲是否激发了中国企业出口》，《世界经济》2011 年第 8 期，第 134—160 页。

② Samuel Bentolila, Gilles Saint-Paul, *Explaining Movements in the Labor Share*, April 1999.

2）当生产函数为 *CES*（常替代弹性）生产函数时，资本和劳动有一定的替代关系，替代弹性决定了劳动收入份额的变化。当资本和劳动存在替代关系时，随着工资水平的提高，企业会越来越倾向于用资本替代劳动，在图 4 - 1 中表现为 *A* 向 *A′* 移动。

3）进一步放松假设条件，当存在技术进步时，假设生产偏向资本的技术进步发生时，在图 4 - 1 中表现为 *A* 向 *A″* 移动。当生产偏向劳动的技术进步发生时，则不影响劳动收入份额[①]。

（2）在不完全竞争情况下，劳动收入份额不仅会受到资本产出比的影响，也会受到企业价格加成定价（当市场存在一定的垄断势力时，企业的产出会低于完全竞争时的产出，而价格会高于完全竞争时的市场价格，企业商品定价通过在商品的边际成本基础上进行加成定价来实现）的影响，在资本产出比不变的情况下，如果价格加成是逆经济周期变动的（以曼昆为代表的新凯恩斯经济学认为，企业调整价格时会产生菜单成本[②]，一般情况下企业不会调整价格，这就是所谓的价格刚性。当经济高涨时即宏观需求增加时，企业应该提高价格，但是考虑到菜单成本价格保持不变，因此实际价格和经济周期是逆向的。佩尔兹曼认为"规制往往在经济收缩时更加侧重于'生产者保护'，而在经济扩张时侧重于'消费者保护'"。例如，当企业利润下降时，政治福利效应意味着规制者不会任由企业产品的价格大幅度下降，也就是说，消费者会承担生产者的部分损失[③]），则劳动收入份额是顺经济周期的，在图 4 - 1 中表现为 *A* 向 *A‴* 移动，劳动收入份额会减少。

2. 劳资讨价还价模型

关于劳资双方的讨价还价能力对工资的影响，自马克思以来就有较多的讨论，在资本雇佣劳动的情况下，资本总在想尽办法来攫取劳动收入。在财富分配较不平等的情况下，如果改善劳资分配关系，或者说提高劳动在国民收入分配中的地位，工会的力量非常重要，工会力量加强能够提高劳动在劳资谈判中的地位。下面分析 Samuel Bentolila 和 Gilles Saint-Paul（1999）推导的包含工会谈判能力的数理模型。

---

① Acemoglu. D. , "Labor and Capital Augmenting Technical Change", *Journal of the European Economic Association*, 2003.

② N. Gregory Mankiw and David Romer, *New Keynesian Economics*, *Introduction*, MIT Press, 1991.

③ 张兴：《反垄断执法与经济周期：相机选择还是固定规则——以美国为例》，《产业经济研究》2010 年第 6 期，第 17—25 页。

要素市场扭曲下的中国内需问题研究

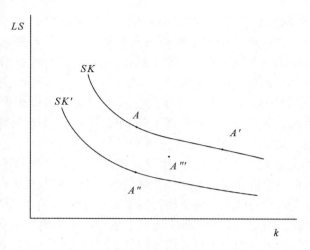

图 4 - 1　劳动份额变动的 SK 曲线

劳资谈判模型有两种情况：

（1）劳资双方就工资谈判，在工资确定的基础上资方确定劳方就业量的 Right-to-manage 模型，该模型很好地描述了在很多国家发生的情况（Layard et al. [①]，1991）。用 SK 曲线来说明，在该模型下，劳方谈判力量的改变能够改变劳动收入份额，劳动收入份额仍在 SK 曲线上移动；如果劳方谈判能力提高，会促使资方用更多的资本替代劳动，劳动收入份额改变依靠劳资之间替代弹性，即 SK 曲线的斜率。

（2）劳资双方就工资和就业量谈判的 Efficient bargaining 模型，在该模型下，双方将以有效率的方式设置就业量，意味着劳动的边际产出等于劳动的实际机会成本，即 $f'(l) = \bar{w}/p$。在该模型下，工资是平均劳动产出和劳动机会成本的加权平均，平均劳动产出的权重就是劳方的谈判能力 φ（Blanchard and Fischer[②]，1989）：

$$w/p = \varphi f(l)/l + (1 - \varphi)\bar{w}/p$$

那么，劳动收入份额的表达式为：

---

① Layard, R., S. Nickell, and R. Jackman, *Unemployment, Macroeconomic Performance and the Labour Market*, Oxford: Oxford University Press, 1991.

② Blanchard, O. and S. Fischer, *Lectures on Macroeconomics*, Cambridge, Mass.: The MIT Press, 1989.

$$LS = wL/pY = wl/pf(l) = \varphi + (1 - \varphi)lf'(l)/f(l)$$

在短期，劳方谈判能力的提高能够在不改变就业量的情况下提高劳动收入份额。

长期来看，随着资方资本存量的调整，劳方谈判能力的提高在提高工资的同时，也会改变就业量。

二 中国要素市场扭曲的判定

改革开放初期，中国既存在产品市场扭曲也存在要素市场扭曲，但随着价格双轨制的逐步取消，政府几乎将产品市场完全市场化，但要素市场仍然是严重扭曲的[①]（黄益平、陶坤玉，2011）。在不同经济类型企业之间、不同行业之间要素市场的分割普遍存在，因而也就存在普遍的部门之间的要素价格的扭曲，并且由于制度性的原因这种扭曲还难以在短期内消除[②]（盛仕斌、徐海，1999）。要素扭曲主要表现为土地价格扭曲、劳动力价格扭曲和资本价格扭曲[③]（张幼文，2008）。越是在经济不发达的西部地区中国要素市场扭曲程度越高，而相对在经济发达的东部地区，要素市场扭曲程度相对较低[④]（盛誉，2005）。从宏观统计数据来看，中国劳动报酬和居民收入占 GDP 的比重自 20 世纪 90 年代以来呈现下降趋势，与居民消费占 GDP 的比重类似，不仅低于发达国家，而且也明显低于发展中国家，但是中国劳动生产率无论是绝对值还是与发达国家（如美国）相比则呈现上升趋势（卢锋、刘鎏[⑤]，2007），很显然，整体上中国劳动报酬与居民收入占 GDP 比重下滑，说明了劳动力价格是扭曲的。而在资本市场上，除了利率受到管制以外，企业融资也受到企业属性、企业规模等的影响，因此资本市场也存在扭曲问题。

---

① 黄益平、陶坤玉：《中国外部失衡的原因与对策：要素市场扭曲的角色》，《新金融》2011年第 6 期，第 7—13 页。

② 盛仕斌、徐海：《要素价格扭曲的就业效应研究》，《经济研究》1999 年第 5 期，第 66—72 页。

③ 张幼文：《政策引致性扭曲的评估与消除——中国开放型经济体制改革的深化》，《学术月刊》2008 年第 1 期。

④ 盛誉：《贸易自由化与中国要素市场扭曲的测定》，《世界经济》2005 年第 6 期。

⑤ 卢锋、刘鎏：《我国两部门劳动生产率增长及国际比较（1978—2005）——巴拉萨－萨缪尔森效应与人民币实际汇率关系的重新考察》，《经济学》（季刊）2007 年第 1 期，第 357—380 页。

1. 要素价格扭曲测算方法

为了更客观地界定要素市场扭曲的存在，依据微观经济理论，以要素的边际产品价值与要素价格的偏离程度来衡量要素市场扭曲，在此具体测算劳动力和资本要素市场扭曲程度。测算方法如下：

劳动力要素市场：

当 $P_i \partial Y_i / \partial L = w$ 时，不存在要素价格扭曲；

当 $P_i \partial Y_i / \partial L > w$ 时，存在扭曲（劳动力价格被低估）；

当 $P_i \partial Y_i / \partial L < w$ 时，存在扭曲（劳动力价格被高估）。

资本要素市场：

当 $P_i \partial Y_i / \partial K = r$ 时，不存在要素价格扭曲；

当 $P_i \partial Y_i / \partial K > r$ 时，存在扭曲（资本价格被低估）；

当 $P_i \partial Y_i / \partial K < r$ 时，存在扭曲（资本价格被高估）。

其中，P_i 是产品价格，Y_i 是产出，L 是劳动投入，w 是工资，K 是资本投入，r 是资本价格。依据上述要素市场扭曲判定标准，借鉴盛仕斌和徐海（1999）、王必峰[①]（2013）对中国劳动力要素市场和资本要素市场扭曲的测算方法，应用 2002—2012 年《中国统计年鉴》和《中国工业经济统计年鉴》相关数据，测算规模以上国有企业和非国有企业的劳动力要素价格和资本要素价格扭曲程度。

应用柯布道格拉斯生产函数：

$$Y = AK^\alpha L^\beta$$

$$\partial Y / \partial L = A\beta K^\alpha L^{\beta-1} = {}^{\beta Y}/_L \tag{4-1}$$

$$P_i \partial Y / \partial L = {}^{\beta P_i Y}/L = {}^{\beta Q}/_L \tag{4-2}$$

通过测算 ${}^{\beta Q}/_{Lw}$ 的值来考察劳动要素市场扭曲程度。同理，通过 ${}^{\alpha Q}/_{Kr}$ 的值来考察资本要素市场扭曲程度。其中，Q 是全国规模以上不同所有制类型工业企业总产值，用从业人员年平均数表示 L，劳动力价格 w 以平均工资来表示，K 用固定资产净值来表示，以财务费用比负债总额表示资本价格（考虑到中国利率的非市场化），这样通过对生产函数取对数回归，就

---

① 王必锋：《要素市场扭曲对中国经济外部失衡的影响研究》，博士学位论文，辽宁大学，2013 年。

可以获得 α 和 β 的值，最后测算出了 2001—2011 年中国要素市场（劳动力和资本市场）扭曲值，如图 4 - 2 和图 4 - 3 所示。

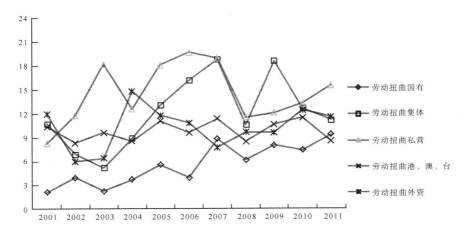

图 4 - 2　2001—2011 年中国不同所有制类型工业企业劳动要素扭曲对比

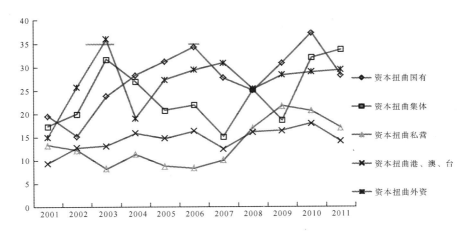

图 4 - 3　2001—2011 年中国不同所有制类型工业企业资本要素扭曲对比

2. 要素价格扭曲测算结果分析

从测算的结果对比来看，在劳动力市场上，私营企业对劳动要素扭曲的程度远大于国有企业，其他企业对劳动要素的扭曲程度在两者之间；在资本市场上，要素扭曲结果恰好相反，国有企业对资本要素扭曲程度远高于私有企业，其他企业在两者之间。鲜明的对比，不仅说明了中国要素市场扭曲现象的存在，更透视了国有企业的融资低成本、高价发工资，私有企业融资高成本、低价发工资的现状。

三　要素市场扭曲影响居民消费的机理

Piketty（2014）使用300年来世界经济发展的数据，用 GDP 的增速与投资回报增速的比较有力地论证了劳资分配的不平等①。在中国要素市场仍然是"强资本，弱劳工"的基本格局②（王胜谦，2006），资方扭曲了要素市场，劳方在分配领域处于不利地位。要素收入分为竞争下的收入和不完全竞争下的租金，后者的分配取决于劳动和资本的讨价还价能力，而资本谈判地位的加强，恶化了劳动者的收入③（Harrison，2002）。相反，也有劳方强势扭曲要素市场的情况，Fisher 和 Waschik（2000）对加拿大工会势力导致的福利损失研究表明，在工会势力的影响下，工人工资要高于竞争性水平④。与资本主义国家不同的是，中国缺少强势工会组织，而且建立强有力的与资本抗衡的工会组织也不现实。只有通过资本间形成强有力的竞争来降低融资成本，加之营造良好的创业环境，劳动力市场才将会不断向卖方市场靠拢，劳动收入增速必然向 GDP 增速靠拢。因此，提高劳动报酬不是简单地出台一项或几项政策所能解决的，扩大消费不是外部强加给居民的，而是居民出于自身利益和条件作出的自愿选择，应建立能使消费随着经济增长正常增长的体制机制，这决定于经济全过程的要素市场改革的跟进，否则政策效果不大。

中国改革开放以来，在经济上取得持续高速增长的成就，遵循着这样的逻辑，中国从严格的计划经济逐步向市场经济过渡，劳动者积极性的刺激，促进了经济的高速增长。最初，内需并不被看成一个问题，甚至还一度掀起了消费热潮，促进经济增长。在 1997 年之前之所以内需问题没有被感受到，是因为出口导向型的发展战略使得外需不断膨胀掩盖了该问

---

① Thomas Piketty, *Capital in the Twenty-First Century*, Belknap Press, 2014.

② 王胜谦：《我国收入分配问题与就业政策》，《管理世界》2006 年第 2 期，第 144—145 页。

③ Harrison, A. E., "Has Globalization Eroded Labor's Share? Some Cross-Country Evidence", *UC-Berkeley and NBER Working Paper*, 2002.

④ Fisher and Waschik, "Union bargaining Power, relative wages, and efficiency in Canada", *Canadian Journal of Economics*, 2000, 33 (3), pp. 742 – 765.

题。1989 年之后，居民消费率呈快速下滑状态，如图 4-4 所示。在地方政府竞争（或称晋升锦标赛）制度下，国内借助比较优势，依靠行政手段扭曲生产要素，无形地进行了强制性的制度安排，形成了低工资、低利率、低汇率、低资源价格和低地租的负向要素价格扭曲①（林毅夫等，1994）。在低成本的推动下，外需表现强劲，外贸顺差不断扩大。1997 年亚洲金融危机使得外需疲软，外贸顺差不断收缩，内需问题浮出水面。为了应对当时的金融危机，国内采取了积极的财政政策，总消费率有所抬头（当时由于政府消费扩张所致），但居民消费率几乎没有受到影响，随着金融危机影响的减弱，内需问题也开始受到冷遇，在鼓励出口的政策（尤其是出口退税政策）推动下，新一轮的出口扩张再次呈现，而居民消费率急

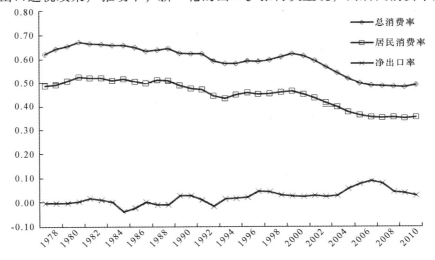

图 4-4　1978—2011 年中国消费率与净出口率

剧下滑。直到 2008 年全球性的金融危机爆发，外需严重受阻，中国内需再次被重视，不幸的是，国内已经没有可能继续走依靠低工资、低利率等借助出口（外需）发展的道路，按照田国强等（2014）的说法，即是要

---

① 林毅夫、蔡昉、李周：《中国的奇迹：发展战略与经济改革》，上海三联书店、上海人民出版社 1994 年版。

素驱动型的发展模式①。现阶段，房地产泡沫、公共服务的不足以及信息化发展带来社会透明度的增加，导致城市生活成本大幅提高，在劳动力市场上，依靠扭曲劳动力价格借助外需发展模式更是难以为继。

在要素市场领域，最明显的就是土地、资本、劳动力等要素，各级地方政府出于各种目的，普遍存在干预要素资源配置的现象（蔡昉等②，2001；史晋川等③，2006；靳涛④，2008；张杰等⑤，2011）。中国劳动力市场工资定价是在国内大的经济环境下市场作用的结果，因此纠正要素市场扭曲也要通过市场来完成。即逐步消除资本市场垄断，让资本市场内部充分展开竞争来弱化资本强势地位是可行的，市场的力量也正朝着该方向发展。典型的事实是"余额宝"、"支付宝"等网络金融形式的出现正在挑战着国有资本的垄断地位。而资本市场缺乏竞争是整个中国要素市场扭曲的根源，中国官方利率一直比非正式信贷市场的利率低50% ~100%；国家银行在向中小企业提供贷款时，可以采用比官方利率高10% ~50%的利率，但是市场利率仍比最高利率高出50%。在利率扭曲的条件下，非国有部门对中国 GDP 的贡献却超过了70%，但是它在过去的十几年里获得的银行贷款却不到20%，其余的80%以上都流向了国有部门⑥（卢峰、姚洋，2005）。对非国有企业来说，资本是稀缺要素，而劳动是丰裕要素，非国有部门普遍降低劳动报酬是一种必然结果。而国有企业资本是丰裕要素，其吸纳就业量占全国总就业量的8%左右，而且利润上缴比例极低。在考虑财政收入的情况下，粗略地统计可以发现：在 GDP 的生产上，国有企业创造了1/3，非国有部门创造了2/3；在吸纳就业上，国有部门就业比例不到1/5（2011年为18.6%）；在对 GDP 的

① 田国强、陈旭东：《论中国深化改革面临的四个转变》，《中国高校社会科学》2014 年第 2 期，第 95 —101 页。

② 蔡昉、王德文、都阳：《劳动力市场扭曲对区域差距的影响》，《中国社会科学》2001 年第 2 期，第 4—14 页。

③ 赵自芳、史晋川：《中国要素市场扭曲的产业效率损失——基于 DEA 方法的实证分析》，《中国工业经济》2006 年第 10 期，第 40— 48 页。

④ 靳涛：《引资竞争、地租扭曲与地方政府行为——中国转型期经济高速增长背后的"不和谐"分析》，《学术月刊》2008 年第 3 期，第 83—88 页。

⑤ 张杰、周晓艳等：《要素市场扭曲抑制了中国企业 R&D?》，《经济研究》2011 年第 8 期，第 78—91 页。

⑥ 卢峰、姚洋：《金融抑制下的法治、金融发展和经济增长》，《中国社会科学》2004 年第 1 期，第 42—55 页。

分配上，不到 1/5 的国有部门就业人员支配了 2/3 的 GDP（包括创造的 1/3 GDP 和财政收入的 1/3 GDP），而 4/5 以上的非国有就业人员仅支配了 1/3 的 GDP。通过图 4－2 和图 4－3 也可以看出，在劳动力市场上私营企业扭曲远高于国有企业，在资本市场上恰恰相反，资本被国有部门控制是主动的，而劳动力是被动接受方，由此充分阐释了资本市场扭曲是中国整个要素市场扭曲的根源。

国有部门大多数从业人员和非国有部门的少数从业人员的有效需求已经得到解决，扩大内需应主要针对非国有部门中低收入人群。解决之道是应该从完善金融市场、纠正资本要素市场扭曲入手。金融市场是否完善，将会影响资本的市场配置，金融资源以"低价"向国有企业配置不仅仅造成了低效率，更重要的是加剧了资本对劳动的替代，抑制了就业，而非国有部门在利润不变的情况下，高成本融资势必压缩工资成本。试想：如果资本市场充分竞争，必然会降低产品市场生产、销售等成本，再辅以创业环境的优化，使得创业者增加，劳动者减少，逐步使得劳动力市场向卖方市场靠拢，劳资竞争逐步趋于均衡，劳动报酬占比才会趋于正常化。从金融市场入手纠正要素市场扭曲的实质是消除经济主体之间的不平等关系，其中包括国有部门和非国有部门、劳资之间、劳动者之间以及不同资本之间等，国有企业和非国有企业势必将相对平等地分享"平均利润"，国有和非国有劳动者之间的劳动报酬（工资与福利）也会趋于均衡，国有部门也将失去提供差别化公共服务的基础。那么，收入差距必然会缩小，劳动者必然得到正向激励，因此内需扩大也就有了支撑。要素市场扭曲对内需不足的作用机制可以用图 4－5 来清晰地表示。

从上述分析可以看出，按照市场经济的理论逻辑，中国以要素驱动的经济增长模式是不可持续的，它是导致中国内需不足的根源，要通过纠正资本要素市场扭曲（金融业充分竞争）用市场化的手段来破解内需问题。黄益平等（2013）研究发现，近年来主要受要素市场变化，特别是受到劳动力短缺的影响，中国消费占 GDP 的比重有所上升，通过不断调整工资，这种差距可能会缩小[①]。但是，近年来消费比重略微提高并不能作为内需发生根本性变化的开始，劳动力短缺和金融业竞争的加剧等都是外部力量

---

① 黄益平、荀琴、蔡昉：《中国经济从奇迹走向常规发展》，《中国金融》2013 年第 10 期。

或者说是倒逼的结果。如果没有相关政策的顺势跟进，消费比重提高也仅仅是短期现象。

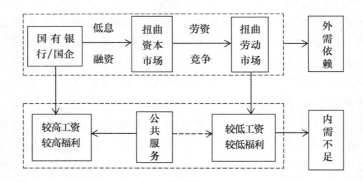

图 4 - 5 要素市场扭曲与扩大内需的作用机制

因此，在理论分析的基础上，提出了相应的研究假设：要素市场扭曲抑制了中国内需的扩大；金融业竞争的加剧促进了内需的扩大。下面，进一步通过实证来检验该研究假设。

第二节 要素市场扭曲影响消费的实证模型、变量与数据

一 计量模型设定与变量说明

依据中国经济发展的理论逻辑，在金融业竞争不断加剧背景下研究要素市场扭曲对内需的影响，模型的基本形式设定为：

$$cp_{it} = \alpha_0 + \alpha_1 distort\_f_{it} + \alpha_2 finance\_c_{it} + \alpha_3 distort\_f_{it} \times finance\_c_{it} + \beta X_{it} + \gamma_i + \gamma_t + \varepsilon_{it} \quad\quad (4-3)$$

其中，i、t 分别表示地区和年份，cp_{it} 表示 31 省（自治区、直辖市）居民人均消费（中国内需不足主要体现为居民消费不足，因此以居民消费表示内需），$distort\_f_{it}$ 表示要素市场扭曲，$finance\_c_{it}$ 表示金融业竞争程度，$distort\_f_{it} \times finance\_c_{it}$ 表示要素市场扭曲与金融业竞争程度交互项，

X_{it}表示控制变量向量，γ_i和γ_t分别表示地区和年份特定效应，ε_{it}是随机扰动项。

计量回归式（4-3）中，α_1衡量要素市场扭曲对居民消费的直接影响，根据中国要素市场被扭曲的现实状况，预计该符号为负。α_2衡量金融业竞争程度对居民消费的影响，根据理论分析，金融业竞争程度越强，越利于纠正资本和劳动力价格扭曲，从而实现劳动者收入趋向正常化（提高劳动收入），进而提高居民消费需求，因此预计该符号为正。要素市场扭曲与金融业竞争程度交互项系数α_3表示金融业竞争程度弱化要素市场扭曲，该符号越趋向于正，表示金融业竞争弱化要素市场扭曲的作用越大；反之，越小。可以通过式（4-4）和式（4-5）计算边际效应测算要素市场扭曲对内需的净效应：

$$\partial cp_{it} \big/ \partial distort\_f_{it} = \alpha_1 + \alpha_3 \text{finance\_}c_{it} \qquad (4-4)$$

同理

$$\partial cp_{it} \big/ \partial finance\_c_{it} = \alpha_1 + \alpha_3 \text{distort\_}f_{it} \qquad (4-5)$$

对于关键解释变量——要素市场扭曲和金融业竞争程度——测度，采用了樊纲、王小鲁和朱恒鹏《中国市场化指数——各地区市场化相对进程2011年报告》对该指标的指数化计算[1]，其中以要素市场发育来衡量中国要素市场扭曲指标，以金融业竞争指数来衡量金融市场竞争程度。

对于要素市场扭曲测算，包含较多内容，比如要素流动障碍、要素价格刚性和要素价格差别[2]（Magee，1971），要精确包含要素扭曲的所有信息是很难做到的，正如在要素市场扭曲界定部分测算的也仅仅是要素价格扭曲而已。也有一些研究者采用了各省份的总体市场化程度或者产品市场化程度与要素市场化程度的相对值来衡量，他们认为相对指标优点在于充分考虑到各省份地区间的相对差异，采用无量纲化的相对形式可消除这些

---

① 樊纲、王小鲁、朱恒鹏：《中国市场化指数——各地区市场化相对进程2011年报告》，经济科学出版社2011年版。

② Magee, S. P. , "Factor Market Distortions, Production, Distribution, and the Pure Theory of International Trade", *The Quarterly Journal of Economics*, 1971, 85 (4), pp. 623-643.

指数的不可比性（张杰等①，2011；毛其淋，②2013）。其实，该指数测算采用的是主成分分析法，本身已经进行了无量纲化处理即是相对值，而且要素市场扭曲本身也是由于地区间的差异造成的，比如各省份市场活动受经济的、政治的、社会的、地理的以及历史的等因素的影响，假如地区间不存在这些影响，就谈不上市场扭曲。从测算的原始指数可以看出，各省份要素市场发育程度有显著差异，而且各个省份要素市场发育也并不是随着时间的推移而趋于完善。与产品市场发育不同，要素市场则处于受抑制的状态，这种受抑制的状态本身即是对要素市场扭曲的衡量。

金融业竞争测算的结果基本呈现出如下特点：在省际之间，东部省份值高，西部省份值低；在省份内部，随着时间的推移该值呈逐步变大趋势。该指标用私有银行吸收存款占所有银行存款比例表示，能够体现金融业的竞争程度。正如刘士余（2014）指出的："现在的金融创新，有些方面实际上是逃避监管，包括风险拨备、保险资本约束、信贷指引，一味讲创新，甚至把存款搬家也当成一个创新。"③ 其实正是"余额宝"等金融产品的出现，挑战了国有金融银行的垄断地位，意图分割银行的垄断利润，才引起管理部门或银行业的高度关注甚至是紧张，因此也能说明用该指标衡量金融业竞争是有一定说服力的。

为了更加符合上述理论逻辑，进一步提高估计的精度，本研究又考虑了以下控制变量。

（1）居民上一期的消费值（cpi_{t-1}）。

居民消费一般具有习惯性，当期消费会受上期消费影响，而且消费具有升级性。

（2）居民收入（ip_{it}）。

居民消费用城镇居民可支配收入与农村居民纯收入与其人口加权平均测算。

（3）创业环境（$firm\_e_{it}$）。

创业环境的好坏在很大程度上影响了劳资竞争关系，影响了环境的优

① 张杰、周晓艳等：《要素市场扭曲抑制了中国企业 R&D?》，《经济研究》2011 年第 8 期，第 78—91 页。
② 毛其淋：《要素市场扭曲与中国工业企业生产率——基于贸易自由化视角的分析》，《金融研究》2013 年第 2 期，第 156—169 页。
③ 刘士余在 2014 年 5 月 10 日首届清华五道口全球金融论坛上的发言。

化，比如说企业进入和退出门槛低、政府干预程度低等会促使劳方不断加入到创业者行列，不仅能提高居民收入，而且随着劳方人数下降（剩余劳动力减少），资方为雇佣工人必然会提高劳动报酬。因此，创业环境优化必然会促进居民消费，预计该项回归系数为正，该指标用对生产者权益保护指数来表示。

（4）吸引外资指数（foreign_ c_{it}）。

一个地区吸引外资的能力很大程度上反映了该地区经济活力、经济环境的优劣，因此吸引外资能力越强对居民消费越能起到促进作用。但是，外资进入也有不利的一面，它们会利用招商优惠压榨国内劳动。

（5）产品市场化程度（product_ m_{it}）。

产品市场化程度对内需的促进作用是不言而喻的，尤其在与计划经济比较时，更能显示出其对内需的正向作用。比如在 20 世纪 80 年代末期，随着中国产品市场的开放，市场很快从卖方市场转向了买方市场，从而结束了商品短缺的时代。

二　数据来源与处理说明

居民消费和收入两项使用了 2000—2010 年《中国统计年鉴》宏观数据，并且两个指标数据都用消费者价格指数（CPI）做了平减，应用其实际值。其他解释变量均来自樊纲、王小鲁和朱恒鹏《中国市场化指数——各地区市场化相对进程 2011 年报告》测算的 1999—2009 年 31 省份的相关数据，其指标测算既采用了宏观数据又采用了微观数据，比如表示创业环境的指标（对生产者合法权益的保护）采用了企业抽样调查所提供的各地企业对当地司法和行政执法机关公正执法和执法效率的评价数据。为了使经济规模的省份具有可比性，其他宏观数据都经过了相对化处理。比如，引进外资能力指标采用的是与对应省份 GDP 的比值。另外，也对数据做了面板单位根检验，检验的结果显示，面板数据存在一阶单整性。

第三节　要素市场扭曲对内需影响的实证分析

一　要素市场扭曲对内需影响的基准回归

　　为了考察要素市场扭曲对内需的影响，采用了逐步增加变量的回归方法，由于最直接而且影响居民消费最主要的解释变量是收入，因此把居民收入作为最基本的变量列入回归原始方程中。另外，居民消费受消费习惯的影响较大，并且也能体现消费的动态性，所以把上一期消费也列在原始回归方程中。当然，最关键的变量是要素市场扭曲，重点考察该变量系数的变化，所以它是原始回归方程的基础变量。根据理论部分的逻辑分析，资本市场扭曲既体现了要素扭曲的根源，又能为扩大内需体现政策含义，因此它也是考察的重点，所以也作为基础变量列在原始回归方程中。通过面板数据模型的 F 检验和豪斯曼检验，最后确定了固定效应的面板模型。表 4 - 1 显示了逐步添加变量式的计量回归结果。总体统计结果显示，各变量系数的 t 统计量绝大多数至少在 5% 水平上显著。从拟合优度来看，达到了 0.94 以上，说明所选变量对内需解释力较强。

　　1. 要素市场扭曲对内需的影响

　　从回归系数的符号来看，逐步回归结果都显示为负，这说明了要素市场扭曲对中国内需确实产生了抑制作用。从系数的绝对值来看，虽然有所波动，除基本的回归（1）式外，整体上波幅不大。以下在回归（5）式的基础上进行具体分析。从回归（5）式来看，各解释变量系数的 t 统计量都有非常强的显著性，要素市场扭曲对居民消费影响的回归系数为 -188.88，从数值来看抑制作用明显。如果按照（5）式再把交叉项系数进行合并，可以得出要素扭曲对居民消费的净效应（系数）为 -307.01，要素扭曲对内需的抑制作用更明显，也与预期吻合。

表 4 - 1　　　　　　　基于固定效应（fixed effect）基准回归结果

解释变量	（1）	（2）	（3）	（4）	（5）
要素市场扭曲	- 279.70*** （- 5.62）	- 182.60** （- 2.43）	- 233.98*** （- 2.91）	- 158.87* （- 1.70）	- 188.88** （- 2.11）
金融业竞争	85.14** （2.17）	126.33*** （2.75）	124.28*** （2.72）	157.89*** （3.30）	184.60*** （4.04）
上一期消费	0.61*** （10.99）	0.60*** （10.92）	0.60*** （10.78）	0.53*** （9.40）	0.56*** （10.21）
居民收入	0.54*** （11.31）	0.55*** （11.48）	0.56*** （11.59）	0.49*** （9.69）	0.49*** （10.06）
交互项		- 14.15* （- 1.72）	- 11.08 （- 1.32）	- 19.39** （- 2.10）	- 21.56** （- 2.47）
吸引外资			59.86* （1.78）	70.11** （2.08）	73.16** （2.24）
创业环境				46.90*** （3.99）	41.85*** （3.79）
产品市场化程度					96.29*** （2.82）
常数项	- 381.16*** （- 2.51）	- 682.07*** （- 2.95）	- 684.66*** （- 2.97）	- 693.73*** （- 2.78）	- 1294.91*** （- 4.73）
R^2	0.94	0.94	0.94	0.95	0.95
豪斯曼检验	45.34 [0.00]	50.65 [0.00]	55.91 [0.00]	51.53 [0.00]	94.64 [0.00]
观察值	310	310	310	308	305

注：圆括号里的值为估计系数的 t 统计量，方括号里的值为统计量的 p 值；***、**和*分别表示 1% 、5% 和 10% 水平上显著。

2. 金融竞争程度对内需的影响

金融业竞争系数显著为正，这说明尽管中国金融业在国有金融主导下，但是金融业的竞争还是对内需的扩大有正面作用。在信息化时代，金融业的管控越来越难，市场化程度在不断加大，金融业竞争回归系数达到了184.6，即使按照式（4-4）和式（4-5）合并测算，金融业竞争对内需的正向净效应也达到了94.59，这正说明了金融业在中国经济发展过程中的强大作用。在倒逼机制作用下，金融业竞争已经显示了效果，在未来的金融改革中，应该顺应潮流，更大力度地引进市场机制促进金融业竞争。正如上述理论分析，中国金融市场不仅仅在资本要素市场起作用，更重要的是整个要素市场都是透过金融市场在发挥作用，金融市场的竞争水平一旦提高，它会在纠正整个要素市场扭曲方面起到颠覆性的作用。

3. 控制变量对内需的影响

从控制变量回归系数来看，创业环境对内需也起到了强有力的促进作用，该系数的 t 统计量在1%水平上显著。创业环境对内需的拉动既有直接效应又有间接效应，主要表现在能够吸引更多的劳动者从就业转向创业，这对内需的拉动是不言而喻的，创业的优化又能间接地提高劳动者地位，"迫使"资方提高劳动报酬。从对外资的吸引程度回归系数极其显著来看，也说明了已有的分析。中国产品市场化进程较快，对内需促进作用是明显的，回归系数符号与要素市场扭曲系数截然相反，但是随着产品市场完全放开，对内需的影响将会稳定下来，不容乐观的是国有垄断资本仍在产品市场参与竞争，与民争利，抑制内需作用仍然存在。

二 不同区域要素市场扭曲对内需的影响

在理论分析部分，测算了因企业所有制性质的差异造成要素价格的扭曲程度，国有企业明显比私营企业对资本要素扭曲程度要高，而私营企业明显比国有企业对劳动要素扭曲程度要高。由于很难找到企业所有制性质对应的内需变量，所以很难确切地考察因所有制差异造成的要素市场扭曲对内需产生的确切影响。尽管如此，本研究仍然以不同所有制类型企业的平均工资通过边际消费率处理，用不同所有制类型企业面板数据初步估计了要素市场扭曲对内需的影响，结果显示，无论是资本要素市场还是劳动要素市场扭曲对内需都产生了抑制作用，各项统计量指标都非常显著。从所有制属性对要素扭曲的显著影响来看，有必要进一步分析中国不同地区要素市场扭曲对内需的影响，这有利于剖析中国的内需问题。中国是一个典型的地区发展不平衡的国家，市场发育程度有着明显的差异，经济主体活动受到政府干预的程度也有较大差别，因此通过统计分析不同区域要素市场扭曲对内需的影响，进一步验证和解释中国内需问题。

　　为了考察地区间要素市场扭曲对内需的影响，按照传统的中国东、中、西部区域划分法，将样本划分为东、中、西部样本，这里分别对东、西部两个区域进行估计。考虑估计的稳健性和内生性问题，采用了三种计量方法做对比回归分析，计量统计结果如表4-2所示。从表4-2可以明显看出，中国东、西部要素市场扭曲对其内需都具有显著的抑制效应，东部要素市场扭曲对内需的抑制作用相对较大，其边际效应大概在西部地区的2倍以上。金融业竞争对内需的影响都起到了显著的促进作用，依据动态广义矩估计的结果，东部地区金融业竞争对内需的正向作用高于西部地区，回归系数相差25%左右，而固定效应估计结果显示，两个区域几乎相同。从估计结果还可以看出，东部地区对外资的吸引以及产品市场化程度对其内需的影响都有较强的正效应，这与现实情况一致，西部地区这两方面的表现相对较弱。从统计结果也能看出，吸引外资对内需影响无论是广义矩估计还是固定效应回归结果得出的边际效应都较大，而且系数的 t 统计量都在1%水平上显著，而西部地区广义矩估计和固定效应回归的外资引进对内需影响系数的 t 统计量不显著，而且系数也较小。西部地区产品市场化程度对内需的影响上，系数的 t 统计量在1%水平上显著，但是系数值明显小于东部地区。从东、西部统计结果的对比来看，无论是要素扭曲对内需的负向影响，还是金融业竞争、外资引进以及产品市场化对内需的正向影响，都是能够被接受的。从现实情况来看，金融业竞争和产品市场化程度，东部地区明显要高于西部地区，对内需的正向拉动作用强于西部地区也就不难理解了。对于东部地区要素市场扭曲对内需影响明显高于西部地区需要作进一步的解释，从要素市场被扭曲的原始数据来看，西部地区要素市场化指数明显要低于东部地区，要素市场扭曲程度西部地区高于东部地区。从现实情况来看，中国西部地区私营经济发展程度明显要弱于东部地区，与之相对应，在国有经济部门主导的西部地区，整体要素扭曲程度也就高。由此看来，西部地区要素扭曲对内需的抑制作用应该更强。其实，在国有经济部门主导的西部地区，内需也表现为国有经济部门的劳动者主导的内需，要素扭曲从某种程度上又弱化了对内需的抑制作用，因此整体表现上，西部地区要素市场扭曲对内需的抑制作用弱于东部地区。

表 4 - 2   不同地区要素市场扭曲对内需影响的实证结果

解释变量	差分广义矩		系统广义矩		固定效应	
	东部	西部	东部	西部	东部	西部
要素市场扭曲	-526.65*** (-11.37)	-163.36** (-2.14)	-375.26** (-2.52)	-185.50** (-2.07)	-532.01*** (-8.54)	-33.66 (0.67)
金融业竞争	193.29*** (2.58)	152.69*** (5.23)	262.99** (2.32)	220.07*** (2.80)	101.81** (2.15)	103.25*** (3.63)
上一期消费	0.41*** (7.63)	0.31*** (5.99)	0.30*** (4.80)	0.28*** (4.80)	0.53*** (9.30)	0.46*** (9.28)
居民收入	0.76*** (14.05)	0.59*** (9.13)	0.61*** (8.11)	0.49*** (10.39)	0.58*** (10.53)	0.45*** (12.97)
吸引外资	103.02*** (3.75)				92.2*** (3.71)	20.50 (0.58)
产品市场化程度		78.08*** (3.56)			191.52*** (2.70)	61.46*** (3.17)
常数项	-16.26** (-2.08)	-158.59** (-2.14)	-31.59 (-1.01)	-13.08 (-0.67)	-470.11** (-2.60)	-249*** (-4.26)
AR (1)	-2.23 [0.03]	-2.07 [0.04]	-1.15 [0.24]	-2.19 [0.03]		
AR (2)	-0.277 [0.78]	-0.237 [0.81]	0.28 [0.77]	0.63 [0.52]		
Sargan 值	9.74 [1.00]	9.38 [1.00]	7.31 [1.00]	11.45 [1.00]		
豪斯曼检验					88.05 [0.00]	111.24 [0.00]
观察值	277	277	308	310	308	308

注：在使用广义矩估计时解释变量都采用滞后 1 期的工具变量形式，水平和差分方程的工具变量滞后期也采用了滞后 1 期状态；圆括号里的值为估计系数的 t 统计量，方括号里的值为统计量的 p 值；***、**和*分别表示 1%、5% 和 10% 水平上显著。

三 解释变量的内生性处理与估计的稳健性

在回归方程中，解释变量有可能存在反向内生性问题，由此会带来估计结果出现偏差。主要体现在：要素市场扭曲强有力地抑制了内需，反过来，内需越是弱的省份越是觉得依靠居民消费拉动经济增长难度大，因此该地方政府会更加不注重居民消费，比如依赖投资和外需，也就会加重要素市场的扭曲；金融业竞争对居民消费起到了正向效应，相反，在有效需求旺盛的地区金融业竞争也会更加激烈，比如银行之间在吸收存款和放贷上，为争取客户采用各类手段，可谓花样百出；外资进入在反向内生性问题上，同样也会有类似金融业竞争的情况，外资更乐意投资于消费市场活跃的地区。企业营销环境和产品市场化程度同样有类似反向内生性问题。在动态面板模型中，由于解释变量中存在因变量的滞后项，可能导致解释变量与随机扰动项相关，因此上文采用固定效应面板模型进行估计，很可能将导致参数估计的非一致性。

针对解释变量可能存在的内生性问题和固定效应面板模型参数估计的非一致性，采用了差分广义矩（Difference GMM）和系统广义矩（System GMM）的估计方法，作进一步对比估计。差分广义矩估计法是运用工具变量产生相应的矩条件方程的广义矩估计（Arellano Bond，1991），一阶差分法在消除动态面板数据的固定效应时，会导致经转换后横截面特定误差项的序列相关，且差分转换也存在导致一部分样本信息的损失以及当解释变量在时间上有持续性时，工具变量的有效性减弱等不足。对此，Arellano和 Bover（1995）、Blundell 和 Bond（1998）提出了系统广义矩法，即用观察值减去变量将来所有可观察值的平均值的前向均值差分法（Helmert 转换）。在消除动态面板数据包含的固定效应时有效地避免了经转换后横截面特定误差项的序列相关。系统广义矩估计因为包含了更多的样本信息，也能增强工具变量的有效性。对于参数估计是否有效，它依赖于工具变量选择的有效性，采用 Sargan 统计量来识别工具变量选取的有效性，如果接受原假设（过度识别检验有效），则说明工具变量的选取是有效的。对残差序列的相关性检验，采用了以一阶差分转换方程的一阶和二阶序列相关检验 AR（1）和 AR（2）来判断残差项是否存在序列相关。检验结果表明，Sargan 检验的概率值都大于 0.1，不能拒绝原假设（所有工具变量均有效);差分后的残差存在一阶相关 [AR (1) 的概率值小于或等于 0.01],但不存在二阶相关 [AR (2) 的概率值大于 0.1]。

总之,模型设定和工具变量选择是合理的且有效的,广义矩估计较好地克服了解释变量内生性问题以及面板固定效应模型参数估计的非一致性问题。从估计系数来看,符号未发生变化,系数绝对值与固定效应的面板估计结果差距不大,但广义矩估计统计量更显著。表 4 - 3 的估计结果显示广义矩的估计系数具有更好的收敛性和稳健性。

表 4 - 3   克服解释变量内生性广义矩回归结果

解释变量	差分 GMM			系统 GMM		
	(1)	(2)	(3)	(1)	(2)	(3)
要素市场扭曲	- 135. 21***	- 257. 67***	- 250. 22***	- 361. 98***	- 123. 54***	- 227. 72***
	(- 2. 83)	(- 4. 02)	(- 2. 83)	(- 13. 25)	(- 2. 71)	(- 4. 47)
金融业竞争	241. 53***	194. 59***	276. 36***	192. 09***	326. 15***	323. 46***
	(5. 54)	(3. 77)	(4. 80)	(9. 71)	(7. 88)	(7. 44)
上一期消费	0. 44***	0. 42***	0. 50***	0. 51***	0. 43***	0. 48***
	(32. 63)	(17. 44)	(11. 87)	(21. 73)	(14. 46)	(14. 99)
居民收入	0. 52***	0. 49***	0. 46***	0. 52***	0. 56***	0. 52***
	(27. 04)	(23. 40)	(14. 35)	(24. 37)	(20. 10)	(19. 41)
交互项	- 30. 83***	- 19. 21**	- 27. 24***		- 38. 11***	- 32. 43***
	(- 5. 69)	(- 2. 61)	(- 3. 59)		(- 5. 61)	(- 4. 58)
创业环境	76. 48***	74. 74***	62. 88***		54. 29***	50. 92***
	(11. 34)	(9. 66)	(8. 45)		(7. 80)	(6. 34)
吸引外资		112. 16***	116. 68***		82. 25***	100. 35***
		(11. 29)	(5. 63)		(5. 12)	(8. 08)
产品市场化程度			122. 80***			84. 06***
			(5. 67)			(3. 41)
常数项	27. 92	61. 83**	24. 65	- 244. 37***	- 1101. 26***	- 1443***
	(1. 20)	(2. 58)	(0. 65)	(- 3. 67)	(- 5. 57)	(- 4. 86)
AR (1)	- 2. 56	- 2. 65	- 2. 69	- 2. 68	- 3. 04	- 2. 88
	[0. 01]	[0. 01]	[0. 01]	[0. 01]	[0. 00]	[0. 00]

续表

解释变量	差分 GMM			系统 GMM		
	（1）	（2）	（3）	（1）	（2）	（3）
AR（2）	0.69 [0.49]	1.34 [0.18]	1.04 [0.30]	0.71 [0.48]	1.00 [0.32]	0.92 [0.36]
Sargan 值	28.77 [0.96]	28.15 [0.97]	29.54 [0.97]	28.93 [0.99]	28.26 [0.99]	28.86 [0.99]
观察值	279	279	277	310	310	308

注：解释变量都采用滞后 1 期的工具变量形式，水平和差分方程的工具变量滞后期也采用了滞后 1 期状态；圆括号里的值为估计系数的 t 统计量，方括号里的值为统计量的 p 值；***和**分别表示 1% 和 5% 水平上显著。

第四节　本章小结

中国要素市场化改革滞后严重扭曲了要素市场，使得劳动在国民收入分配中处于不利地位，造成内需失去应有的支撑，最终迫使中国走向了过度依赖外需发展的道路。通过对不同所有制类型企业资本和劳动要素价格扭曲的测算，分析改革开放以来中国经济发展的逻辑，揭示了资本要素市场扭曲导致了整个要素市场扭曲，要素市场扭曲是内需不足的根源。使用1999—2009 年省际面板数据验证了要素市场扭曲对内需的影响。最后，得出以下主要结论：

（1）要素市场扭曲对内需的扩大产生了显著的抑制作用；

（2）金融业竞争程度加大显著地扩大了内需；

（3）从中国东、西部样本估计结果对比来看，东部地区要素市场扭曲对内需的抑制作用明显较大，而金融业竞争程度对内需的促进作用东、西部相差不大；

（4）产品市场化的快速发展以及创业环境的优化也对内需的扩大起到了促进作用。

政策启示：中共十八届三中全会明确提出，中国将加快形成企业自主经营、公平竞争，消费者自由选择、自主消费，商品和要素自由流动、平等交换的现代市场体系，着力打破市场壁垒，提高资源配置效率和公平性。研究的结论表明，应以资本市场为突破口，积极推进要素市场化改革，逐步提高劳动在国民收入分配中的地位，扭转过度依赖出口的局面，促使中国经济走向依靠内需发展的道路。

第五章 资本扭曲劳动抑制了消费

——基于国内信贷的解释

在分析了资本要素和劳动要素市场扭曲及其对居民消费的影响之后，进一步要考虑中国要素市场扭曲产生的原因，从劳资谈判模型可以判断，在中国，劳方对工资几乎是没什么谈判能力的，国企内的劳方工资水平远高于全国的平均工资水平，工资定价是国家规定的，但是所吸纳的就业量是有限的。私营企业内的劳方更是工资的被动接受者，中国有大量等待转移的农村劳动力，劳动相对于资本是过剩的。无论是国企还是私企，在要素市场，资方相对于劳方都是强势的，劳动收入份额的下降，显然是资本扭曲了劳动。对于资本扭曲劳动的解释，将从两方面展开：本章主要立足于国内，研究以银行为主的国内金融市场，信贷资金分配市场化程度对劳动收入份额的影响，进而影响到居民消费；下一章将研究外资进入对中国劳动收入份额的影响。

第一节 信贷融资对居民消费的影响

虽然在内需不足的成因上，研究者始终未能达成一致，但由于收入水平偏低导致消费不足的观点还是得到一致认可的。自 20 世纪 90 年代中期以来，以收入法对国民生产总值分解测算时可以看到，劳动收入份额持续下降，并与同期居民消费率（居民消费占国民生产总值的比重）走势几乎保持一致，而资本收入份额不断上升。由此可以认定，内需不足的源头是劳资分配失衡。在"强资本，弱劳动"格局下，劳动收入遭到资本侵蚀，导致劳动者相对较少地享受经济增长带来的收益，并最终制约了居民消费能力的提升。在这个过程中，中国金融市场上信贷资金分配方式发挥了怎样的作用，是进一步研究的焦点。有关信贷融资对居民消费影响的文献较多，主要分为直接影响和间接影响两类。

一 直接影响主要集中在消费信贷融资方面

Sydney（1999）对美国经验数据的实证研究发现，在流动性约束下，信贷供给对消费者最优消费选择会产生影响，预期的信贷增长与消费增长显著正相关[①]。Gertler 等（2003）对印度尼西亚经验数据的实证研究发现，在遭受重大疾病人群中，金融机构倾向于为富人提供信贷，使他们的消费不受影响[②]。叶耀明和王胜（2007）实证研究了中国 1979—2004 年的整体情况发现，金融市场化能够通过各种渠道放松消费者面临的流动性约束，释放了消费需求；从国际比较来看，金融市场化还会有进一步促进需求释放的潜力[③]。巩师恩和范从来（2012）通过构建信贷供给情形下收入不平等对消费波动影响的微观机制模型发现，1988—2009 年信贷供给与消费波动呈负相关关系，由此认为稳定消费增长需要改善收入分配不平等状况和促进金融发展[④]。消费信贷对居民消费的影响是毋庸置疑的，但是这并非问题的全部本质。

二 间接影响主要通过劳动报酬和收入差距影响消费

1. 信贷融资对劳动报酬影响的研究

Park 和 Shen（2008）认为，20 世纪 90 年代中期在强化信贷投放效率优先的原则下，中国进行的金融系统改革实际上是金融的集权化，因为所

---

① Sydney Ludvigson，"Consumption and Credit：A Model of Time-Varying Liquidity Constraints"，*Review of Economics and Statistics*，1999，Vol. 81，No. 3，pp. 434 – 447.

② Gertler，Paul，David Levine，and Enrico Moretti，"Do Microfinance Programs Help Families Insure Consumption against Illness?"，*UC Berkeley Center for International and Development Economics Research Working Paper*，Series 1045，2003.

③ 叶耀明、王胜：《关于金融市场化减少消费流动性约束的实证分析》，《财贸研究》2007 年第 1 期。

④ 巩师恩、范从来：《收入不平等、信贷供给与消费波动》，《经济研究》2012 年增刊（1），第 4—14 页。

有制改革没有实质的变化，银行仍然优先对国有企业放贷，私有企业的融资环境并没有得到改善[1]。Aziz 和 Cui（2007）也认为，金融改革之后的融资宽松度不但没有提高，反而是下降的[2]。Allen 等[3]（2005）、Cull 等[4]（2009）、刘瑞明[5]（2011）的研究结果表明，中国的银行信贷与国有企业盈利能力显著负相关，银行将更多的信贷资金分配给了盈利能力较低的国有企业，在正规金融市场上的信贷资金配置是反市场的，这导致私营企业的融资面临诸多制度性障碍。而资本市场的这种信贷模式，会导致国有企业选择用资本替代劳动，从而影响劳动收入份额下降（宁光杰[6]，2013）。罗长远和陈琳（2012）的实证结果是私人企业的负债资产比与劳动收入份额显著负相关，而国有和外资企业则不存在类似现象。出现差异的关键原因是，在中国只有私营企业面临更紧的融资约束[7]。

另外，也有不少研究阐释国内信贷资金的去向及其原因。如 Petersen 和 Rajan[8]（1997）、Fisman 等[9]（2003）发现，得不到银行信用的企业便会求助商业信用，易于获得信贷资金的企业则提供了更多的商业信用。Brandt 等（2003）以中国江浙一带的乡镇企业和私营企业的调查数据为样本，得出私营企业在银行信贷上面临所有制歧视，被迫求助高成本的商

---

① Park, A. and M. Shen, "Refinancing and Decentralization: Evidence from China", *Journal of Economic Behavior and Organization*, 2008, 66, pp. 703 – 730.

② Aziz J. and L. Cui, "Explaining China's Low Consumption: The Neglected Role of Household Income", *IMF Working Paper*, 2007.

③ Allen F., Qian J. and Qian M., "Law, Finance, and Economic Growth in China", *Journal of Financial Economics*, 2005, 77（1）, pp. 57 – 116.

④ Cull R., Xu L., and Zhu T., "Formal Finance and Trade Credit during China's Transition", *Journal of Financial Intermediation*, 2009, 18（2）, pp. 173 – 192.

⑤ 刘瑞明：《金融压抑、所有制歧视与增长拖累——国有企业效率损失再考察》，《经济学》（季刊）2011 年第 2 期，第 604—618 页。

⑥ 宁光杰：《市场结构与劳动收入份额：基于世界银行对中国企业调查数据的分析》，《当代经济科学》2013 年第 3 期，第 61—70 页。

⑦ 罗长远、陈琳：《融资约束会导致劳动收入份额下降吗？——基于世界银行提供的中国企业数据的实证研究》，《金融研究》2012 年第 3 期，第 29—42 页。

⑧ Petersen M., and Rajan R., "Trade Credit: Theories and Evidence", *The Review of Financial Studies*, 1997, 10（3）, pp. 661 – 691.

⑨ Fisman R., and Love I., "Trade Credit, Financial Intermediary Development, and Industry Growth", *Journal of Finance*, 2003, 58（1）, pp. 353 – 374.

业信用①。辛念军（2006）认为，中国的经济增长主要依靠的是数量而非效率的推动，体制内低效率的金融资源并没有完全转化为产出②。卢峰和姚洋（2004）认为，中国存在着两条支撑民营企业快速发展的资金链：一是金融漏损；二是民间金融。金融漏损发生在体制外经济与获得正规金融支持的体制内企业交易过程中，主要渠道是商业信用，形式则为三角债。在政府的隐形金融干预下，国有企业作为特权部门，通常在获取银行正式贷款上具有优势。而且，国有企业还存在预算软约束问题，在此制度安排下，国有企业有放大其低效率特性，以谋求更多金融支持的动机和倾向。所以，国有企业更可能成为三角债循环中的净资金提供者③。蔡吉甫（2013）利用商业信用再分配的基本原理，从金融漏损和信贷歧视的视角系统研究了银行借款与商业信用之间的关系。研究结果显示，体制内的国有企业在正规金融市场上获得的银行贷款并未完全转化为产出，其中一部分则是以应收账款的形式发生了漏损④。Draper 和 Huizinga（2000）指出，劳动成本必须降低以使得资本能够获得正常的收益率，劳动收入份额的下降是为了缓解资本成本上升⑤。因此，在民营企业就业人数增加而国有企业就业人数减少的背景下，不难理解劳动收入份额的持续下降，进而抑制了消费。

2. 信贷融资对收入差距的影响

Banerjee 和 Newman（1993）研究认为，在信贷市场不完善的情况下，穷人和富人从银行获取贷款的能力是不同的。由于信誉的差异，富人易获得更多的贷款，穷人因信誉或者没有抵押只能获得很少甚至无法获得银行贷款。因此，穷人因为无钱投资只能选择为富人工作。这样，初始财富的

① Brandt L., and Li, H., "Bank Discrimination in Transition Economies: Ideology, Information, or Incentives?", *Journal of Comparative Economics*, 2003, 31 (3), pp. 387 –413.

② 辛念军：《经济增长中的金融效率——对转型期中国经济高增长与金融"低"效率悖论的解释》，经济科学出版社 2006 年版。

③ 卢峰、姚洋：《金融压抑下的法治、金融发展和经济增长》，《中国社会科学》2004 年第 1 期，第 42—56 页。

④ 蔡吉甫：《金融漏损、银行歧视与商业信用》，《财经论丛》2013 年第 3 期，第 84— 91 页。

⑤ Draper N., Huizinga F., "ELIS: equilibrium labor income share", *GPB Report*, 2000/3, pp. 28 –32.

不同，决定了个人职业选择的不同，劳动报酬的差异进一步扩大了收入差距[1]。Aghion 和 Bolton（1997）考察了在信贷市场不完善的情况下，资本积累的累积效应。他们认为，造成信贷市场不完善和持续收入差距的根源在于道德风险和信贷约束。在资本积累率达到一定的水平后，经济收敛到一个固定的财富分配状态。即使放松管制累积效应，仍会使收入差距达到一个稳定的状态[2]。Matsuyama（2000）探讨了财富分配和利率的作用机制。在满足投资存在门槛和个人存在信贷约束两个假设的条件下，起初阶段，穷人因投资门槛被迫选择储蓄获取较低的利息收入，富人则从银行取得低廉的贷款，并用低廉贷款投资于高收益项目，从而获得更高的财富水平，于是收入差距在短期内扩大了[3]。白重恩等（2005）解释了私营企业信贷融资困难的原因。他们认为，除正规金融市场上的信贷配给和所有制歧视外，私营企业私有产权保护缺失亦是造成其难以获得银行信用的一个重要原因。当法律对私有产权保护不明确或不支持私营企业的合同实施时，私营企业的经营风险随之增大，其发展前景将面临很大的不确定性，导致银行贷款给私营企业的风险过高。基于此，银行对私营企业采取谨慎的贷款态度，从而增加了私营企业获得银行贷款的难度[4]。

以上研究除了解释信贷融资约束对消费起到负面影响外，多数研究也关注到中国信贷资金分配方式压低劳动收入份额和扩大了收入差距，但完整揭示信贷资金分配与内需不足关系的研究不多。黄益平和陶坤玉（2011）虽然从宏观上指出，在改革阶段，政府几乎将产品市场完全自由化，但要素市场仍然严重扭曲。这种扭曲趋于压低要素价格、降低生产成本，但也扭曲了收入分配，牺牲了家庭部门，削弱了消费[5]。不过，缺少资本要素扭曲（信贷资金分配）削弱消费的实证研究，而且对私营企业用劳动代替资本压低劳动收入份额的解释也很粗略。进一步研究信贷分配的

① Banerjee, Abhijit 和 Newman, Andrew, "Occupational Choice and the Process of Development", *Journal of Political Economy* Vol. 101, Apr., 1993, pp. 274 – 298.

② Aghion, Philippe, Patrick Bolton, "A Theory of Trickle-Down Growth and Development", *The Review of Economic Studies*, 1997, Vol. 64, pp. 173 – 189.

③ Kiminori Matsuyama, "Endogenous Inequality", *Review of Economic Studies*, 2000, Vol. 67, pp. 743 – 759.

④ 白重恩、路江涌、陶志刚：《中国私营企业银行贷款的经验研究》，《经济学》（季刊）2005 年第 3 期，第 605—620 页。

⑤ 黄益平、陶坤玉：《中国外部失衡的原因与对策：要素市场扭曲的角色》，《新金融》2011年第 6 期，第 7—13 页。

非市场化使得企业在融资上不平等，进而加剧劳资关系不平等，导致劳动收入份额下降是必然的。作为居民收入主要来源的劳动收入如果被资本侵占[①]，内需不足则成为必然。

第二节　信贷约束对劳动收入份额影响的理论模型

假设在确定条件下受标准化的预算约束，一个代表性家庭最优化其一生的效用。其中，家庭收入包括：劳动收入、租赁资本的投资收入和股权分红。家庭依据消费和闲暇来最大化其一生的效用[②]。假设劳动是不可分的，代表性家庭要么工作 h 小时，要么不工作。家庭有 N_t 个劳动力，工作时间比例是 e_t，那么家庭的最大化问题为：

$$\sum_{t=0}^{\infty} \beta^t N_t (\ln(c_t) - g(h_t)e_t)$$

$$st. \quad N_t c_t + X_t \leqslant w_t h_t e_t N_t + r_t S_t + \Pi_t$$

其中，c 是人均消费，X 是每期的家庭储蓄，S 是家庭储蓄存量，Π_t 是总的转移支付，w 是实际工资率，r 是资本租金的实际回报率。

假设生产函数是柯布道格拉斯技术函数 $Y = A_t K_t^{\alpha} L_t^{1-\alpha}$，其中，$Y$ 是总产出，A 是全要素生产率（TFP）水平，L 是雇佣劳动数，代表性的企业要提前支付工资，因此要向家庭借贷支付，所有的投资靠内源融资，那么企业的最大化问题为：

$$\sum_{t=0}^{\infty} \lambda_t (A_t K_t^{\alpha} L_t^{1-\alpha} - (1 + r_t) w_t l_t - (K_{t+1} - (1 - \delta) K_t))$$

$$st. \quad (1 + r_t) w_t L_t \leqslant \theta_t K_t$$

提前预支需借贷 $w_t L_t$，企业借贷受到抵押品约束（企业资本）。家庭

---

① 根据《2012 年中国统计年鉴》数据，中国城镇居民工资性收入占可支配收入的 70.7%。

② Aziz J. and L. Cui, "Explaining China's Low Consumption: The Neglected Role of Household Income", *IMF Working Paper*, 2007.

借贷收入为 $(1 + r_t)w_t L_t$，不能超过企业资本存量，即 $0 < \theta_t < 1$。δ 是折旧率。

满足市场出清的约束条件：

$$C_t + K_{t+1} - (1 - \delta)K_t + G_t = Y_t - X_t$$

$$S_{t+1} = S_t + X_t$$

$$L_t = e_t N_t$$

其中，G 是政府购买。

为了导出系统的稳态解，所有的总量变量去趋势处理后为：

$$k_t = K_t / A^{1/1-\alpha} N_t, s_t = S_t / A^{1/1-\alpha} N_t, c_t = C_t / A^{1/1-\alpha} N_t, \gamma_{t+1} = (A_{t+1}/A_t)^{1/1-\alpha},$$

$$g_t = G_t / Y_t, n_{t+1} = N_{t+1} / N_t, e_t = L_t / N_t$$

企业最优化问题变为：

$$\sum_{t=0}^{\infty} \lambda_t (k_t^\alpha e_t^{1-\alpha} - (1 + r_t)w_t e_t - (\gamma_{t+1} n_{t+1} k_{t+1} - (1 - \delta)k_t))$$

$$st. \qquad (1 + r_t)w_t e_t \leq \theta_t k_t$$

一阶条件：

$$\lambda_t ((1 - \alpha)(e_t / k_t)^{-\alpha} - (1 + r_t)w_t) = (1 + r_t)\eta_t w_t$$

$$\gamma_{t+1} n_{t+1} \lambda_{t+1} = \lambda_{t+1}(1 - \delta + \alpha(e_{t+1}/k_{t+1})^{1-\alpha}) + \eta_{t+1}\theta_{t+1}$$

其中，λ_t 是家庭预算约束贴现因子，η_t 是企业借贷约束的贴现因子。那么，劳动收入份额为：

$$w_t e_t = \frac{(1 - \alpha)y_t}{(1 + r_t)} (\frac{\lambda_t}{\lambda_t + \eta_t})$$

家庭利率收入为：

$$r_t w_t e_t = \frac{r_r (1 - \alpha)y_t}{(1 + r_t)} (\frac{\lambda_t}{\lambda_t + \eta_t})$$

工资和利率总收入为：

$$w_t e_t (1 + r_t) = (1 - \alpha)y_t (\frac{\lambda_t}{\lambda_t + \eta_t})$$

对代表性家庭最优决策问题为：

$$\sum_{t=0}^{\infty} \beta^t N_t (\ln(c_t) - m e_t)$$

$$st. \qquad c_t + \gamma_{t+1} n_{t+1} s_{t+1} = w_t e_t + (1 + r_t)s_t + \pi_t$$

一阶条件：

$\lambda_t = \beta^t N_t / c_t, w_t = m_t c_t, c_{t+1} = c_t \beta (1 + r_{t+1}) / \gamma_{t+1}$

综合以上均衡条件可以得到信贷融资约束对劳动收入份额的影响的稳态解析式：

$$LS = \frac{we}{y} = \frac{\theta\beta}{\gamma}\left[\frac{\gamma}{\beta} - (1 - \delta) + \theta\right]$$

从上式可以看出，融资环境 θ 越宽松，劳动收入份额越高。

在资本市场上，中国经济在转轨过程中，为了实现以国有企业为代表的体制内经济的稳定和增长，政府在金融领域采取了以金融压抑和歧视为特征的超强金融控制政策（辛念军[①]，2006）。在金融约束条件下，一些大型国有企业能够优先获得贷款，且利率较低，这会推动它们采用资本密集型技术，减少对劳动力的需求，从而影响劳动收入份额。而吸纳90%以上[②]就业人数的大量中小民营企业出现借贷困难，融资约束使它们更多地使用劳动来替代资本，还会利用压低工资来为固定资本投资融资（Aziz and Cui[③]，2007）。

在劳动力市场上，非充分竞争的市场（买方垄断）使得工资偏低，虽然有的企业拥有工会，但缺乏集体谈判。而且，中国的劳动力市场制度又有体制内与体制外劳动市场的区别。体制内的企业在垄断的产品市场上获得的垄断利润都形成资本收入，体制内资本份额必然超过劳动份额，而在体制外，企业因资本要素的高成本，虽然利用劳动力，但是结果不是劳动份额增加，而是资本收入份额会不断增加（白重恩等[④]，2008）。

至此，可以清晰地梳理出这样一条逻辑主线：中国消费不足是由劳动收入份额占比过低导致的，劳动收入份额占比过低是由国有大企业和民营中小企业间信贷融资成本差异造成的，这种差异是在既定的金融环境下，资本处于风险和逐利考虑的"市场化流动"的结果。但是，消除企业间的信贷融资成本差异，一定能提升劳动收入份额吗？答案是否定的。Beck 等

① 辛念军：《经济增长中的金融效率——对转型期中国经济高增长与金融"低"效率悖论的解释》，经济科学出版社 2006 年版，第 4 页。

② 胡星斗：《建议"两会"审议和制止"国进民退"》，《学习月刊》2010 年第 2 期。

③ Aziz J. and L. Cui, "Explaining China's Low Consumption: The Neglected Role of Household Income", *IMF Working Paper*, 2007.

④ 白重恩、钱震杰、武康平：《中国工业部门要素分配份额决定因素研究》，《经济研究》2008 年第 8 期，第 16—28 页。

（2004）在考察中小企业在推动金融发展、降低收入差距中的作用时发现，中小企业发展并没有对穷人收入有显著的正影响①。企业融资市场化是基础，还要辅以行业进入市场化，即打通劳动力转化为经营者的障碍，创造良好的营商生态环境，才能破除"强资本，弱劳动"格局，实现劳资关系相对均等化。Blanchard 等（2000）在对欧洲数据的实证研究中发现，劳动收入份额的下降是工资灵活性、劳动保护下降的结果，企业间竞争提高，在短期内会提高劳动收入份额，但长期没有影响，而行业进入成本的下降，在短期内对劳动份额没有作用，但长期却有利于其提高。劳动者谈判力量减弱，在短期内会导致劳动收入份额下降，但在长期中会恢复到原来的水平②。所以，劳动收入份额背后隐含的是劳资之间的分配问题，整个理论逻辑框架图如图 5 - 1 所示。

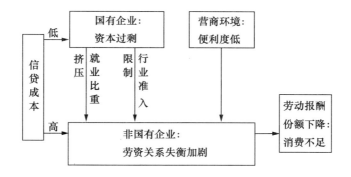

图 5 - 1 信贷资金分配与内需的关系

依据上述分析，可以提出两个待检验的逻辑推论：信贷资金分配市场化程度提高能促进居民消费；非国有企业就业比重提高不一定能提高居民消费。

① Beck Thorsten, Asli Demirguc-Kunt, Ross Levine, "Finance, Inequality, and Poverty: Cross-Country Evidence", *NBER Working Paper*, 2004, No. 3338.

② Blanchard O., Wolfers J., "The role of shocks and institutions in the rise of European unemployment: the Aggregate evidence", *Economic Journal*, 2000, 110: C1 - C33.

第三节 信贷资金分配对消费影响的实证研究

一 面板实证模型设定

信贷资金在国有企业和私营企业之间的分配研究难点，在于数据不易获得。目前，仍未有较为权威的直接数据，相关研究者普遍采用间接测算方法。这里实证研究使用中国 30 个省级（由于西藏数据不全除外）单位 1997—2009 年间的面板数据，其中居民消费数据（因变量）来自相关年份《中国统计年鉴》，具有较好的权威性和可信性。自变量，包括信贷资金分配市场化指标（用信贷资金分配市场化程度指数表示），均选自樊纲等（2011）[①] 对企业调研数据和统计年鉴数据所做的主成分分析综合指数数据，该数据库已被较多相关研究使用，并产出了众多较高水平的研究成果。另外，对数据首先做了面板单位根检验，检验的结果显示，面板数据存在一阶单整性。依据上述提出的逻辑推论，设定的计量经济学模型的基本形式为：

$$\ln cp_{it} = \alpha_0 + \alpha_1 finance\_r_{it} + \beta X_{it} + \gamma_i + \gamma_t + \mu_{it}$$

其中，i、t 分别表示地区和年份。CP_{it} 表示 30 省（自治区、直辖市）居民人均消费（中国内需不足主要体现为居民消费不足，因此以居民消费表示内需），其数据用消费者价格指数（CPI）做了平减，并对其实际值取对数。$finance\_r_{it}$ 表示信贷融资约束放松，这是主要检验其对居民消费的影响，从二者之间的散点图（如图 5 - 2 所示）所传递信息可以看出，符合上述的逻辑推论。X_{it} 表示控制变量向量。γ_i 和 γ_t 分别表示地区和年份特定效应。μ_{it} 是随机扰动项。

为了进一步提高估计的精度，也增加了以下控制变量：

1. 非国有经济发展指数

从就业角度来考虑，非国有经济发展对居民消费起到了决定性的作用，从计划经济到市场经济过渡，非公经济的发展促进了居民消费，特别

[①] 樊纲、王小鲁、朱恒鹏：《中国市场化指数——各地区市场化相对进程 2011 年报告》，经济科学出版社 2011 年版，第 263 页。

是经济发展到一定阶段国有经济部门的平均工资要高于非公经济部门，该回归系数理论上应该为正。

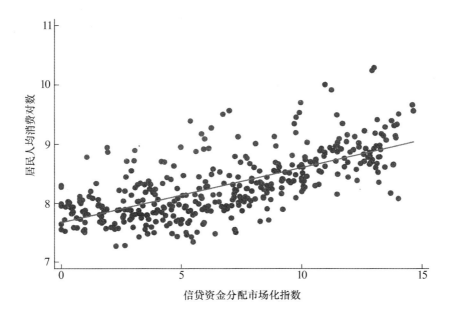

图5-2　信贷资金分配市场化指数与居民人均消费对数之间的散点图

2. 非国有企业就业比重指数

按照前面的理论逻辑，非国有企业就业比重的增加并不一定提高消费，非国有企业就业内部劳资投入的比例关系是决定劳动报酬的核心要素，因此该项回归系数有待确定。

3. 劳动力流动指数

劳动力流动指数在很大程度上体现了经济活动的效率，劳动报酬从理论上来说，是依据劳动生产率来定价的，中国经济效率提高除了劳动成本低廉之外，还表现为农村富余劳动力的流动性，而中国国有企业劳动力的流动性较差，两者之间形成了鲜明对比。

4. 减轻农民税费负担指数

居民消费提升的空间，很大程度上需要依靠农民来贡献，特别是不断转移的农民工群体，减轻农民税费负担对消费能起到促进作用。

5. 引进外资指数

一个地区吸引外资的能力很大程度上反映了该地区经济活力和营商环境的优劣，因此吸引外资能力越强，对居民消费越能起到促进作用，但是外资进入也受到较大的优惠政策（比如融资优惠）的影响，与国企类似也有侵占劳动收入的弊端，所以回归系数不能确定。

各个变量的基本统计描述如表 5 – 1 所示。信贷资金分配市场化指数的均值为 6.789，相对最大值来看不高，这说明中国金融市场中信贷资金分配市场化程度较低，较大的标准差说明区域差异较大。控制变量也有类似特征，即标准差较大，区域分化较为明显。

表 5 – 1   相关变量的统计描述

	居民人均消费的对数	信贷资金分配市场化指数	非国有经济发展指数	非国有企业就业比重指数	劳动力流动指数	减轻农民税费负担指数	引进外资指数
均值	8.307	6.789	5.978	5.569	3.758	8.328	2.819
标准差	0.547	3.960	3.091	3.486	3.149	2.281	2.895
中位数	8.233	6.590	5.430	4.765	2.930	9.090	1.760
最小值	7.270	0	0	0	0	0	– 0.05
最大值	10.292	14.650	13.730	14.650	17.030	14.650	17.920

二　信贷资金分配市场化对居民消费影响的实证分析

1. 基准回归结果分析

表 5 – 2 显示了面板数据模型回归的估计结果，模型 1～6 在 F 检验和豪斯曼检验的结果下，均列出了面板固定效应估计值；从信贷资金分配市场化对居民消费影响来看，是正向（回归系数符号为正）的；从影响程度来看，随着控制变量的增加，回归系数减小，模型 5 和模型 6 基本稳定在 0.030 左右，并且均在 1% 水平上显著，这与前文的理论分析是一致的。为了进行比较分析，模型 7 报出了随机效应的估计结果，信贷资金分配市场化系数为 0.030。为了克服异方差和解决序列相关问题，分别进行了相

表 5 - 2   全样本基本回归结果

解释变量	(1) FE	(2) FE	(3) FE	(4) FE	(5) FE	(6) FE	(7) RE
	被解释变量：居民人均消费对数						
信贷资金分配市场化指数	0.098***	0.041***	0.039***	0.037***	0.031***	0.029***	0.030***
	(31.38)	(8.26)	(7.87)	(7.44)	(6.28)	(6.10)	(6.05)
非国有经济发展指数		0.110***	0.081***	0.076***	0.051***	0.045***	0.033**
		(13.4)	(5.65)	(5.36)	(3.49)	(3.10)	(2.32)
非国有企业就业比重指数			0.027**	0.023**	0.029***	0.039***	0.050***
			(2.46)	(2.11)	(2.78)	(3.50)	(4.63)
劳动力流动指数				0.021***	0.024***	0.020***	0.017***
				(3.21)	(3.74)	(3.12)	(2.65)
减轻农民税费负担指数					0.036***	0.035***	0.036***
					(5.18)	(5.10)	(5.28)
引进外资指数						0.016***	0.019***
						(2.70)	(3.37)
常数项	7.641***	7.370***	7.405***	7.391***	7.241***	7.206***	7.216***
	(317)	(260)	(234)	(234)	(172)	(165)	(120)
R^2	0.733	0.822	0.825	0.830	0.842	0.845	0.845
F 值	30.61	36.59	26.51	27.55	28.65	25.29	
豪斯曼值							16.30**
异方差检验						435.51***	
序列相关检验						88.81***	88.81***
观察值	390	390	390	390	390	390	390

注：括号里的值为估计系数的 t 统计量；***和**分别表示1%和5%水平上显著。

应的统计检验并给出了相关统计值。在依次引入控制变量后，观察其回归结果，所有控制变量对居民消费都有正向影响，并且在1%水平上显著，特别指出的是非国有经济发展对居民消费起到了较强的拉动作用，这说明产品市场的市场化起到了关键性的作用。非国有企业就业比重随着控制变量的增加，回归系数也在增加，这也说明该变量相对其他变量对居民消费有较大影响。劳动力流动对居民消费也起到了显著的影响，这与理论分析相符。农民减负对居民消费也有一定的效果。引进外资对居民消费影响在控制变量中表现最小，但也是正向影响，这与邵敏和黄玖立①实证结果不同，他们认为外资进入的负向的"工资溢出"效应对 1998—2003 年中国工业行业劳动者报酬份额平均降低，起了较强的作用。外资进入不仅有力地促进了资本之间的竞争，提高了劳动者地位，增加该部分劳动者收入份额，而且对外资优惠也有挤压国内劳动的效应，因此外资对国内劳动的影响将在下一章做专门研究。

2. 信贷资金分配市场化对中国区域消费的影响

为了进一步考察信贷资金分配市场化对居民消费的影响，及其是否会因区域差异而有所影响，另一方面，分子样本回归也能考察主要解释变量回归系数的稳健性，因此将样本区分为东部、中部和西部 3 个子样本分别进行估计，对每一个子样本都进行了固定效应模型和随机效应模型估计，其结果列在表 5 – 3 中。从估计的结果来看（仅分析固定效应模型），信贷资金分配市场化对居民消费的影响，东、中、西部地区都为正，东部和西部地区的估计系数的 t 统计量在 1% 水平上显著，西部地区在 10% 水平上显著。从影响程度来看，东、中和西部地区的系数依次为 0.041、0.031 和 0.019，中部地区信贷资金分配市场化对居民消费的影响接近全国的平均水平，东部地区明显要高于中部和西部地区。该结果恰恰说明了经济较为发达的东部地区在信贷融资成本上更加均等化，而中西部地区特别是西部地区信贷资金分配市场化程度较低，甚至还会有信贷资金流入东部地区的现象，这就更加导致西部地区信贷资金在国有和民营企业分配上的非均等化。对控制变量的回归结果中，值得一提的是非国有企业就业比重，其对居民消费的影响出现了明显的区域分化特征，东部地区正向效应显著，西部次之，东部地区出现了逆转，这与预设的结果符号待定一致，中部地区非国有企业吸纳就业比重虽然较大，但是并没有显著促进居民消费，甚至还抑制了消费，尽管统计结果不显著，原因就在于劳资关系出现了更大的不平衡，是劳动报酬份额下降导致的结果。西部地区出现的正向影响有其特殊性，而不是经济发展活跃的表现，西部经济是国有企业主导的经济，在国有经济吸纳就业不变的情况下，非国有企业吸纳就业人数增加，特别是吸纳了农村劳动力转移人口，这有力地促进了居民消费。

---

① 邵敏、黄玖立：《外资与我国劳动收入份额——基于工业行业的经验研究》，《经济学》（季刊）2010 年第 4 期，第 1189—1210 页。

表 5 - 3　　　　　　　　　　　分区域样本比对回归结果

| 解释变量 | 被解释变量：居民人均消费对数 | | | | | |
| | 东部地区样本 | | 中部地区样本 | | 西部地区样本 | |
	（1）FE	（2）RE	（3）FE	（4）RE	（5）FE	（6）RE
信贷资金分配市场化指数	0.041*** (5.49)	0.038*** (5.12)	0.031*** (3.36)	0.032*** (3.34)	0.019* (1.95)	0.028*** (3.06)
非国有经济发展指数	0.018 (0.70)	− 0.001 (− 0.05)	0.065*** (3.42)	0.061*** (3.14)	0.038 (1.22)	0.036 (1.39)
非国有企业就业比重指数	0.061*** (3.52)	0.075*** (4.45)	− 0.012 (− 0.63)	− 0.003 (− 0.16)	0.031** (2.36)	0.025 (1.19)
劳动力流动指数	0.016** (1.99)	0.013 (1.63)	0.072*** (3.69)	0.063*** (3.21)	0.025 (1.09)	0.020 (1.65)
减轻农民税费负担指数	0.018 (0.85)	0.028 (1.35)	0.040*** (4.65)	0.038*** (4.33)	0.050*** (4.08)	0.039*** (3.41)
引进外资指数	0.012* (1.73)	0.016** (2.24)	0.022 (1.61)	0.024* (1.66)	0.078*** (3.62)	0.077*** (3.57)
常数项	7.355*** (57.83)	7.321*** (47.48)	7.153*** (157)	7.158*** (70.17)	7.169*** (94.74)	7.254*** (92.52)
R^2	0.871	0.870	0.921	0.921	0.796	0.794
F 值	33.54		66.62		5.39	
豪斯曼值		12.48*		17.71***		16.80***
组间异方差检验	47.63***		25.01***		218.05***	
序列相关检验	154.87***	154.87***	7.744**	7.744**	29.95***	29.95***
观察值	143	143	104	104	143	143

　　注：圆括号里的值为估计系数的 t 统计量；***、**和*分别表示 1%、5%和 10% 水平上显著。

3. 内生问题的考虑

考虑到信贷资金分配市场化有可能是内生的，因为资本逐利的本性驱使，信贷资金即使在没有外界因素干预的情况下，也会流向经济实力较强的企业。考虑寻找与信贷资金分配市场化变量非常相关的变量——金融业竞争程度（二者散点图如图5-3所示）变量作为代理变量进行回归分析，金融业竞争程度增强有利于以吸储和信贷业务为主的金融市场的市场化。除此之外，也加入了二者的滞后一期进行回归，回归结果显示在表5-4中。模型1~7均是使用金融业竞争程度变量替代了信贷资金分配市场化变量进行的回归，模型8在模型7的基础上加入了金融业竞争程度变量的滞后一期进行的回归，为了进行对比分析，模型9是使用信贷资金分配市场化及其滞后一期进行的回归。

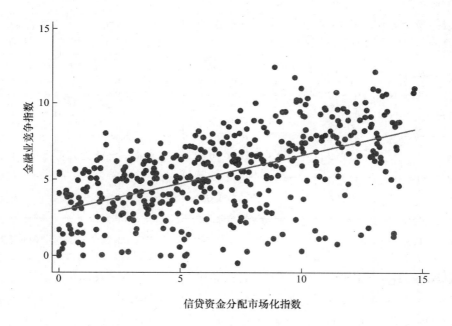

图5-3　金融业竞争指数与信贷资金分配市场化指数之间的散点图

表 5 - 4　　　　　　考虑内生性问题的全样本回归结果

解释变量	被解释变量：居民人均消费对数								
	(1) FE	(2) FE	(3) FE	(4) FE	(5) FE	(6) FE	(7) RE	(8) FE	(9) FE
金融业竞争指数	0.169*** (20.67)	0.042*** (5.24)	0.038*** (4.73)	0.036*** (4.56)	0.029*** (3.64)	0.030*** (3.95)	0.030*** (4.11)	0.024** (1.98)	0.023*** (3.81)
非国有经济发展指数		0.143*** (21.7)	0.111*** (7.75)	0.103*** (7.23)	0.069*** (4.66)	0.060 (4.08)	0.042** (2.97)	0.054*** (3.35)	0.036** (2.29)
非国有企业就业比重指数			0.030** (2.57)	0.025** (2.14)	0.032*** (2.90)	0.043 (3.78)	0.056*** (5.03)	0.042*** (3.35)	0.035*** (2.85)
劳动力流动指数				0.026*** (3.80)	0.028*** (4.32)	0.023 (3.48)	0.019*** (3.00)	0.030*** (3.91)	0.026*** (3.52)
减轻农民税费负担指数					0.041*** (5.85)	0.039*** (5.65)	0.042*** (6.17)	0.037*** (4.96)	0.031*** (4.35)
引进外资指数						0.021*** (3.41)	0.022*** (3.75)	0.023*** (3.43)	0.021*** (3.26)
常数项	7.398*** (159)	7.227*** (229)	7.276*** (198)	7.266*** (201)	7.119*** (167)	7.074*** (160)	7.094*** (120)	7.054*** (149)	7.212*** (157)
R^2	0.543	0.803	0.807	0.814	0.830	0.836	0.835	0.831	0.847
F 值	14.00	30.96	21.84	23.07	24.03	21.93		20.56	25.33
豪斯曼值							28.12***		
异方差检验						605.37***			

解释变量	被解释变量：居民人均消费对数								
	(1) FE	(2) FE	(3) FE	(4) FE	(5) FE	(6) FE	(7) RE	(8) FE	(9) FE
序列相关检验						109.00***	109.00***		
观察值	390	390	390	390	390	390	390	360	360

注：圆括号里的值为估计系数的 t 统计量；***、**和*分别表示1%、5%和10%水平上显著。

从回归的结果来看，使用代理变量不但没有改变回归系数的符号（仍然为正），而且其回归系数与原变量几乎没有变化，从分别加入滞后一期的回归结果来看，也出现了类似结果，尽管系数略微变小。综合考察所列的因素，估计结果为信贷资金分配市场化对居民消费的影响系数在0.023与0.024之间，也就是说，信贷资金分配市场化指数提高1，中国居民人均消费提高2.3~2.4个百分点。

第四节　本章小结

金融市场的不完善造成企业的信贷融资成本的不平等，促使受信贷融资约束的企业增加劳动雇佣减少信贷融资。在行业进入存在障碍和营商环境不理想的情况下，导致劳资关系不平等加剧，即使在就业量增加的情况下，劳动报酬也难以得到提高，最终会抑制内需。使用较为客观的权威数据，实证研究信贷资金分配对内需的影响，获得的主要结论有：

（1）信贷资金分配市场化提高显著地促进了居民消费，东、中和西部地区信贷资金分配市场化对居民消费的促进作用依次减弱；

（2）非国有企业就业比重增加，使得东部地区对居民消费有促进作用，中部地区却出现了负向影响，说明中部地区劳资关系地位更加不对等，西部地区因国有经济主导起到促进作用；

（3）以金融市场化程度作为工具变量的回归结果，同样也显示对居民消费有类似的促进作用；

（4）另外，非国有经济发展、劳动力流动、减轻农民负担以及引进外资对居民消费都起到了促进作用。

其政策启示在于：一是以资本市场改革为突破口，为资金需求者提供多层次和多样化的融资服务，实现企业融资服务的市场化；二是加大行业准入力度，优化营商环境。逐步实现劳资关系的调整，提升劳动者地位，培植内需根基。

第六章 资本扭曲劳动
——基于 FDI 的解释

第一节 FDI 对劳动收入份额影响的文献综述

中国在改革开放初期，资本属于稀缺生产要素，劳动力是丰裕的，劳动相对资本分配利润不占优势，或者说资本相对侵占部分劳动收入这是能被广泛接受的。但是，随着经济发展，国内资本的积累，如今资本已不再是稀缺生产要素，按照市场理论，劳动收入份额在劳资议价能力的不断转化过程中（比如资本不再稀缺、民工荒出现）应该逐步上升，可事实却相反。这就引出了要讨论的话题：FDI（即外商直接投资）进入怎样冲击着中国的劳资关系，它对中国劳动收入份额的影响如何。

以 Solow（1958）为代表的新古典经济学者认为，在完全竞争市场条件下，要素替代弹性决定要素价格，要素投入比例决定要素分配份额[①]。Diwan（2000）用国际面板数据实证分析发现，存在收入差距的国家之间因劳资比例的差异带来了劳动收入份额的差距[②]。罗长远和张军[③]（2009），李稻葵、刘霖林和王红领[④]（2009）实证研究了中国 2004 年的

---

① Robert M. Solow, "A Skeptical Note on the Constancy of Relative Shares", *The American Economic Review*, (Sep. 1958), Vol. 48, No. 4, pp. 618–631.

② Diwan, I., "Labor Shares and Globalization", *World Bank working paper*, November 2000, Washington.

③ 罗长远、张军：《经济发展中的劳动收入占比：基于我国产业数据的实证研究》，《中国社会科学》2009 年第 4 期，第 74—78 页。

④ 李稻葵、刘霖林、王红领：《GDP 中劳动份额演变的 U 型规律》，《经济研究》2009 年第 1 期，第 70—82 页。

宏观和微观数据资料发现，资本替代劳动的弹性较大，劳资比与劳动收入份额呈负相关关系。后凯恩斯理论认为，企业通过可变成本加成定价决定劳动收入份额。资本收入份额低于预期时，企业则通过调整成本加成来提高价格[1]（Lavoie，1992）。劳方则会因实际工资的下降通过劳资议价使得名义工资得到调整，而实际上资本份额因加成比例要高于劳动收入份额[2]（Naish，1990）。这也说明了在劳动生产率一定的条件下，劳资关系地位决定着劳动收入份额。经济发展初期稀缺的资本剥削劳动是一种常态，经济发展到一定阶段后，随着人均资本的不断提高，再加上工会的力量，劳方地位不断上升，劳动收入份额也会不断提高。Fisher 和 waschik（2000）对加拿大工会势力导致的福利损失研究，甚至发现在工会势力的影响下，工人工资要高于竞争性水平[3]。

以上研究可以看出，外商直接投资进入，使得国内资本丰裕后并不必然能够提高劳动收入份额。Harrison（2005）认为，发达国家因资本的跨国流动使得劳动收入份额上升，发展中国家情况则相反[4]。Feenstra 和 Hanson（1997）通过研究墨西哥的 FDI 发现，FDI 提高了国内高技术劳工的需求，而降低了低技能劳工需求，以低技能劳工就业为主的国内市场在整体上呈现劳动份额下降趋势[5]。国内研究，如罗长远和张军（2009）认为 FDI 不利于劳动收入份额提高，主要由于地方政府在招商引资中竞争弱化了劳方地位[6]。邵敏和黄玖立（2010）用工业行业数据的实证结果也表明，FDI 因负向工资溢出也降低了国内劳动收入份额[7]。唐东波（2011）用中国 1995—2007 年省际面板数据估计发现，FDI 不利于当前劳动收入占比的

① Lavoie，Marc，*Foundations of Post-Keynesian Economic Analysis*，Bookfield，1992，Vt：Edward Elgar.

② Naish，Howard F.，"The Near Optimality of Mark-up Pricing"，*Economic Inquiry*，1990.

③ Fisher and Waschik，"Union bargaining Power，relative wages，and efficiency in Canada"，*Canadian Journal of Economics*，2000，33（3），pp. 742 – 765.

④ Ann Harrison，Has Globalization Eroded Labor's Share? Some Cross-Country Evidence，http：// mpra. ub. uni-muenchen. de/39649/MPRA Paper No. 39649.

⑤ R. C. Feenstra，G. H. Hanson，"Foreign direct investment and relative wages：Evidence from Mexico's maquiladoras"，*Journal of International Economics*，1997，42，pp. 371 – 393.

⑥ 罗长远、张军：《经济发展中的劳动收入占比：基于我国产业数据的实证研究》，《中国社会科学》2009 年第 4 期，第 74—78 页。

⑦ 邵敏、黄玖立：《外资与我国劳动收入份额——基于工业行业的经验研究》，《经济学》（季刊）2010 年第 4 期。

改善，原因在于地区间为 FDI 而竞争，导致劳资议价发生了有利于资本的扭转[1]。

可以看出，无论从理论上还是从实证研究上都认为外商直接投资导致了中国劳动收入份额下降。本章将在劳资议价理论分析的基础上，进一步实证研究 FDI 对中国劳动收入份额总体上、时间上和空间上的影响。该研究不仅有助于理解中国劳动收入份额的下降原因，而且有助于为国内制定引进外资政策提供理论参考。

第二节　FDI 对劳动收入份额影响的机理

一　资本流动影响劳动收入份额的理论模型

在不完全竞争的经济环境中，为简化但不会影响结果，Jayadev[2]（2007）假设生产函数为：$F(L) = L$，生产函数是线性的，且 $F_L > 0$。

企业的收入函数为：

$R = P(L)L$

利润函数为：

$\pi = P(L)L - wL$

其中，w 是工资率，$P(L)$ 是企业面临的反需求函数。

考虑劳资之间就工资和就业量之间讨价还价问题，劳资博弈遵循纳什合作博弈解。在劳资谈判破裂时，企业能从海外投资生产获得回报即 ρ，该回报受制于国内外对资本流动的控制，资本流动 φ 被参数化。

企业的胁迫点被假设为：

$\pi = P(L)L - wL - \varphi\rho$

劳方关心就业和工资，其目标函数形式为：

$u(w, L) = L^\gamma (w - w_c)^\theta$

---

① 唐东波：《全球化与劳动收入占比：基于劳资议价能力的分析》，《管理世界》2011 年第 8 期，第 23—33 页。

② Arjun Jayadev, "Capital account openness and the labour share of income", *Cambridge Journal of Economics*, 2007, 31, pp. 423 – 443.

其中，w 是谈判工资，w_c 是反馈工资，γ 是劳方放在就业量上的权重，θ 是放在工资上的权重。假设外生性的劳方谈判力量为 α，企业的谈判力量为 $1 - \alpha$，$0 < \alpha < 1$，那么企业纳什均衡产量为：

$$Q = [P(L)L - wL - \varphi\rho]^{1-\alpha} [L^\gamma (w - w_c)^\theta]^\alpha$$

两边对 w 和 L 分别求导得：

$$Q_w = 0 \Rightarrow \alpha\theta[P(L)L - wL - \varphi\rho] = (1 - \alpha)[L(w - w_c)]$$

$$Q_L = 0 \Rightarrow \alpha\gamma[P(L)L - wL - \varphi\rho] = (1 - \alpha)[w - (P + P_LL)]$$

纳什讨价还价轨迹是：

$$w = \lambda P + (1 - \lambda)(P + P_LL) - \lambda\varphi\rho/L$$

其中，$\lambda = (\alpha\gamma)/(1 - \alpha + \alpha\gamma)$，谈判工资是反需求函数曲线和边际收入曲线之间的加权平均减去来自迁移生产的惩罚。企业的谈判力量越强，工资越靠近反需求曲线。

劳动收入份额表示为：

$$LS = wL/PL = w/P$$

$$LS = (\lambda P)/P + (1 - \lambda)(P + P_LL)/P - \lambda\varphi\rho/PL$$

对 φ 求导：

$$LS_\varphi = -\lambda\rho/PL < 0$$

可知，劳动收入份额随着资本移动的增强而减少。依据 Arjun Jayadev（2007）在非完全市场竞争条件下推导的劳资议价方程，劳动收入份额是介于反需求曲线与边际收益之间的一个加权平均数，其权数取决于劳工组织的议价能力。如果存在资方胁迫点（劳资谈崩后，资本海外投资获得的收益）的情况下，劳动收入份额会更低。而议价能力对劳方来说，一是表现为劳方集体对就业控制的能力，在资本主义国家表现形式主要是组织罢工与资方谈判的能力。二是表现为对工资要求的能力。议价能力对资方来说主要表现为劳资谈崩后海外投资获利能力。

劳资关系在中国的表现形式与国外无论是资方还是劳方都大有不同。在国内，劳动力市场是二元化的：一是国有企业和非国有企业之间的二元化；二是农村劳动力转移就业与正规的非农就业的二元化。区分主要体现在社会保障差别化，当然也有身份差别化、各类垄断等造成的就业门槛差别化。对国内劳方来说，进入国有垄断部门或企业就业，则意味着基本收入甚至高收入得到了保障，也谈不到劳方议价问题，尽管近年来国内存在一些公务员涨价的呼声，但是公务员属于体制内就业，没有流动性约束，可以从官场走向市场。但是对于体制外就业人员来说这种流动受到了严格的限制，又没有强有力的工会组织来提高议价能力，尽管民工荒的出现，用市场的力量提高了该就业人群的议价能力。如果考虑物价因素，该议价能力并没有得到实质性的提高。对资方来说，议价能力在国有部门主要表现为各类垄断能力，在非国有部门主要表现为资本实力和分享垄断利润的能力。

二 FDI 影响劳动收入份额的途径

第一，FDI 进入，部分地缓解了国内资本供给不足的压力，促进了国内市场的竞争，一定程度上减轻了劳动力被动接受工作的局面，无论是就业机会还是工资、社会保障待遇等都会有所提高。

第二，从 FDI 进入行业来看，FDI 几乎都流向中高技术行业，这对劳动力的要求较高，对内资企业形成了强有力的压力，而国内就业主要依赖中低技术水平劳动力，这样一来势必造成内资企业资本的强势地位，不利于劳动收入份额的提高。

第三，FDI 进入，多数看重的是国内的低劳动力成本以及一系列资本、土地和税收等优惠政策。优惠政策导致内资企业在融资能力上明显不具有优势，而 FDI 进一步削弱了内资企业的融资能力，使得国内资方对劳方有更强的谈判地位，当然也会削弱国内创业的融资能力。

综合来讲，随着经济发展水平的提高，信息化推动经济发展的透明度提高，资本要素和劳动要素配置逐步在走向市场化，劳资关系将会得到逐步的缓解，FDI 在公平的经济环境下进入，那么劳动收入份额下降趋势有望得到遏制。

第三节 FDI 影响劳动收入份额的实证分析

为考察 FDI 对劳动收入份额的影响，采用了 1978—2012 年时间序列数据和 1997—2009 年面板数据，考察时间影响时，设置了时间序列线性模型和状态空间模型；考察区域影响时，采用了面板固定效应模型。

一 数据来源与变量解释

Rip 表示劳动收入份额,在时间序列模型中,以工资总额/GDP 来表示,数据来源于 1979—2013 年历年《中国统计年鉴》。在面板数据模型中,劳动收入份额以 GDP 收入法统计的劳动报酬份额测算,即劳动报酬/GDP,数据来源于 1998—2010 年历年《中国 31 个省市统计年鉴》。数据的选取主要是考虑到数据的可获得性。

FDI 为外商直接投资率。时间序列数据用 1978—2012 年历年中国实际利用外资额/GDP 表示,其中 1978—1982 年数据来源于联合国网站数据库,以当年官方汇率进行的本外币换算,1983—2012 年数据来源于 2013 年《中国统计年鉴》。面板数据用中国 31 个省市 1997—2009 年末外商直接投资额/GDP 表示。

Naemploy 为第二和第三产业就业率。用第二产业、第三产业就业人数和/总就业人数表示。

Non-stateemploy 为非国有企业就业率。用 1 − 国有企业/GDP 表示。

R-city 为城镇化率。用年末城市总人口/全国总人口表示。

R-fiscal 为财政收入规模。用财政收入/GDP 表示。

R-debt 为贷款同比增长率。

以上时间序列数据未说明数据来源的均来自相关年份《中国统计年鉴》。

Non-state-economy 为非国有经济发展指数。以非国有企业工业销售收入比、固定资产总投入比和城镇总就业人数比三项综合测算。数据来自樊纲等编著的《中国市场化指数——各地区市场化相对进程 2011 年报告》。

二 时间序列数据的单位根检验

采用增广的 ADF 检验方法,最大滞后长度根据施瓦茨信息准则确定,从检验结果得知,时间序列原变量都是不平稳的,一阶差分后的序列都是平稳的,属于一阶单整序列,见表 6 - 1。

表 6 - 1　　　　　　　　　　序列及一阶差分序列的平稳性检验

变量	类型 $(c,\ t,\ k)$	ADF 值	差分变量	类型 $(c,\ t,\ k)$	ADF 值
lg（Rip）	$(c,\ t,\ 8)$	0.668	Δlg（Rip）	$(c,\ t,\ 8)$	- 4.048**
lg（FDI）	$(c,\ t,\ 8)$	- 1.651	Δlg（FDI）	$(c,\ t,\ 8)$	- 5.232***
lg（Naemploy）	$(c,\ 0,\ 8)$	- 1.353	Δlg（Naemploy）	$(c,\ 0,\ 8)$	- 4.193***
lg（Non-stateemploy）	$(c,\ 0,\ 8)$	- 0.218	Δlg（Non-stateemploy）	$(c,\ 0,\ 8)$	- 4.585***
lg（R-city）	$(c,\ 0,\ 8)$	2.174	Δlg（R_city）	$(0,\ t,\ 8)$	- 3.533*
lg（R-fiscal）	$(c,\ t,\ 8)$	- 1.147	Δlg（R-fiscal）	$(0,\ 0,\ 8)$	- 2.432**
lg（R-debt）	$(0,\ 0,\ 8)$	- 0.727	Δlg（R-debt）	$(0,\ 0,\ 8)$	- 7.162***

　　注：检验类型中括号里的 c 是常数项、t 是时间趋势项、k 是最大滞后期；***、**和*分别表示在 1%、5% 和 10% 显著水平上拒绝存在单位根的原假设；Δ 表示一阶差分。

三　模型估计

1. 基于时间序列模型的 OLS 估计结果

$$\lg(Rip_t) = -0.876\lg(FDI_t) - 0.085\lg^2(FDI_t) - 0.779\lg(Naemploy_t) -$$
$$\quad\quad\quad (-6.520)\quad\quad\quad (-6.419)\quad\quad\quad\quad (-3.033)$$
$$\quad\quad 6.121Non\text{-}stateemploy_t + 2.318R\_city_t +$$
$$\quad (-9.811)\quad\quad\quad\quad\quad (3.191)$$
$$\quad\quad 0.186\lg(R\text{-}fiscal) + \hat{\mu}_t$$
$$\quad (3.014)$$

　　调整 $R^2 = 0.952, DW = 1.72$，对数似然值 $= 69.71, AIC = -3.641$, $SC = -3.374$

　　从方程的估计结果统计性质来看，各系数的 t 统计量（括号内的值）都在 1% 水平上显著，拟合优度较高，调整后的拟合优度在 0.95 以上。LM 检验表明误差项序列也无条件异方差。

　　从方程的估计结果经济变量间的关系来看，外商直接投资 lg（FDI）的平方项统计结果显著，表明 FDI 对中国的劳动收入份额呈抑制作用。非农就业比重与非国有企业就业率对劳动收入份额都有显著的抑制作用，城市化率对劳动收入份额提高起到了促进作用。

　　邹间断点检验的结果（见表 6 - 2）表明，1994 年前后 FDI 对劳动收入份额的影响表现有较大差异，从前后两个时期的 FDI 与劳动收入份额拟合图（见图 6-1 和图 6-2）可以看出，FDI 对劳动收入份额的抑制作用 1978—1994 年间要比 1995—2012 年间强。

表 6-2　　　　　　　　　　邹间断点检验

F 值	2.808	Prob. F（6，23）	0.033
似然比	19.240	Prob. Chi^2（6）	0.003
Wald 值	16.853	Prob. Chi^2（6）	0.009

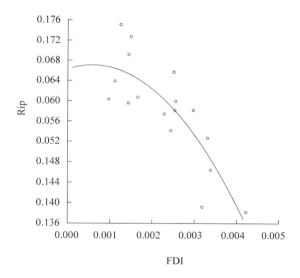

图 6-1　1978—1994 年 FDI 与劳动收入份额

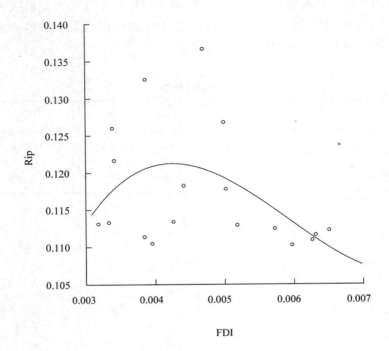

图 6 - 2   1995—2012 年 FDI 与劳动收入份额

2. 基于状态空间模型的估计结果

用时间序列模型估计 FDI 对中国劳动收入份额影响结果表明，FDI 对劳动收入份额呈非线性抑制作用。为了更深入了解 FDI 对劳动收入份额的影响变化，进一步用状态空间模型估计该影响参数 β。

状态空间模型将不可观测的状态变量 β 并入可观测的时间序列模型，利用迭代算法（卡尔曼滤波）来估计。构造劳动收入份额的时变参数模型，样本区间为 1978—2012 年。具体的状态空间模型估计结果如下：

量测方程：

$$Rip = \beta FDI + 0.256Naemploy + 0.146Non\text{-}stateemploy - 0.431R\_city +$$

$$t = 1,2,\cdots,T \qquad (3.110) \qquad\qquad (5.356) \qquad\qquad (-5.290)$$

$$0.226R\_fiscal + \hat{\mu}_t$$

$$(3.815)$$

状态方程：

$$\beta_t = -2.178\beta_{t-1} + \hat{\varepsilon}_t$$
$$\quad (-4.579)$$

$$\mathrm{cov}(\hat{\mu}_t, \hat{\varepsilon}_t) = 0.236$$

从状态空间模型估计结果统计意义上来看，各个估计参数的 t 统计量都在 1% 水平上显著。FDI 对中国劳动收入份额影响的变参数 β 相较中后期，初期变化较大，具体的参数 β 变化如图 6 - 3 所示。

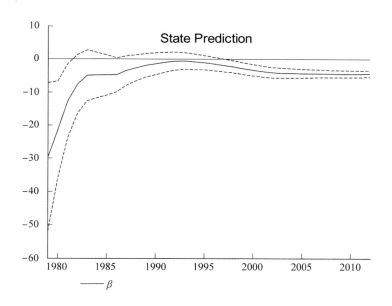

图 6 - 3　FDI 对中国劳动收入份额影响的变参数 β 走势

3. 基于固定效应面板模型的估计

为了考察 FDI 对中国劳动收入份额在空间上的影响，用 1997—2009 年中国 31 个省市的省际面板数据，并且把全国 31 个省（自治区、直辖市）分成东部（京、津、冀、辽、鲁、苏、沪、浙、闽、粤、琼）、中部（晋、豫、皖、鄂、湘、赣、黑、吉）、西部（蒙、宁、陕、甘、青、疆、川、渝、云、贵、桂、藏）三个子样本，设置了面板数据模型。具体的面板模型设定形式如下：

$$Rip_{it} = \alpha_0 + \alpha_1 FDI_{it} + \alpha_2 FDI^2 + \beta X_{it} + \gamma_i + \gamma_t + \mu_{it}$$

其中，i、t 分别表示地区和年份。Rip_{it} 表示 31 省（自治区、直辖市）劳动收入份额/相应省份 GDP，FDI_{it} 表示 31 省（自治区、直辖市）年末外商直接投资额/相应省份 GDP。X_{it} 表示控制变量向量，选取了非国有经济就业比重、市场分配资源指数、劳动力流动指数、减轻农民税费负担指数以及减轻企业税费负担指数为控制变量。γ_i 和 γ_t 分别表示地区和年份特定效应。μ_{it} 是随机扰动项。具体的估计结果如表 6 - 3 所示。

表 6 - 3　　　　　　　　　　FDI 对中国劳动收入份额的影响

	被解释变量：劳动收入份额 Rip							
	全国样本		东部地区样本		中部地区样本		西部地区样本	
解释变量	(1) FE	(2) RE	(3) FE	(4) RE	(5) FE	(6) RE	(7) FE	(8) RE
FDI			-12.38*** (-2.84)	-11.44*** (-2.74)	53.0** (1.92)	51.67** (2.44)	61.76** (2.01)	48.11* (1.71)
FDI^2	-3.99* (-1.9)	-4.40** (-2.21)						
非国有经济就业比重	-0.21*** (-4.25)	-0.21*** (-4.27)	-5.04*** (-2.74)	-4.08*** (-2.69)	-6.96*** (-3.93)	-0.85 (-0.64)	-0.43*** (-3.93)	-0.30*** (-3.08)
市场分配资源指数	-0.13** (-2.22)	-0.15*** (-2.66)	-5.92*** (-2.87)	-4.03*** (-2.68)	1.10 (0.56)	1.03 (0.96)	0.08 (0.66)	-0.13 (-1.35)
劳动力流动指数	-0.24*** (-3.23)	-0.21*** (-2.91)	0.79 (0.35)	0.93 (0.49)	1.92 (1.47)	-2.63*** (-3.13)	0.10 (1.00)	0.06 (0.62)
减轻农民税费负担指数	0.16** (2.43)	0.17*** (2.59)	-1.32 (-0.78)	-2.42 (-1.56)	-3.38 (-1.27)	-6.99*** (-2.69)	0.06 (0.58)	0.10 (1.01)
减轻企业税费负担指数	0.40*** (8.09)	0.40*** (8.10)	0.29*** (3.27)	0.23** (2.45)	0.14* (1.75)	0.06 (0.81)	0.28*** (3.09)	0.35*** (3.88)

	被解释变量:劳动收入份额 Rip							
	全国样本		东部地区样本		中部地区样本		西部地区样本	
解释变量	(1)FE	(2)RE	(3)FE	(4)RE	(5)FE	(6)RE	(7)FE	(8)RE
常数项	200*** (10.43)	199*** (8.86)	156*** (6.20)	146*** (6.44)	77** (2.56)	99*** (4.22)	53*** (3.86)	58*** (4.09)
R^2	0.36	0.36	0.38	0.37	0.62	0.55	0.35	0.33
F 值	11.22***		12.43***		4.76***		4.64***	
豪斯曼值		−20.89***		−0.36		24.63***		15.75**
观察值	403	403	143	143	104	104	156	156

注:圆括号里的值为估计系数的 t 统计量;***、**和*分别表示1%、5%和10%水平上显著。

从面板数据模型估计的结果来看,FDI 统计意义上回归系数的 t 统计量均较为显著,全国样本估计结果的 F 值与豪斯曼值表明适合用固定效应模型,估计结果显示 FDI 对劳动收入份额的影响也呈非线性关系,在均值上呈先扬后抑的影响,FDI 高的地区或年份则明显会抑制劳动收入份额的提高。从分地区样本估计结果来看,东、中、西部呈现明显的分化效应,东部地区 FDI 明显地抑制了劳动收入份额提高,而中西部地区 FDI 对劳动收入份额起到了明显的促进作用,西部地区的促进作用又明显大于中部地区。对该估计结果解释认为,东部地区资金相对充裕,外商直接投资的进入,一是通过高于内资企业的工资吸引了有竞争力的劳动力,当然也促进了技术进步,增强了内资企业对资金的需求,劳动收入份额下降。二是外商直接投资获得了政策优惠(诸如土地、信贷等),进一步挤压了内资企业,使得劳动收入份额下降。在中、西部地区则可能不同,中、西部地区资金匮乏,外资进入相当于促进了非国有企业的发展,促进了就业,对劳动收入份额在整体上有提高作用。

4. 基于 VAR（向量自回归）模型的脉冲响应与方差分解分析

为考察 FDI 对中国劳动收入份额的冲击效应建立 VAR 模型，通过脉冲响应和方差分解进行分析。在 VAR 模型中，脉冲响应函数描绘了在一个扰动项上加上一次性冲击对内生变量的当期和未来值产生的影响，能够比较直观地刻画出变量之间的动态交互作用及其效应。方差分解方法由 Sims[1]（1980）提出，与脉冲响应函数相比，方差分解提供了另外一种描述系统动态的方法，它是通过分析每一个结构冲击对内生变量变化（通常用方差来度量）的贡献度，以进一步评价不同结构冲击的重要性。

以 lg（Rip）、lg（FDI）、lg（Non-stateemploy）、lg（R-city）、lg（R-fiscal）和 lg（R-debt）这 6 个变量构建 VAR（2）模型，设定如下：

$$\Gamma_t = A1\Gamma_{t-1} + \cdots + Ap\Gamma_{t-p} + \mu_t \qquad t = 1, 2, \cdots, T$$

其中，Γ_t 为 k 维的内生向量，p 为滞后阶数，A 为待估计系数矩阵，T 是样本数据个数；μ_t 是 k 维扰动向量，μ_t 相互之间可以同期相关，但不与自己的滞后期及等号右边内生变量的滞后期相关。

从 VAR 模型的平稳性检验表 6-4 可知模型是稳定的，可以做脉冲响应和方差分解分析。劳动收入份额对 FDI 冲击的响应如图 6-4 所示，劳动收入份额的方差分解如图 6-5 所示，其他变量表现不做解释。从图 6-4 可以看出，当期给 FDI 一个标准差的正向冲击后，同期内会对劳动收入份额产生微弱的正向作用，于第 2 期达到最高点，随后劳动收入份额开始快速下降，需要在较长时期恢复到初始水平。这说明 FDI 对劳动收入份额有较强的负效应，而且负影响是长期的。从图 6-5 可以看出，FDI 对劳动收入份额波动的影响在初期呈现逐步增强的趋势，在第 8 期后逐步稳定在 27.5% 左右。

表 6-4 特征多项式的根和模

根	模
0.965412 - 0.117476i	0.972533
0.965412 + 0.117476i	0.972533
0.894960	0.894960
0.700893 - 0.353543i	0.785012

---

[1] Sims, C. A., "Macroeconomics and Reality", *Econometrica*, 1980, 48, pp. 1-48.

续表

根	模
0.700893 + 0.353543i	0.785012
0.159052 − 0.590675i	0.611715
0.159052 + 0.590675i	0.611715
− 0.475069	0.475069
− 0.327445 − 0.117700i	0.347956
− 0.327445 + 0.117700i	0.347956
0.211244 − 0.144651i	0.256023
0.211244 + 0.144651i	0.256023

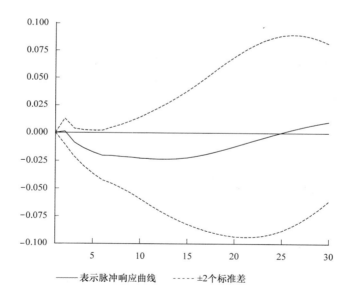

—— 表示脉冲响应曲线　　----- ±2 个标准差

图 6 − 4　劳动收入份额对 FDI 的冲击响应

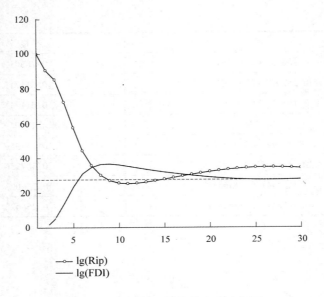

图 6 – 5　劳动收入份额的方差分解图

第四节　本章小结

使用1978—2012 年中国宏观经济发展的时间序列数据分析了 FDI 对劳动收入份额的影响。研究结果表明，改革开放 30 多年来 FDI 流入对我国劳动收入份额起到了抑制作用，但是这种抑制作用在逐步减弱，在 1994 年前后抑制作用最弱，之后抑制作用略有增加，并逐步趋于稳定。FDI 的冲击作用表明对劳动收入份额的影响有滞后性，同样表现为负向影响，对劳动收入份额波动的解释力大约占 27%。

使用中国 1997—2009 年 31 个省（自治区、直辖市）的省级面板数据回归的计量结果表明，总体上 FDI 抑制了我国的劳动收入份额，从空间上来看，FDI 对我国东部省份的劳动收入份额起到了抑制作用，而对中西部省份的劳动收入份额起到了促进作用，并且对西部省份的促进作用明显高于中部省份。

其政策启示在于，通过国内金融体制改革，不断调整企业间融资成本的差异，使得国有部门与非国有部门逐步得到平等的融资机会和融资成本，使得内外资企业间有平等的竞争环境，最终通过市场的力量有效地配置资本这一生产要素，逐步提高劳方在劳资议价过程中的地位；通过财政体制改革，从再次分配上改善劳方的收入状况。正如 Harrison（2002）研究认为的，通过养老保险和财政支出的改变能够改善劳动收入份额下降的状况①。

---

① Harrison, A. E., "Has Globalization Eroded Labour's Share? Some cross-country Evidence", *University of California Berkeley and NBER Working Paper*, 2002.

第七章　二次分配阶段公共支出对居民消费的影响

在初次分配阶段，劳动收入份额是居民收入的决定因素，尤其是在发展中国家表现得最为突出，同时由于居民财产性收入较低，加之金融市场不发达，财产投资渠道狭窄。劳动收入在很大程度上决定居民收入的同时，进而也就决定了居民的消费水平。自20世纪90年代中期以来，中国劳动收入份额的大幅下降造成了居民收入占比下降①（白重恩、钱震杰，2009），最终造成了内需不足（或居民消费不足），这不但影响了中国经济的可持续增长，而且严重制约了经济的转型升级。劳动收入份额的下降并不是中国的特有现象，Piketty（2014）使用欧美等发达国家300年来的数据，用GDP的增速与投资回报增速的比较②论证了劳动收入的下降和资本收入的上升。但是，对比资本主义国家稳定的居民消费率，中国的居民消费率与劳动收入份额走势类似。为了解释这一疑问，进一步分析发现，劳动收入份额属于国民收入的初次分配范畴，可能是由于发达国家在国民收入二次分配阶段公共支出政策弥补了初次分配中劳方处于劣势的不足，从而使其居民消费率并未受到影响。

公共支出属于国民收入的再分配，从理论上来讲，一是对低收入者能起到帮扶的作用，二是为社会提供公共商品或服务。而市场提供该公共品是低效率的，也就是说，公共品和市场提供的商品应该是互补品而不是替代品。那么，评价公共支出政策（财政政策的一部分）是否有效率，就可以通过衡量政府提供的公共物品或服务对居民的私人消费品是产生互补效应还是替代效应，高效率的公共支出政策应该为居民提供互补性的公共物

---

① 白重恩、钱震杰：《谁在挤占居民的收入——中国国民收入分配格局分析》，《中国社会科学》2009年第5期，第99—115页。

② Thomas Piketty, *Capital in the Twenty-First Century*, Belknap Press, 2014.

品或服务。可以用公共支出和居民消费支出作为相关变量进行量化分析。因此，就公共支出对居民消费是替代还是互补问题，将对欧美日等主要发达国家和主要发展中国家与中国做一个量化比较研究，进一步探索中国特有的居民消费率问题。

第一节　公共支出对居民消费的影响：
一个文献综述

　　国外有关公共支出与居民消费关系的研究成果非常丰富，但没有得出一致的结论，随着经济理论、统计方法的深入研究，现在已经打破原来一直认为的财政支出对居民消费是替代的结论。

　　较早的研究如 Bailey（1971），他认为 1 单位的公共物品和服务等价于一定比例的私人消费，尽管这个比例小于 1，但大于 0，则公共支出变化对经济总量影响决定于公共消费与私人消费之间的这个关系[1]。Barro（1981）把此假设纳入最优化数量经济模型进行了研究[2]，Kormendi[3]（1983）和 Aschauer[4]（1985）利用了美国的经验数据，Ahmed[5]（1986）利用英国的经验数据估计了上述的比例参数，都得出了该参数为正的结论。Karras（1994）通过对欧、美、日、韩、泰、菲律宾和南非等 30 个国家数据的经验研究认为，公共支出与私人消费是互补关系，并且发现公共

　　① Bailey, M. J. , *National Income and the Price Level*, 1971, 2nd Edition, New York: McGraw-Hill.

　　② Barro, R. J. , "Output effects of government purchases", *Journal of Political Economy*, 1981, 89, pp. 1021 – 1086.

　　③ Kormendi, R. C. , "Government debt, government spending and private sector behavior", *American Economic Review*, 1983, 73 (5), pp. 994 – 1010.

　　④ Aschauer, D. A. , "Fiscal policy and aggregate demand", *American Economic Review*, 1985, 75 (1), pp. 117 – 127.

　　⑤ Ahmed, S. , "Temporary and permanent government spending in an open economy", *Journal of Monetary Economics*, 1986, 17, pp. 197 – 224.

支出占国民收入的比重对这个互补关系有负向影响[1]。Blanchard 和 Perotti[2]（2002）、Perotti[3]（2004）对公共支出与私人消费之间关系，基于 VAR 模型的研究发现，公共支出对私人消费有较大促进作用。Riccardo 和 Tryphon（2004）把公共支出的用途分为公共品（如国防、维护公共秩序等）和有益品（如教育、卫生等）两类开支，用广义矩估计的计量方法对欧洲 12 个国家进行了估计，发现公共品对居民消费是替代的，有益品对居民消费是互补的而且互补强度大，整体表现为公共支出对居民消费有正效应[4]。

Campbell 和 Mankiw（1990）用二战后美国的数据发现，公共支出与私人消费之间关系微弱[5]。Ni（1995）的研究结论是该效应不确定，他用 DSGE（动态随机一般均衡模型）研究发现，此效应与效用函数的形式、利率的选择有关[6]。Kwan（2006）研究了包括东亚国家的政府和私人消费之间的替代效应，结果显示，有的国家是互补关系，有的是替代关系，有的是关系不明显[7]。

国内学者在公共支出与居民消费的关系上也做了大量研究，结论也存在较大分歧。胡书东（2002）认为，扩大财政支出、加大基础设施建设财政支出对民间消费能够起到拉动作用[8]。李广众（2005）认为，政府支出与居民消费，在长期里并不存在协整关系，但在短期内存在互补关系[9]。胡宝娣和汪磊（2011）把消费性公共支出、闲暇和收入变化引入效用函

[1] Karras, G., "Government spending and private consumption: Some international evidence", *Journal of Money, Credit, and Banking*, 1994, 26, pp. 9 – 22.

[2] Blanchard, O. and R. Perotti, "An Empirical Characterization of the Dynamic Effects of Changes in Government Spending and Taxes on Output", *The Quarterly Journal of Economics*, 2002, 117, pp. 1329 – 1368.

[3] Perotti, R., "Estimating the Effects of Fiscal Policy in OECD Countries", *Universita Bocconi Discussion Paper*, 2004, No. 276.

[4] Riccardo Fiorito and Tryphon Kollintzas, "Public goods, merit goods, and the relation between private and government consumption", *European Economic Review*, 2004, 48, pp. 1367 – 1398.

[5] Campbell, J. Y., Mankiw, G. W., "Permanent income, current income and consumption", *Journal of Business and Economic Statistics*, 1990, 8, pp. 265 – 279.

[6] Ni, S., "An empirical analysis on the substitutability between private consumption and government purchases", *Journal of Monetary Economics*, 1995, 36, pp. 593 – 605.

[7] Yum K. Kwan, The Direct Substitution Between Government and Private Consumption in East Asia NBER Working Paper, August 2006, No. 12431.

[8] 胡书东:《中国财政支出和民间消费需求之间的关系》,《中国社会科学》2002 年第 6 期,第 26 页。

[9] 李广众:《政府支出与居民消费：替代还是互补》,《世界经济》2005 年第 5 期。

数，获取不确定条件下居民消费动态方程，并利用分位数回归对我国城乡居民消费进行估计，结果是消费性公共支出对居民消费是互补的，但对居民消费的影响在城乡之间及其内部不同消费群体之间有差别[1]。潘彬等（2006）利用我国时间序列数据和城市与农村居民家庭资料数据，通过加入政府购买的一般化恒常收入模型进行估计，结果显示，两个数据资料都支持政府购买性支出与居民消费有互补关系，并且互补程度大致相同[2]。黄威和丛树海（2011）利用省际面板数据估计了中国东、中、西部地区公共支出对城乡居民消费的影响，结果表明，对农村居民消费的挤入效应高于城镇居民，支出政策也具有不对称性，对东、中部扩张性政策的效应比较明显，紧缩性政策在西部显著[3]。

与以上观点相反，黄赜琳（2005）利用 RBC 模型引入政府支出变量来判断政府支出与居民消费之间的效应关系，证实中国政府支出的增加导致居民消费减少，二者存在替代关系[4]；贺京同等 [5]（2009）、魏向杰[6]（2012）、蔡伟贤[7]（2014）把公共支出分为福利性（或民生性）支出和非福利性支出，使用全国的时间序列数据研究认为，中国现阶段的公共福利支出对居民消费具有挤入效应，非福利性支出对居民消费有挤出效应。李春琦等（2010）认为，政府的行政管理费用支出对私人消费具有挤出效用，基础经济建设支出的动态变化显示，短期内它能促进私人消费，但是随着时间推移会出现一定的抑制作用[8]。彭晓莲和李玉双（2013）通过构建 DSGE 模型，依据中国宏观经济数据校准分析发现，财政支出对居民消

① 胡宝娣、汪磊：《基于分位数回归的我国居民消费研究》，《商业研究》2011 年第 1 期。

② 潘彬、罗新星等：《政府购买与居民消费的实证研究》，《中国社会科学》2006 年第 5 期，第 69 页。

③ 黄威、丛树海：《我国财政政策对居民消费的影响：基于省级城乡面板数据的考察》，《财贸经济》2011 年第 5 期。

④ 黄赜琳：《中国经济周期特征与财政政策效应——一个基于三部门 RBC 模型的实证分析》，《经济研究》2005 年第 6 期，第 27 页。

⑤ 贺京同、那艺：《调整政府支出结构 提升居民消费意愿——一个财政政策视角的分析》，《南开学报》2009 年第 2 期，第 94 页。

⑥ 魏向杰：《区域差异、民生支出与居民消费：理论与实证》，《财经论丛》2012 年第 2 期，第 45—50 页。

⑦ 蔡伟贤：《公共支出与居民消费需求：基于 2SLS 模型的分析》，《财政研究》2014 年第 4 期，第 25—28 页。

⑧ 李春琦、唐哲一：《财政支出结构变动对私人消费影响的动态分析——生命周期视角下政府支出结构需要调整的经验证据》，《财经研究》2010 年第 6 期，第 90 页。

费存在负向影响[①]。谢建国（2002）指出，中国政府在短期内可能通过增加支出的方式增加总需求，但在长期均衡时，政府支出完全挤占了居民消费支出[②]；官永彬等（2008）在理论分析的基础上，运用经验数据对政府支出与居民消费的动态关系进行了实证分析，结果显示，政府支出对居民消费的动态影响取决于政府支出的结构和时期，而且政府支出对城镇居民和农村居民消费的影响存在显著差异，即呈现出典型的二元结构特征[③]。

第二节　公共支出替代效应的理论模型

关于公共支出与居民消费之间存在替代还是互补关系，假设在一个封闭的经济体中存在大量同质消费者，考虑一个具有无限期界的代表性消费者在 t 时刻具有终身效用总和最大化为：

$$\max U_t = E_t \Big[\sum_{i=0}^{\infty} \rho^i U(C_{t+i}^*) \Big]$$

其中，U_t 是 t 时刻消费者的期望效用，E_t 是基于 t 时期信息的期望算子，ρ 是贴现因子，C_t^* 是 t 期代表性居民综合的有效消费。

考虑到公共支出与居民消费不可能是等量的转化关系，设定存在一定的线性比例关系，该假设能比较切合现实经济情况，沿袭早期 Bailey（1971）把公共支出引入综合有效消费的方法，并参考 Ogaki 和 Reinhart[④]（1998）设置效用函数的形式，把综合有效消费函数设置为 CES 的形式：

$$C_t^* = \big[\theta \varepsilon_t C_t^{1-(1/\sigma)} + (1-\theta) \zeta_t G_t^{1-(1/\sigma)} \big]^{1/[1-(1/\sigma)]}$$

其中，ε_t、ζ_t 分别是居民消费和公共支出的随机偏好冲击序列。效用函数一阶导数 $U' > 0$，二阶导数 $U'' < 0$。θ 是居民消费相对公共支出的权重。

---

① 彭晓莲、李玉双：《我国政府支出对居民消费的影响分析》，《统计与决策》2013 年第 10 期，第 15—17 页。

② 谢建国：《政府支出与居民消费——一个基于跨期替代模型的中国经验分析》，《经济科学》2002 年第 6 期。

③ 官永彬、张应良：《转轨时期政府支出与居民消费关系的实证研究》，《数量经济技术经济研究》2008 年第 12 期，第 15 页。

④ Ogaki, Masao and Carman M. Reinhart, "Measuring intertemporal substitution: the role of durable goods", *Journal of Political Economy*, 1998, 106 (5), pp. 1078 – 1098.

σ 是替代参数，测度居民消费和公共支出无差异曲线的曲率。

那么，两种"商品"最优消费满足边际效用比等于其价格比：

$$\frac{\partial U/\partial G_t}{\partial U/\partial C_t} = \frac{\zeta_t(1-\theta)G_t^{-1/\sigma}}{\varepsilon_t\theta C_t^{-1/\sigma}} = \frac{P_t^g}{P_t^c}$$

对上式两边取对数，可以获得方程式：

$$\ln(C_t/G_t) = -\sigma\ln[(1-\theta)/\theta] + \sigma\ln(P_t^g/P_t^c) - \sigma\ln(\zeta_t/\varepsilon_t)$$

该方程可以转化成计量回归方程式：

$$\ln(C_t/G_t) = \alpha + \beta\ln(P_t^g/P_t^c) + \mu_t$$

其中，$\alpha = -\sigma\ln[(1-\theta)/\theta]$，表示常数项。$\beta = \sigma$ 是回归系数，测度替代或互补效应。$\mu_t = -\sigma\ln[(1-\theta)/\theta]$，表示随机误差项。

至此，就获得了进一步实证研究的计量模型基础，C_t 表示居民消费支出，G_t 表示公共支出，P_t^c 表示居民消费价格指数即 CPI，P_t^g 表示公共支出价格指数，由于该数据不可得，考虑到公共支出范围涉及面较广，所以在本研究中该数据用 GDP 平减指数作为替代变量。通过实际数据回归，可以判断公共支出与居民消费之间是替代效应还是互补效应。

第三节　公共支出替代效应实证检验

一　数据来源与变量说明

为了便于其他国家与中国比较，该研究涉及两套数据库数据，首先，用统一口径的世界银行数据测算各国公共支出对居民消费的替代或互补效应，回归结果也就有可比性。被解释变量即居民消费与公共支出的比值，用居民消费率与公共支出率相除后取对数获得，解释变量可以用 GDP 平减指数与消费者价格指数比，然后取对数获得。总共选取了包括中国在内的 38 个国家和地区，年限为 1970—2009 年。其次，选取了《中国统计年鉴》和《新中国 60 年统计资料汇编》中 1952—2012 年与国际同类变量时间序列数据以及 1985—2010 年面板数据，对中国做专门分析。

从 1970—2009 年 38 个主要国家和地区居民消费率的走势（如图 7 – 1 所示）比较来看，无论是发达国家和地区还是发展中国家居民消费率基本稳定在70%左右，包括中国在内的仅个别国家居民消费率低于50%，且呈下降走势。中国大陆居民消费率除了下降趋势明显外，分税制改革对居民消费也有较大影响，主要表现为自1994年之后居民消费开始从40%左右下滑到30%附近，图7－1中较粗的消费率走势曲线表示中国大陆的居民消费率曲线。从38个国家和地区的公共支出规模走势（如图7－2所示）来看，中国大陆公共支出占GDP的比重在20世纪70年代相对比较稳定，在30%左右，改革开放之后以1994年为拐点则走出了"V"型，图7－2中较粗的曲线代表中国大陆，其他国家和地区公共支出占GDP比重先上升后下降，最后稳定在30%～50%之间。

二 计量方法说明

计量模型采用ARMA组合模型的形式，回归结果兼顾拟合优度R^2、DW值以及统计系数的t统计量的值来确定。考虑到政府对公共支出价格的不敏感性，也直接用居民消费对公共支出进行了不考虑价格因素的直接回归。另外，对居民消费有较大影响的教育公共支出、医疗卫生公共支出以及养老金公共支出都做了相应的替代性分析。针对中国的财政政策变化较大的年份，考虑了1952—2012年的数据突变点，比如1978年实行对外开放政策和1994年分税制财政体制改革，对不同时期的数据也进行了比较分析，其中包括时间序列数据分析和1985—2010年中国除西藏之外的30多个省级行政区的数据做动态面板分析。

三 实证结果与分析

1. 时间序列数据的单位根检验和协整关系检验

采用增广的ADF检验方法，最大滞后长度根据施瓦茨信息准则确定，从检验结果可知，各国1970—2009年时间序列原变量都是不平稳的，一阶差分后的序列都是平稳的，属于一阶单整序列，而且有协整关系。中国1952—2012年、1978—1994年以及1995—2012年时间序列数据进行单位根检验的结果见表7－1，时间序列原变量都是不平稳的，一阶差分后的序列都是平稳的，也属于一阶单整序列。

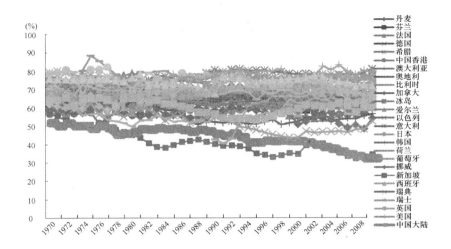

图 7 - 1　1970—2009 年主要发达国家和地区与发展中国家居民消费率
数据来源：作者依据世界银行数据绘制。

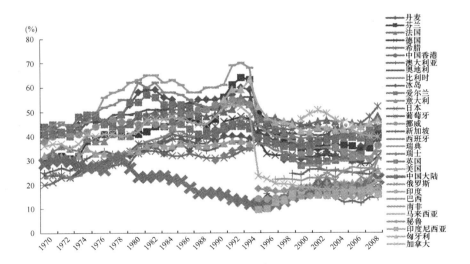

图 7 - 2　1970—2009 年主要发达国家和地区与发展中国家公共支出占 GDP 的比重
数据来源：作者依据世界银行数据绘制。

表7-1   序列及一阶差分序列的平稳性检验

变量	检验类型 (c, t, k)	ADF 值	差分变量	检验类型 (c, t, k)	ADF 值
$\lg(C_t/G_t)$ 1952—2012	$(c, 0, 10)$	-2.16	$\Delta\lg(C_t/G_t)$ 1952—2012	$(c, 0, 10)$	-7.31***
$\lg(P_t^g/P_t^c)$ 1952—2012	$(c, 0, 10)$	-0.92	$\Delta\lg(P_t^g/P_t^c)$ 1952—2012	$(c, 0, 10)$	6.81***
$\lg(C_t/G_t)$ 1952—1977	$(0, 0, 5)$	-0.75	$\Delta\lg(C_t/G_t)$ 1952—1977	$(0, 0, 5)$	-5.10***
$\lg(P_t^g/P_t^c)$ 1952—1977	$(0, 0, 5)$	1.63	$\Delta\lg(P_t^g/P_t^c)$ 1952—1977	$(0, 0, 5)$	-3.51***
$\lg(C_t/G_t)$ 1978—1994	$(c, 0, 3)$	-1.23	$\Delta\lg(C_t/G_t)$ 1978—1994	$(c, 0, 3)$	-4.08***
$\lg(P_t^g/P_t^c)$ 1978—1994	$(c, 0, 3)$	1.79	$\Delta\lg(P_t^g/P_t^c)$ 1978—1994	$(c, 0, 6)$	-4.15**
$\lg(C_t/G_t)$ 1995—2012	$(c, 0, 3)$	-1.67	$\Delta\lg(C_t/G_t)$ 1995—2012	$(c, t, 3)$	-4.59**
$\lg(P_t^g/P_t^c)$ 1995—2012	$(c, 0, 3)$	2.10	$\Delta\lg(P_t^g/P_t^c)$ 1995—2012	$(c, t, 3)$	-14.5***

注：检验类型中括号里的 c 是常数项、t 是时间趋势项、k 是最大滞后期；***和**分别表示在 1%和 5%显著水平上拒绝存在单位根的原假设；Δ 表示一阶差分。

采取 Johansen 协整检验来检查序列之间的协整关系，通过向量自回归模型判断用滞后 2 期协整检验，得到的检验结果见表 7-2。从表 7-2 中可以看出，无论是迹统计量还是最大特征值统计量都支持两个变量之间存在着协整关系。

表7-2   公共支出与居民消费的 Johansen 协整关系检验

1952—2012 年样本			1978—1994 年样本			1995—2012 年样本		
协整关系个数	迹检验	最大特征根检验	协整关系个数	迹检验	最大特征根检验	协整关系个数	迹检验	最大特征根检验
None*	20.3	19.0	None*	24.9	24.2	None*	20.3	11.2
At most 1	1.34	1.34	At most 1	0.74	0.74	At most 1*	9.05	9.05

注：*表示 5%显著性水平下拒绝原假设。

2. 面板数据变量说明与面板单位根检验

（1）面板数据变量说明。

1）消费和收入变量：居民人均消费 C_t 与居民人均收入 Y_t。居民人均消费为各省统计年鉴中居民消费水平对应数据，居民人均收入为居民人均可支配收入，面板数据经过计算整理转化为当期变化率和滞后期（考虑到居民消费习惯是不可忽视的因素）变化率。

2）公共支出变量：人均基础设施公共投资支出 $ginv_t$、人均科教文卫公共支出 edu_t、行政管理费用支出 gov_t、总公共支出 G_t。公共支出各项均除以全国总人口数，转化为人均公共支出，按照消费和收入项同样的方法转化为变化率。交通、邮电、基础设施公共支出比较有代表性，而且该数据还包括各种贷款投入。总体来看，东部较发达的省份该项投入大于国家财政的基本建设支出，经济不发达地区该项数据表现相反，该支出很大程度上能影响公共支出的整体使用效率，被列入重点考察对象；科教文卫支出对居民的消费影响是不言而喻的，也是决策者、学者们关注的主要问题，特别是高等教育并轨和医疗保障改革直观上让居民消费趋于保守，把此项列为公共支出考察对象意义更为明显；行政费用支出也是众人关注的对象，因此也把该变量纳入分析范围；总公共支出是财政总支出占 GDP 的比重。

3）价格变量：利率 r_t 和通货膨胀率 π_t。由于时间跨度是年份，选取年末存款利率作为标准，而且 1990 年之后利率才逐步向市场化方向发展，其波动较为明显，利率数据经过了 H－P 滤波去趋势平稳处理；通胀率选取的是零售价格指数（比上年）减 100。

（2）面板数据单位根检验。为了避免单一检验方法的缺陷以提高检验结果的可靠性，针对变量数据生成的特点，采用 LLC－test、IPS－test、ADF－Fisher－CH－test 和 PP－Fisher－CH－test 四种方法进行面板单位根检验，检验结果如表 7－3 所示。从表 7－3 中可以看出，无论是针对同质面板的 LLC－test，还是针对异质面板的 IPS－test、ADF－Fisher－CH－test 和 PP－Fisher－CH－test，检验结果都表明经过处理后的所选变量平稳（利率 PP－Fisher－CH－test 除外，这不影响利率序列的平稳性），据此可认为所有变量平稳。

3. 依据 ARMA 组合模型对 1970—2009 年各国数据估计分析

本着兼顾拟合优度、DW 值以及 β 系数 t 统计量的原则，设定最优 AR-MA 组合模型来估计 β 值，这里仅报出了被估计的 38 个国家的截距项、β 值以及相应的 t 统计量。另外，为了进行比较分析，考虑公共支出对公共品和服务价格不敏感（或者说政府不那么考虑所购买公共品的价格），这里也估计了不含价格因素的公共支出对居民消费的影响，并进一步估计了不含价格因素的各国的教育公共支出和医疗公共支出对居民消费的影响。

详细的估计结果见表 7 - 3。从估计的结果来看，拟合优度、DW 值以及 β 系数 t 值在统计学意义上都很显著。从经济含义来看，绝大多数国家 β 系数都为负数，包括中国在内的少数国家 β 系数为正，说明多数国家公共支出对居民消费是起到了互补效应，或者说互补效应要强于替代效应，而包括中国在内的少数国家的情况相反，这与前文讨论的问题相一致，即中国在初次收入分配阶段劳动收入份额较低，在二次分配阶段公共支出也没有弥补初次分配不足的缺憾。

表 7 - 3 面板单位根检验

变量	LLC - test	IPS - test	CH - test	
			ADF - Fisher	PP - Fisher
$d\ln c_t$	- 9.76***	- 11.89***	253.93***	267.051***
	(0.000)	(0.000)	(0.000)	(0.000)
$d\ln y_t$	- 6.21***	- 8.77***	182.72***	167.78***
	(0.000)	(0.000)	(0.000)	(0.000)
$d\ln inv_t$	- 16.37***	- 15.60***	329.81***	377.34***
	(0.000)	(0.000)	(0.000)	(0.000)
$d\ln edu_t$	- 16.58***	- 16.78***	355.71***	375.99***
	(0.000)	(0.000)	(0.000)	(0.000)
$d\ln gov_t$	- 19.07***	- 15.47***	338.82***	358.58***
	(0.000)	(0.000)	(0.000)	(0.000)
$\ln G_t$	- 14.67***	- 14.49***	304.69***	328.93***
	(0.000)	(0.000)	(0.000)	(0.000)
π_t	- 7.47***	- 5.70***	123.97***	92.58***
	(0.000)	(0.000)	(0.000)	(0.000)
r_t	- 5.19***	- 8.06***	168.11***	3.22
	(0.000)	(0.000)	(0.000)	(0.000)

注：d 表示差分；ln 表示取对数；括号内为相应统计量的 p 值，检验形式为带截距项；滞后期数根据 Schwarz 原则来确定；***表示在 1% 的显著性水平上拒绝存在面板单位根的原假设。

考虑到估计结果的可靠性，也使用各国居民消费率作为被解释变量，公共支出占 GDP 的比重为解释变量，回归分析的结果也是较为理想的，多

数国家 β_0 的符号与 β 的符号相反。β_0 的符号为正，说明公共支出促进了居民消费；反之则相反。从教育和医疗公共支出的 GDP 占比回归系数 β_1 和 β_2 来看，也能与 β 相匹配，总公共支出促进居民消费的国家，其教育和医疗公共支出对居民消费也起到了促进作用。

　　统一口径统计出来的数据对比可以发现，中国的公共支出对居民消费有替代效应，不含价格因素的估计结果与含价格因素的估计结果高度一致，公共支出比例的提高会抑制居民消费率的提高，而且教育医疗公共支出占 GDP 比重的提高同样对居民消费率起到了抑制作用。另外，考虑到公共养老金支出也是对居民消费有重要影响的公共支出，由于该部分数据比较缺乏，在数据可获得性的范围内用 2000—2005 年 26 个发达国家（属于 OECD 国家）数据做了不含价格因素的面板数据回归分析。首先从散点图（如图 7-3 所示）能直观地看出，该 26 个发达国家养老公共支出对居民消费起到了促进作用，其面板计量模型及回归结果为：

$$RC_t = 74.9 + 0.365RG_t^{\text{sec}} + 0.92\hat{\mu}_{t-1} - 0.14\hat{\mu}_{t-2} + 0.24\hat{\mu}_{t-4} + \nu_t$$

$$(20.3)\quad(3.47)\quad\quad(31.9)\quad\quad(-4.51)\quad\quad(12.7)$$

$$R^2 = 0.98\quad DW = 1.83$$

　　其中，RG_t^{sec} 为养老金公共支出占 GDP 的比重，其他符号与表 7-4 类似。从面板模型回归的结果来看，西方发达国家养老金公共支出对居民消费存在互补作用，养老金公共支出促进了居民消费，各项统计指标包括拟合优度达到了 0.98、DW 值为 1.83，各系数的 t 统计量都在 1% 以内水平上显著。

　　4. 依据 ARMA 组合模型对 1952—2012 年中国数据分析

　　以人均 GDP 为标准来衡量经济发展所处的阶段，则中国现在的发展阶段仅处于欧美日等发达国家 20 世纪 50—60 年代的水平，能达到 20 世纪 70 年一些后起发达国家或地区（如韩国、中国香港等）的发展水平，故没有对发达国家做分段估计。但是，考虑到自新中国成立 60 多年来，无论是经济体制还是具体到财政体制或政策都进行过较大调整，甚至是逆转性的改革，因此有必要在中国经济发展的不同阶段讨论公共支出对居民消费的影响。

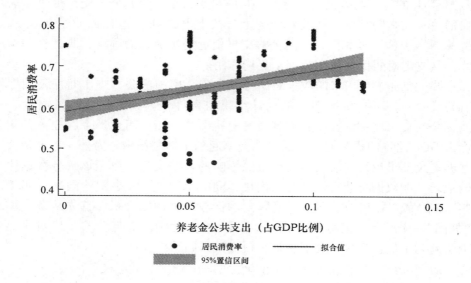

图 7 - 3　2000—2005 年 26 个发达国家养老金公共支出比例与居民消费率

表 7 - 4　　1970—2009 年 38 个主要发达国家或地区以及发展中国家
公共支出对居民消费的影响

地区	含价格回归模型 $\ln(C_t/G_t) = \alpha + \beta\ln(P_t^g/P_t^c) + \mu_t$		不含价格回归模型					
			$RC_t = \alpha_0 + \beta_0 RG_t + \mu_t^0$		$RC_t = \alpha_1 + \beta_1 RG_t^{heal} + \mu_t^1$		$RC_t = \alpha_2 + \beta_2 RG_t^{heal} + \mu_t^2$	
	α	β	α_0	β_0	α_1	β_1	α_2	β_2
澳大利亚	0.36*** (3.49)	-1.69*** (-3.90)	46.6*** (8.79)	0.57*** (4.18)	2.80*** (2.55)	0.03* (1.96)	103*** (12.79)	-7.01*** (-4.97)
奥地利	0.48*** (13.51)	-2.08*** (-3.36)	56.4*** (20.83)	0.22*** (3.79)	54.1*** (8.82)	2.35** (2.30)	38.4*** (4.06)	3.41*** (3.15)
比利时	0.28*** (7.97)	-1.53** (2.08)	45.3*** (21.3)	0.34*** (7.96)	55.1*** (20.6)	0.6*** (2.65)	49.8*** (7.64)	1.17** (2.37)
巴西	7.29*** (6.31)	-2.76*** (-3.84)	62.6*** (25.3)	0.39*** (4.52)	62.9*** (28.1)	1.77*** (3.87)	55.4*** (11.2)	4.64*** (3.31)
加拿大	1.13*** (8.60)	-6.23*** (-4.34)	64.5*** (191)	0.12*** (13.0)			13.6*** (3.08)	6.72*** (22.0)

续表

	含价格回归模型		不含价格回归模型					
	$\ln(C_t/G_t) = \alpha +$ $\beta\ln(P_t^g/P_t^c) + \mu_t$		$RC_t = \alpha_0 +$ $\beta_0 RG_t + \mu_t^0$		$RC_t = \alpha_1 +$ $\beta_1 RG_t^{heal} + \mu_t^1$		$RC_t = \alpha_2 +$ $\beta_2 RG_t^{heal} + \mu_t^2$	
丹麦	0.408*** (5.59)	−0.79 (−0.84)	59.8*** (39.6)	0.11*** (5.11)	40.2*** (6.19)	1.82*** (4.67)	45.7*** (32.8)	1.71*** (11.9)
芬兰	0.41*** (27.0)	1.56*** (2.93)	51.4*** (21.8)	0.27*** (5.19)	50.7*** (12.7)	2.25*** (4.01)	21.9*** (2.75)	6.25*** (7.97)
法国	0.38*** (18.7)	−0.91 (−1.01)	57.4*** (13.9)	0.27*** (3.39)	62.9*** (31.4)	1.48*** (4.28)	33.0*** (14.4)	4.31*** (16.2)
德国	0.71*** (12.9)	−2.33*** (−3.88)	44.7*** (6.18)	0.65*** (2.81)	53.2*** (13.5)	2.66*** (3.34)	48.6*** (8.12)	1.95*** (2.97)
希腊	0.43 (1.19)	−1.68** (−2.08)	48.8*** (22.6)	0.68*** (12.4)	67.1*** (8.59)	3.29* (1.98)	61.3*** (24.0)	2.78*** (7.28)
中国香港	0.98*** (4.45)	−1.46 (−0.81)	51.9*** (4170)	0.25*** (386)	54.0*** (50.5)	1.29*** (3.94)		
匈牙利	0.38*** (14.16)	−1.75** (−2.37)	52.3*** (7.81)	0.36** (2.55)	59.7*** (12.4)	2.05** (2.17)	51.0*** (18.2)	3.34*** (6.61)
印度	1.26*** (7.24)	−0.66* (−1.98)	0.99*** (211)	0.71*** (2.60)	54.6*** (26.8)	2.63*** (5.36)	36.6** (2.42)	20.2** (2.06)
印度尼西亚	1.77*** (21.08)	−0.75*** (−4.09)	51.5*** (8.32)	0.74* (1.98)	52.3*** (38.3)	4.15*** (7.42)	57.3*** (27.9)	7.09*** (3.26)
爱尔兰	0.67*** (15.9)	2.64*** (4.96)	43.4*** (7.71)	0.53*** (4.16)	37.4*** (3.51)	3.63*** (3.30)	43.3*** (7.68)	2.36** (2.60)
意大利	0.36*** (3.78)	1.99*** (3.13)	61.9*** (25.9)	0.11* (2.04)	59.7*** (20.6)	1.46** (2.37)	45.5*** (13.7)	3.07*** (6.45)
日本	0.99*** (3.12)	−1.53*** (2.56)	48.0*** (8.57)	0.50*** (3.78)	66.1*** (25.2)	−1.34** (−2.26)	45.9*** (35.7)	2.53*** (12.8)
马来西亚	0.95*** (112.2)	0.18** (2.36)	28.2*** (5.70)	1.03*** (4.10)	38.1*** (9.82)	1.74*** (3.77)	33.9*** (7.31)	7.28*** (3.15)
挪威	0.31*** (8.22)	1.52** (2.55)	28.5*** (4.87)	0.62*** (5.64)	36.8*** (5.06)	2.74*** (3.07)	8.94* (2.16)	5.23*** (10.5)

续表

	含价格回归模型		不含价格回归模型					
	$\ln(C_t/G_t) = \alpha +$ $\beta\ln(P_t^g/P_t^c) + \mu_t$		$RC_t = \alpha_0 +$ $\beta_0 RG_t + \mu_t^0$		$RC_t = \alpha_1 +$ $\beta_1 RC_t^{heal} + \mu_t^1$		$RC_t = \alpha_2 +$ $\beta_2 RC_t^{heal} + \mu_t^2$	
秘鲁	21.3*** (3.70)	-37.4*** (-3.49)	45.6*** (7.05)	1.29*** (6.33)	35.1*** (3.36)	12.1*** (3.45)	74.8*** (14.2)	-3.52* (-2.0)
葡萄牙	0.63*** (16.57)	-0.66* (-1.73)	59.7*** (12.8)	0.35*** (3.35)	59.0*** (8.17)	3.24*** (3.31)	57.4*** (11.8)	2.48*** (3.52)
俄罗斯	3.60*** (10.6)	-3.51*** (-7.83)	51.1*** (4.01)	0.64*** (4.22)	40.1*** (8.53)	5.85*** (4.51)	43.9*** (3.14)	6.75*** (4.30)
新加坡	0.96*** (38.7)	-2.01* (-1.91)	21.7*** (3.24)	0.96* (2.10)	49.4*** (8.30)	-4.3*** (-5.85)	22.8*** (3.41)	6.53*** (3.57)
南非	0.75*** (361)	0.58*** (39.8)	81.2*** (27.8)	-0.31*** (-3.31)	75.5*** (44.5)	-0.79** (-2.51)	78.8*** (28.3)	-1.99* (-1.64)
西班牙	0.76*** (6.30)	2.47*** (2.71)	64.9*** (28.2)	0.11* (2.01)	76.2*** (70.5)	-1.9*** (-7.48)	69.5*** (83.8)	-0.32*** (-2.41)
瑞典	1.81*** (3.78)	-2.03** (-2.18)	60.6*** (54.9)	0.11*** (4.48)	40.6*** (5.10)	3.25*** (2.86)	49.4*** (22.9)	2.08*** (6.88)
瑞士	0.56*** (7.36)	-4.26*** (-3.96)	59.3*** (47.9)	0.14** (2.26)	46.8*** (8.72)	2.24*** (2.91)	44.2* (1.81)	1.70** (2.47)
英国	0.66*** (35.3)	-2.07* (-1.80)	67.3*** (17.3)	0.24*** (3.10)	70.8*** (34.2)	1.25*** (3.01)	69.4*** (58.4)	1.20*** (5.32)
美国	1.03*** (12.44)	-1.83** (-2.47)	66.7*** (31.5)	0.18*** (3.76)	-2.2*** (-5.37)	0.10*** (18.1)	60.1*** (38.4)	2.23*** (10.3)
阿根廷			64.1*** (25.5)	1.53** (2.15)			50.0*** (3.54)	2.21*** (2.64)
韩国			41.0*** (18.4)	2.99*** (5.45)			48.5*** (53.3)	1.79*** (5.81)
菲律宾			89.9*** (19.1)	-3.81** (-2.27)			82.0*** (65.4)	-1.79** (-1.99)
墨西哥			82.4*** (55.4)	-1.2*** (-3.64)			56.8*** (2.66)	4.72*** (3.28)

续表

	含价格回归模型		不含价格回归模型					
	$\ln(C_t/G_t) = \alpha + \beta\ln(P_t^g/P_t^c) + \mu_t$		$RC_t = \alpha_0 + \beta_0 RG_t + \mu_t^0$		$RC_t = \alpha_1 + \beta_1 RG_t^{heal} + \mu_t^1$		$RC_t = \alpha_2 + \beta_2 RG_t^{heal} + \mu_t^2$	
波兰					62.2*** (3.53)	1.29*** (2.71)	67.5*** (42.8)	2.79** (2.43)
泰国					53.6*** (20.8)	1.11* (1.81)	65.6*** (29.6)	-2.06** (-2.34)
荷兰					53.2*** (18.8)	1.60*** (3.50)	63.2*** (147)	-0.46*** (-5.80)
智利					41.1*** (4.87)	5.54*** (2.99)	42.7** (2.56)	6.25** (2.07)
中国大陆	0.92*** (8.71)	0.71** (2.52)	38.5*** (2.78)	-0.29*** (-4.81)	50.4*** (8.40)	-5.7*** (-2.93)	54.9*** (9.84)	-8.94*** (-3.96)

注：RC_t、RG_t^{heal}分别为居民消费率和医疗卫生公共支出占GDP的比重，圆括号里的值为估计系数的t统计量；***、**和*分别表示1%、5%和10%水平上显著；空格表示数据缺失。

为了验证上述假设，探索经济发展的客观数据是否符合统计学含义，对1952—2012年的居民消费与公共支出比、相应的价格比做对数化处理后进行回归分析的基础上，进行了邹间断点的统计检验，如表7-5所示。邹间断点检验在小于1%概率水平上显著，这表明1978年和1994年前后中国公共支出对居民消费的影响有显著差异。

表7-5　　　　　　　　　　　　　**邹间断点检验**

	1978年		1994年	
		概率值	概率值	
F值	-4.495		6.386	0.0003
似然比	-25.64		23.95	0.0001
Wald值	19.46	0.0006	20.54	0.0004

因此，以此为标准进行分段估计与分析。以1978年实行改革开放政策为界限，划分为1952—1977年计划经济发展阶段和1978—2012年向市

场经济过渡阶段，以 1994 年分税制财政体制改革为界限；划分为 1978—1994 年财政包干阶段和 1995—2012 年实行财政分税制体制阶段。ARMA 组合模型设置为：

$$\ln(C_t/G_t) = \alpha + \beta\ln(P_t^g/P_t^c) + AR(X) + MA(X) + \mu_t$$

其中，$AR(X)$ 和 $MA(X)$ 分别属于自回归项和移动平均项，其他同前。1952—2012 年中国各个经济政策时期公共支出对居民消费的影响估计结果如表 7 - 6 所示。

从各指标的统计值来看，每个阶段的拟合优度都在 90% 以上，DW 值都在 2.0 左右，各项系数的 t 统计值都至少在 5% 以内的显著水平上显著。从经济含义上来看，公共支出对居民消费的影响系数 β 值在各个政策阶段有明显不同。1952—2012 年总体上显示，公共支出对居民消费呈明显的替代效应，说明公共支出明显地挤出了居民消费。改革开放之后这种替代作用弱化了，互补效应在增强，但是总体上公共支出仍在挤出居民消费，具体的 β 值从 2.20 降到了 0.84。可见，改革开放政策在公共支出对居民挤入方面起到了显著的正向作用，这可能与计划经济时代城乡居民为支援公共建设，特别是实施优先发展重工业政策、收缩消费有关。改革开放以来，逐步照顾到居民的消费，民营经济、轻工业得到了长足的发展，居民消费市场结束了长期以来的商品短缺时代，公共品的提供促进了居民消费，公共品与居民消费品起到了互补效应。再看 1994 年前后，β 值从 1978 年之前的正值突变到负值即 -1.92，再突变到正值 1.91，其中的原因可能与 1994 年中国推行的分税制改革有重大关系。分税制改革是财权上收事权下放的财税体制改革。改革之前，财政实行大包干制度，地方有很大的经济社会发展自主权，上缴包干所规定的税收任务之后，结余财政归地方支配，这就给地方政府为发展地方经济提供了很大的动力，此时财权与事权相对是匹配的，那么公共支出提供的公共品越多，就能为居民消费提供更好的公共服务，也就是说公共品与居民消费体现为互补作用。分税制改革之后，财权上收事权下放之后，财权与事权出现了不匹配现象，主要表现为地方，特别是小城镇和农村公共品提供不足，县乡财政困难，仅就公共支出与居民消费的关系来看，应有公共品不足，居民自身要承担一部分公共品提供，因此公共支出也就挤占了居民的部分消费。

表 7 – 6　　　　　　　1952—2012 年中国公共支出对居民消费的影响

	1952—2012 年 样本	1952—1977 年 样本	1978—2012 年 样本	1978—1994 年 样本	1995—2012 年 样本
α	5.79** (2.04)	3.24*** (2.61)	2.14*** (4.79)	– 1.13*** (– 3.51)	3.81*** (8.04)
β	2.02*** (11.16)	2.20*** (14.2)	0.84*** (3.03)	– 1.92*** (– 6.55)	1.91*** (7.02)
AR（1）	1.29*** (10.08)		0.83*** (10.7)		
AR（2）	– 0.30*** (– 2.42)	0.93*** (25.9)			
MA（1）		1.50*** (4.15)	1.09*** (7.47)	0.99*** (11.2)	1.45*** (4.21)
MA（2）			0.46*** (2.99)		1.49*** (3.14)
MA（3）		0.29 (0.77)			1.21*** (3.30)
MA（4）					0.18 (0.59)
R^2	0.93	0.95	0.97	0.92	0.98
DW 值	1.99	1.75	2.19	1.75	1.86

注：括号里的值为估计系数的 t 统计量；***和**分别表示 1% 和 5% 水平上显著。

5. 依据动态面板估计方法对 1985—2010 年中国 30 个省的数据回归

鉴于 system – GMM（等统广义矩）估计利用了更多的样本信息，在一般情况下，可增强差分估计中工具变量的有效性，对比同时采用一般面板估计和系统广义矩估计动态面板数据模型。但参数估计是否有效依赖于工具变量选择的有效性，根据两种方法来识别模型设定的有效性：一是差分误差项的序列相关检验，如果 Arellano – Bond AR(1) 检验拒绝原假设而 Arellano – Bond AR(2) 检验接受原假设，则表明模型的残差序列不相关。二是用 Hansen – test 识别工具变量的有效性，其零假设为过度识别检验是有效的；如果接受零假设就意味着工具变量的设定是恰当的。另外，为了

要素市场扭曲下的中国内需问题研究

增强回归结果的可信度，给出了模型整体显著性的 Wald 检验。具体的计量方程式设定为：

$$dlnC_{it} = \beta_0 + \beta_1 dlnC_{it-1} + \beta_2 dlnY_{it} + \sum_{i=1}^{3} dlngx_{it} + d\ln^2 G_{it} + r_{it} + \pi_{it} + \mu_{it}$$

其中，$dlngx_{it}$ 表示公共投资支出、科教文卫支出以及行政管理费用支出，μ_{it} 是残差项。

该分析的目的是考察中国省际面板数据下各类公共支出对居民消费的影响，因此实证分析分两大块来进行：一是考虑不同的公共支出制度安排下公共支出对居民消费的影响，既检验了中国公共支出制度重大调整前后公共支出对居民消费的影响，又明确了公共支出制度进一步改革的方向；二是考察相同的公共支出制度安排下中国不同区域的公共支出对居民消费的影响，目的是分析在同一时期各项公共支出是否应该在不同区域有所侧重，而不是一刀切。这两大块分析实际上是为了深入研究的需要，从纵向和横向两个视角来展开的，其重要性是等同的。

（1）考察不同时期公共支出对居民消费的影响。主要从公共支出的规模、分配、使用方向和方式来分析。公共支出在 1995 年之后，特别是 1997 年之后发生了重要变化，高等教育实施了并轨制，医疗制度也进行了市场化改革等，这些变化会对居民特别是进城务工居民的预期产生重要影响，进而影响居民的消费习惯、消费方式。分析不同时期公共支出对消费的影响非常有必要。另外，考察了公共支出在不同地区对居民消费的影响。中国是一个发展很不平衡的大国，东、中、西部差距比较明显，同样规模的公共支出在不同地区表现可能会有一定的差别，正像公共物品的外部性对不同收入群体产生影响一样，分析公共支出的地区影响也被列为考察的主要目标之一。

为了获得公共支出对居民消费的整体影响，首先，对全样本做了估计（稳健标准差）（见表 7–7），F 检验和豪斯曼检验没有通过，列出了最小二乘估计和随机效应估计的结果。从估计的结果来看，系数值完全相同，t 统计量有一些差别；整体来看，随机效应结果稳健性稍好。为了得到更有效的和一致的估计结果，接下来做系统广义矩估计，从估计系数的绝对值来看稍有增加，符号没有变化。而残差序列相关性检验说明，差分后的残差存在一阶序列相关 [AR(1) 的 p 值小于 0.1]，但不存在二阶序列相关 [AR(2) 的 p 值大于 0.1]，工具变量的选择有效性检验和联合显著性 Wald 检验在 1% 的水平上也是显著的。因此，无论从模型整体变量选择、工具变量的有效性上，还是 t 统计量的显著性上都较好，这表明系统广义矩估计的结果是可信的。

表7-7　　　不同时期的公共支出对居民消费影响效应的估计结果

时间	全样本(1985—2010)			1985—1995		1996—2010	
估计方法	OLS	RE	SYS-GMM	OLS	SYS-GMM	RE	SYS-GMM
$dlnc_{t-1}$	-0.48***	-0.48***	-0.525***	-0.423***	-0.45***	-0.69***	-0.71***
	(-8.58)	(-12.80)	(-8.86)	(-5.04)	(-8.96)	(-11.48)	(-16.45)
$dlny_t$	0.904***	0.904***	0.961***	0.702***	0.630***	0.981***	0.995***
	(26.45)	(27.69)	(18.52)	(10.35)	(10.1)	(19.92)	(17.39)
$dlny_{t-1}$	0.443***	0.443***	0.489***	0.295***	0.273***	0.648***	0.672***
	(8.66)	(9.46)	(8.80)	(3.01)	(4.23)	(8.46)	(10.12)
$dlninv_t$	-0.020**	-0.02***	-0.023**	-0.031***	-0.33***	0.021**	-0.033***
	(-2.12)	(-2.58)	(-2.50)	(-3.40)	(-3.75)	(2.33)	(-3.75)
$dlninv_{t-1}$	0.02***	0.02**	0.019**	0.023**	0.048***	0.029**	0.030***
	(2.34)	(2.33)	(2.19)	(2.32)	(4.14)	(2.13)	(3.26)
$dlnedu_t$	-0.13***	-0.13***	-0.144***	-0.105*	-0.081**	-0.081**	-0.092***
	(-3.34)	(-5.09)	(-3.31)	(-1.91)	(-2.17)	(-2.09)	(-3.73)
$dlngov_t$	0.114***	0.114***	0.111***	0.147	0.142***	0.147***	0.142***
	(5.07)	(8.56)	(5.05)	(10.00)	(9.86)	(10.00)	(9.86)
$d\ln^2 G_t$	-0.003***	-0.003**	-0.003***	-0.477***	-0.53***	-0.477***	-0.53***
	(-3.86)	(-2.15)	(-3.99)	(-3.08)	(-3.54)	(-3.08)	(-3.54)
π_t	0.004***	0.004***	0.004***	0.004***	0.004***	0.010***	0.011***
	(9.37)	(8.45)	(8.47)	(8.54)	(29.8)	(6.13)	(9.28)
r_t	-0.009***	-0.009	-0.009***	-0.029	-0.029	-0.019***	-0.018***
	(-8.04)	(-7.46)	(-8.25)	(-2.81)	(-5.83)	(-6.11)	(-22.52)
R^2 P> F(chi2)	0.76	0.76		0.80	0.010	0.71	
	0.000	0.000	0.000	0.000		0.000	0.000
AR(1)			0.000		0.267		0.001
AR(2)[①]			0.119		0.000		0.468
Hansen-test			1.000		1.000		1.000
工具变量			128		75		100
观察值	660	660	660	270	270	360	360

注：***和**分别表示在1%和5%水平上显著；括号内为统计量 t 值；①表示零假设为差分后的残差项不存在二阶序列相关。

在对整体的估计上，可以看出，影响居民消费的主要因素还是居民收入水平。当期和上一期收入对消费都有显著影响，这和经典凯恩斯绝对收入假说是一致的，居民消费习惯即上一期消费对当期消费有不小影响而且是负的，这也能在均值上说明中国居民消费还是很谨慎的，能够及时平滑收支；公共基础设施当期投资支出和科教文卫支出对居民消费的效应是负向的，特别是科教文卫支出负效应较为明显，行政管理费用支出对消费影响较大，但是是正向的，也是反常的。这也正说明了中国的社会零售相当大的部分不是家庭消费，而是包括政府部门在内的机构消费（黄亚生，2010）。行政管理费用自 2007 年以来改为一般公共服务支出，这里面包含不断增长的公务员工资和福利。从全国范围来看，公共基础设施投资支出在当期对居民消费增速有 2.3% 的负向作用，科教文卫支出对居民消费的负向作用更甚达到 14.4%，行政管理费用支出则会带动居民消费增速达11.1 个百分点。这正说明中国基础设施投资支出并不像想象中的那么过度，整体投入水平不高，教育、医疗卫生有益品的公共支出明显压制了居民消费。同时，这也说明中国教育水平的提高、医疗条件的改善等使得居民更多地增加储蓄以备不时之需，而行政管理费用开支对消费的正向效应说明公务员群体消费带动和"三公"消费造成人们的攀比效应。从我国的经验数据来看，公共支出比重与居民消费增长率呈倒"U"型变化关系，公共支出规模已超出理想水平。从通货膨胀率和存款利率来看，一定程度的通货膨胀会刺激居民的消费增长，估计结果也是合理的，人们对利率提高的反应是更乐意表现为储蓄，这也符合中国的现实情况，但是从影响幅度上看并不大。从估计的结果来看，科教文卫公共支出并没有符合预期，行政管理费用对居民消费的影响也超出了预期。

（2）公共支出对居民消费的时期效应。这里分别报告了两种估计方法。1985—1995 年期间固定效应估计的 F 检验 p 值大于 0.05，报告了最小二乘估计结果和系统广义矩估计结果。估计 1996—2010 年时间段，豪斯曼检验的 p 值小于 0.01，报告了随机效应估计结果和系统广义矩估计结果，从估计效果上来看，联合显著性 Wald 检验显著、残差序列相关性检验不存在二阶序列相关以及工具变量的选择有效。一般面板估计（OLS/RE）与系统广义矩估计结果差距比整体估计差距有一定缩小，也说明分期估计是必要的。分期估计表明（以稳健的系统广义矩估计为准）收入仍然是影响居民消费的决定因素，而且后一时期比前一时期更明显，居民对可支配收入的依赖更强，居民对消费习惯的反应也更明显；而且后一时期更趋于保守，更重视平滑开支，这也说明后一时期的居民消费更依赖于可支配收入，公共物品可利用性趋于降低（教育、医疗改革后等更多地要从可支配收入中列支导致消费谨慎）。从公共基础设施投资开支来看，滞后一期对消费有一定的拉动作用，但是拉动作用在 1995 年之后的时期明显不如前一时期，这也表明在一定程度上基础设施投资边际效率在降低。而教育医疗卫生公共支出对消费的抑制效应在 1995 年之后的时期比之前要大，这正验证了之前的假设，即教育医疗改革后，在此项目上的投入一方面提高了教育水平、改善了医疗条件，另一方面也使得居民消费有了后顾之忧而抑制了居民消费。从通货膨胀率的影响来看，后一时期居民更加重视通胀的影响，随着居民收入的增加，货币保值增值意识较以前有显著提高，从对利率的反应也能看出居民比以前更愿意消费，从目前情况来看也是如此，但存款利息还抵扣不了利息税与通货膨胀率贬值之和。

（3）不同区域公共支出对消费影响的估计与分析。为了考察公共支出对不同区域的影响情况，按照 20 世纪 70 年代国务院的区域划分办法，把全国划分为东、中、西部三个区域，从经济发展水平上来看，东部较好、中部次之、西部相对落后，考察公共支出对不同区域的影响有利于在公共支出方面更好地平衡区域之间的发展差距，政策制定能够因地制宜。面板固定效应的 F 检验和豪斯曼检验结果显示，东、中部地区样本数据适合做面板固定效应估计，西部地区样本数据适合做混合估计。从系统广义矩估计的结果来看（见表 7 - 8），联合显著性 Wald 检验显著、残差序列相关性检验不存在二阶序列相关以及工具变量的选择有效。从系数绝对值来看，系统广义矩估计略微变小，符号没有变化，各个解释变量的 t 统计量绝大部分都在 1% 的水平上显著，估计结果可靠性较高，故以系统广义矩估计结果为准来进行比较分析。

不同区域的人均可支配收入仍是影响居民消费增速的主要因素，消费习惯的影响也较为显著，中、西部地区居民在平衡收支方面比东部地区居民更为谨慎。从基础设施投资支出对居民消费的影响来看，当期的基础设施公共投资支出会挤出居民消费，对比发现挤出效应差别较大，东部的挤出效应高于中部地区，接近西部地区的 3 倍，这也说明公共基础设施投资在东部地区的边际效应低于中、西部地区，西部地区基础设施公共物品投资相对不足。从科教文卫等对消费的影响来看，与前面的估计结果一致，

表 7-8   不同区域的公共支出对居民消费影响的估计结果

区域	东部		中部		西部	
估计方法	*FE*	*SYS - GMM*	*FE*	*SYS - GMM*	*OLS*	*SYS - GMM*
$dlnc_{t-1}$	-0.318*** (-7.76)	-0.215** (-2.02)	-0.658*** (-18.74)	-0.588*** (-10.03)	-0.493*** (-13.56)	-0.488*** (-9.32)
$dlny_t$	0.930*** (21.96)	0.984*** (17.99)	0.788*** (21.37)	0.764*** (9.94)	0.943*** (34.14)	0.959*** (21.73)
$dlny_{t-1}$	0.285*** (5.15)	0.177* (1.75)	0.709*** (15.39)	0.623*** (11.34)	0.493*** (10.91)	0.482*** (10.43)
$dlninv_t$	-0.026*** (-3.28)	-0.0415*** (-4.11)	-0.025*** (-3.72)	-0.038*** (-3.01)	-0.011 (-1.39)	-0.014 (-0.79)
$dlninv_{t-1}$	0.015* (1.77)	0.014 (1.63)	0.014* (1.79)	0.002 (0.28)		
$dlnedu_t$	-0.058** (-2.15)	-0.003 (-0.07)	-0.073*** (-3.07)	-0.009 (-0.15)	-0.145*** (-5.84)	-0.152*** (-3.16)
$dlngov_t$	0.064*** (5.50)	0.104*** (3.22)	0.121*** (11.72)	0.153*** (6.10)	0.218*** (12.57)	0.219*** (4.79)
$dln^2 G_t$	-0.010*** (-3.67)	0.003*** (2.89)	-0.016*** (-5.60)	0.0015 (0.61)	-0.002 (-1.32)	-0.002 (-0.86)
π_t	0.0039*** (8.42)	0.002*** (6.94)	0.004*** (9.93)	0.0035*** (3.89)	0.0027*** (5.71)	0.0025*** (8.80)
r_t	-0.011*** (-9.35)	-0.007*** (-6.47)	-0.006*** (-5.21)	-0.004*** (-2.72)	-0.003*** (-2.70)	-0.002 (-1.42)
R^2	0.75		0.78		0.85	
Wald test	0.000	0.000	0.000	0.000	0.000	0.000
AR(1)		0.001		0.34		0.048
AR(2)①		0.755		0.487		0.514
Hansen - test		1.000		1.000		1.000
工具变量		154		154		154
观察值	660	660	660	660	660	660

注：***、**和*分别表示在1%、5%和10%水平上显著；括号内为统计量 t 值；①表示零假设为差分后的残差项不存在二阶序列相关。

仍是负向的，东、中、西部分化更为明显，这也说明了科教文卫支出对收入较高地区居民的消费挤出不大，但是对中、低收入地区居民消费影响显著，这正和实地调研访谈相吻合（有稳定收入来源的工薪阶层和较为富裕的农村地区供子女接受高中、大学教育负担较轻或者不成为负担，但是对低收入阶层来说，比如城市低保户，农村靠打零工、种粮收入的农民在供应子女教育方面显得捉襟见肘，生活费紧张的月供来满足日常开支，学费靠借债或助学贷款）。行政管理费用支出对中、西部地区消费正向效应更明显，中、西部地区经济相对落后，公共资源相对比较集中，公共支出在宏观调控中所处的位置明显要比东部地区强得多。通过公共支出占 GDP 的比重更能说明这个问题。整体样本的估计结果表明，就中国目前的发展阶段来看，公共支出整体规模已经超过最优规模，分区估计结果发现，在东、中部地区估计符号明显发生了改变，西部地区则没有变化，这说明西部地区公共支出比重更高。然而公共支出比重大小并不能说明主要问题，发展中国家和地区如最不发达的非洲较高（25%～35%）、拉丁美洲次之（20%～25%）、亚洲最低（17%～20%），发达国家（40%～60%）远高于发展中国家，中国西部地区应该在支出结构方面合理投入使用。从通货膨胀对消费的效应来看，东、中、西部差距不太明显，中、西部地区居民对其反应稍微较大，利率影响中、东部地区比较明显，西部较弱，这也说明商品市场、金融市场的发展程度在东部地区相对较高，居民有较多的理财机会和较强的消费意识。

第四节　公共支出对劳动收入份额的影响

前面考察了公共支出对居民消费的替代效应，而公共支出除了通过替代效应影响居民消费以外，还会通过对劳动收入份额影响居民消费。Harrison（2002）研究发现，政府通过支出以及对经济的干预能够改变劳动收入份额，在一定程度上，政府支出会受到经济开放的限制。因此，有必要进一步考察中国公共支出对劳动收入份额的影响。本节采用 1952—2012 年时间序列数据，设置时间序列线性模型和状态空间模型来考察公共支出对劳动收入份额的影响。

一 数据来源与变量解释

LS 表示劳动收入份额，数据来源于《中国统计年鉴》和郝枫[1]（2008）对中国劳动收入份额的统计测算。

FISCAL 表示公共支出与 GDP 的比重，数据来源于《新中国 60 年统计汇编》和历年《中国统计年鉴》。

二 时间序列数据的单位根检验

采用增广的 ADF 检验方法，最大滞后长度根据施瓦茨信息准则确定，从检验结果得知，时间序列原变量都是不平稳的，一阶差分后的序列都是平稳的，属于一阶单整序列，见表 7-9。

表 7-9 序列及一阶差分序列的平稳性检验

变量	检验类型 (c, t, k)	ADF 值	差分变量	检验类型 (c, t, k)	ADF 值
LS	(0, 0, 10)	-0.435	ΔLS	(0, 0, 10)	-5.379***
FISCAL	(0, 0, 10)	-0.502	ΔFISCAL	(0, 0, 10)	-1.973**
Rcp	(0, 0, 10)	-0.276	ΔRcp	(0, 0, 10)	-6.198***

注：检验类型中括号里的 c 是常数项、t 是时间趋势项、k 是最大滞后期；***和**分别表示在 1% 和 5% 显著水平上拒绝存在单位根的原假设；Δ 表示一阶差分。

三 基于线性模型的估计

线性模型的计量方程式及回归结果：

---

① 郝枫：《中国要素价格决定机制研究——国际经验与历史证据》，博士学位论文，天津财经大学，2008 年。

$$LS_t = 0.570 - 0.582FISCAL_t + AR(1) + AR(2) + MA(1) + \mu_t$$
$$(16.57) \quad (-3.28) \qquad (11.63) \quad (-4.95)(-4.98)$$
$$R^2 = 0.78 \quad DW = 2.0 \quad F = 38.36$$

从方程的估计结果统计性质来看，各系数的 t 统计量（括号内的值）都在 1% 水平上显著，拟合优度为 0.78，有一定的解释力。DW 值为 2.0，说明残差项不存在自相关。从方程的估计结果经济变量间的关系来看，公共支出总体上对中国的劳动收入份额呈明显的抑制作用。

四 基于状态空间模型的估计结果

为了更深入了解公共支出对劳动收入份额的影响变化，进一步用状态空间模型估计该影响参数 β。

状态空间模型将不可观测的状态变量 β 并入可观测的时间序列模型，利用迭代算法（卡尔曼滤波）来估计，构造影响劳动收入份额的变参数模型。具体的状态空间模型估计结果如下：

量测方程：
$$LS = sv1 * FISCAL + sv2 + c(1) \times sv3$$
$$(3.33) \qquad (-9.02)(-3.35)(-10.09)$$

状态方程：
$$sv1 = sv1(-1)$$
$$sv2 = c(3) \times sv2(-1) + [var = \exp(c(2))]$$
$$(187.6) \qquad\qquad (-13.6)$$
$$sv3 = sv2(-1)$$

从状态空间模型估计结果来看，统计意义上各个估计参数的 t 统计量都在 1% 水平上显著。总公共支出对中国劳动收入份额影响的变参数 β 在新中国成立初期为正，之后稳定为负，具体的参数 β 变化如图 7-4 所示。

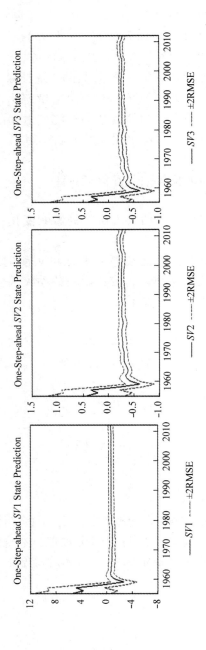

图7-4 总公共支出对中国劳动收入份额影响的变参数β走势

第五节 劳动收入、公共支出对消费的冲击模拟

在同一模型下，综合考察劳动收入份额和公共支出对中国居民消费率的影响，以居民消费率（Rcp）、劳动收入份额（LS）以及公共支出占GDP比重（FISCAL）3个变量构建VAR模型，设定如下：

$$\Gamma_t = A_1\Gamma_{t-1} + \cdots + A_p\Gamma_{t-p} + \mu_t \quad t = 1, 2, \cdots, T$$

其中，Γ_t 为 k 维的内生向量，p 为滞后阶数，A 为待估计系数矩阵，T 是样本数据个数；μ_t 是 k 维扰动向量，μ_t 相互之间可以同期相关，但不与自己的滞后期及等号右边内生变量的滞后期相关。

一 劳动收入、公共支出和消费之间的协整关系

依据前述单位根检验可知，居民消费率（Rcp）、劳动收入份额（LS）以及公共支出占GDP比重（FISCAL）3个变量是一阶单整序列。协整检验对检验方程中差分项的滞后阶数非常敏感，因此应首先确定合理的滞后阶数，在对原序列数据进行无约束VAR模型估计的基础上，通过各种信息准则来确定最佳滞后长度。结果如表7-10所显示的最佳滞后阶数为4，协整检验结果如表7-11所示。

表7-10   **最大滞后阶数选择**

Lag	lgL	LR	FPE	AIC	SC	HQ
0	206.9687	NA	1.38e-07	-7.284595	-7.176094	-7.242529
1	362.5772	288.9873	7.33e-10	-12.52062	-12.08661*	-12.35235
2	375.4531	22.53282	6.41e-10	-12.65904	-11.89953	-12.36458
3	395.7840	33.40081	4.31e-10	-13.06372	-11.97871	-12.64306*
4	407.0683	17.32942*	4.03e-10*	-13.14530*	-11.73478	-12.59844
5	415.7085	12.34312	4.17e-10	-13.13245	-11.39643	-12.45940

注：*表示各种标准下的滞后阶数选择。

表 7 - 11   Johansen 协整关系检验

Hypothesized		Trace	0.05	
No. of CE（s）	Eigenvalue	Statistic	Critical Value	Prob.
None*	0.887588	304.6139	29.79707	0.0001
At most 1*	0.828419	164.7364	15.49471	0.0001
At most 2*	0.555722	51.92355	3.841466	0.0000

注：*表示 5% 的显著水平下拒绝假设。

表 7 - 11 检验结果表明，居民消费率（Rcp）、劳动收入份额（LS）以及公共支出占 GDP 比重（FISCAL）3 个变量之间存在 3 个协整关系。

二 VAR 模型的稳定性检验

通过滞后期选择可以建立 VAR（4）模型，模型的特征方程的根均落在单位圆之内（如图 7 - 5 所示），这说明 VAR 模型是稳定的，可以进行脉冲响应函数分析。

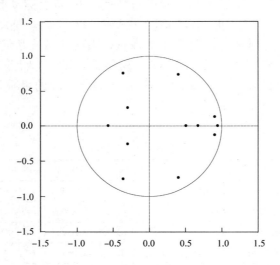

图 7 - 5   VAR 模型全部特征根的位置图

三 消费对劳动收入份额和公共支出的脉冲响应

在 VAR 模型中，脉冲响应函数描绘了在一个扰动项上加上一次性冲击，对内生变量的当期和未来值产生的影响，它能够比较直观地刻画出变量之间的动态交互作用及其效应。为了更准确地刻画劳动收入份额和公共支出两大核心变量冲击对居民消费率在短期、中期、长期的不同影响，画出了劳动收入份额和公共支出对居民消费率的综合脉冲响应图 7－6，其中，横轴表示时间间隔，以年为单位，纵轴表示冲击的反应程度。

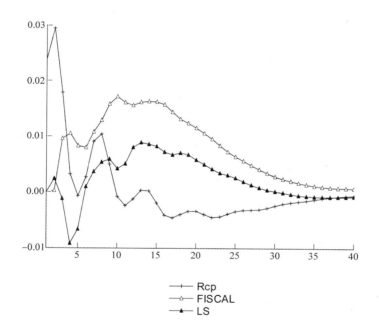

图 7－6 居民消费率对劳动收入份额和公共支出脉冲的响应

从脉冲响应图可以看出，劳动收入份额和公共支出对居民消费率的冲击影响较大，而且持续时间较长，比较而言中国的公共支出对居民消费率的冲击影响更大。财政冲击表现为正向作用，劳动收入份额冲击影响前两期表现为正，第 3 期变为负向影响，第 4 期达到负向最大，随后影响减弱，在第 6 期转向为正向作用，大约在第 13 期正向作用最大化，随后恢复至初始的均衡状态。这与财政理论相吻合，即当政府采取扩大支出的财政政策时扩大了社会需求。劳动收入份额的短期增加对需求的影响相对较弱，短期内还可能增加储蓄。

四 居民消费率的方差分解

方差分解也是一种描述系统动态的方法，它是通过分析每一个结构冲击对内生变量变化（通常用方差来度量）的贡献度，以进一步评价不同结构冲击的重要性。因此，通过方差分解可以给出对 VAR 模型中的变量产生影响的每个随机扰动的相对重要性的信息。表 7 - 12 是跨 20 期的居民消费率的方差分解表。

表 7 - 12 　　　　　　　　对居民消费率的方差分解

滞后期	标准差	居民消费率	公共支出	劳动份额
1	0.023884	100.0000	0.000000	0.000000
2	0.038031	99.59034	0.004916	0.404744
3	0.043125	94.65702	4.953620	0.389363
4	0.045451	85.72808	9.822096	4.449825
5	0.046680	81.29805	12.45230	6.249643
6	0.047448	79.02053	14.88885	6.090612
7	0.049639	75.54644	18.33421	6.119350
8	0.052609	71.17618	22.32884	6.494973
9	0.055480	64.81456	28.20213	6.983305
10	0.058226	58.86348	34.27181	6.864706
11	0.060670	54.37515	38.59430	7.030546
12	0.063170	50.19551	41.69638	8.108102
13	0.065813	46.24743	44.45020	9.302378
14	0.068347	42.88278	46.90553	10.21169
15	0.070755	40.08873	49.02601	10.88526
16	0.072957	38.02302	50.76007	11.21691
17	0.074809	36.53847	51.98341	11.47812
18	0.076390	35.31404	52.82213	11.86384
19	0.077761	34.27220	53.52451	12.20329
20	0.078906	33.46869	54.13252	12.39879

从居民消费率的方差分解表可以看出，公共支出和劳动收入份额波动对居民消费率波动影响的持续时间大约在第 20 期达到稳定状态，公共支出波动对居民消费率波动的贡献比劳动收入份额要大，达稳定状态时，对居民消费率波动的贡献分别约为 54% 和 12%。

五　对消费率和劳动收入份额的预测

　　通过向量自回归模型的各种分析，可以清楚地看出模型能够很好地反映居民消费率、劳动收入份额和总公共支出的现实情况及其之间的相互影响。由于该模型在预测方面较为便捷，可以依据以上对模型的设定对有关变量进行一步或多步预测，而且该模型使用的理论假设较少，因而如果仅考虑预测的短期性方面，预测非常便捷和可靠，尤其是对外生变量预测比较棘手或短期内对部分不确定性因素难以掌握的情况下，该模型更具实用性。在此主要是通过对 1952—2012 年我国现实数据的模拟来预测 2020 年之前居民消费率和劳动收入份额的趋势，具体结果如图 7 - 7 所示。

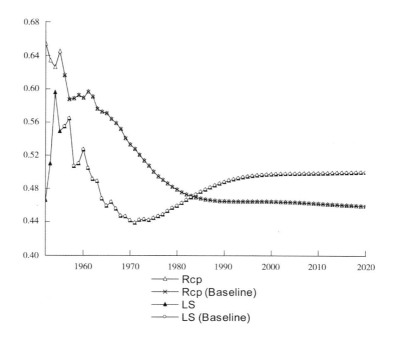

图 7 - 7　居民消费率和劳动收入份额的动态预测

从动态预测来看，中国居民消费率仍有缓慢下降的趋势，劳动收入份额走势将趋于平稳，到 2020 年中国居民消费率和劳动收入份额将分别达到 45% 和 50%。

第六节　本章小结

在新古典经济理论分析框架下，推导了计量经济实证分析模型，用 1970—2009 年 38 个典型发达国家（欧美日等）和地区与发展中国家（包括中国、印度、巴西、南非等）的宏观经济发展的时间序列数据检验了各国公共支出对其居民消费的替代效应和互补效应。研究结果表明，多数国家公共支出对其居民消费起到了互补效应，在剔除价格因素之后所做的回归分析与含价格因素所做的回归分析得出的结论基本一致。但是，同一口径下的世界银行公布的宏观数据系列检验的中国公共支出对居民消费起到了替代效应。同时，也做了剔除价格因素后各国教育、医疗公共支出对居民消费的影响，结果显示，总体公共支出对居民消费有互补效应的国家，其教育、医疗公共支出对居民消费同样也有互补作用，反之则相反。中国的教育医疗公共支出对居民消费起到了替代作用。

为了深入考察中国公共支出对居民消费起到替代效应的原因，从分析经济体制入手，在新古典理论框架下，分阶段进行了实证检验，结果发现，新中国成立 60 多年来总体上中国公共支出对居民消费起到了替代效应，改革开放之前该替代效应明显强于改革开放之后；分税制改革前后，该效应发生了逆转性的变化，改革开放后至分税制改革前该效应表现为互补作用，分税制改革后该效应逆转为替代效应，而且该效应还强于计划经济时代。

应用 1985—2010 年中国省际面板数据，考察各类公共支出及总公共支出对居民消费的影响发现，基础设施公共投资当期支出和教育医疗等有益品公共支出对居民消费有挤出效应，基础设施当期投资支出对居民消费的挤出效应东部地区是西部地区的 3 倍，教育医疗等有益品公共支出在西部地区对居民消费的挤出效应要远高于中、东部地区，而且在 1995 年之后其挤出效应比 1995 年之前大约高出 1 个百分点。行政管理费用支出和基础设施投资支出的滞后一期对居民消费有一定的拉动作用，但是拉动作用 1995 年之后不如 1995 年之前明显，行政管理费用支出对消费的带动效应中、西部地区特别是西部地区比东部要高出 1 倍以上。

应用 1952—2012 年中国居民消费率、劳动收入份额以及公共支出占 GDP 比重统计分析发现，中国公共支出对劳动收入份额起到了抑制作用，而且这种抑制作用非常稳定；居民消费率受劳动收入份额和公共支出冲击影响的反应很剧烈，而且有正面作用，居民消费率的波动受公共支出波动影响较大，这正说明二次分配在中国的作用非常大。动态预测发现，到 2020 年中国居民消费率仍有较小的下降趋势，劳动收入份额将会趋于稳定。

以上结论也表明，中国居民消费率呈下降趋势很大程度上在于国民收入再分配对居民消费不是起到了应有的促进作用，而是起到了相反的作用。

政策启示在于，从宏观上来讲，中国要通过不断地深化财税体制改革，在加强财政预算立法、提高公共支出的透明度基础上，落实公共支出的问责制，使得财权和事权相匹配。从微观上讲，要不断改善公共品的结构，财政资金应退出市场能够提供的商品，这样才能为居民消费水平提高提供更多的支持，总之，既要为居民消费保驾护航（主要考虑食品安全和社会保障），又要为居民消费提供匹配的基础设施（包括各类硬件设施和软件环境）。

第八章 公共支出规模、结构和效率的比较

对公共支出对居民消费的替代效应和收入效应的研究发现，中国的公共支出对居民消费起到了替代效应，即公共支出挤占了居民消费，也就是说，初次分配阶段资本扭曲了劳动收入份额，在二次分配阶段公共支出也没有起到应有的改善收入分配的作用。公共支出为什么挤占了居民消费呢？以下将进一步从公共支出的规模、结构和效率三个方面进行分析，解释中国公共支出存在的问题。

第一节 公共支出规模比较

按照瓦格纳法则，随着经济发展（人均收入水平）公共支出规模不断增加。在资本主义发展初期，财政支出占 GDP 的比重较小。随着资本主义的发展和社会矛盾的显现，政府的公共支出既要承担经济发展任务又要解决经济危机，不断加强对经济的干预力度，同时为了缓和社会矛盾还要通过公共支出为低收入阶层提供社会保障。因此，公共支出不断膨胀。皮科克和威斯曼提出了公共支出增长内在和外在因素理论。他们认为，政府乐于增加公共支出，居民不愿意多缴税，但是在税率不变的情况下，随着经济的发展，财政收入是线性增加的，因此公共支出也会不断增加，这是内在因素的作用。外在因素的表现为外部冲突，像战争之类的情况一旦发生，政府则会增加税收，但是危机之后公共支出已经增加到一定的水平，也就不会降到危机前的水平。马斯格雷夫和罗斯托以经济发展阶段论解释了公共支出增长的原因。在经济发展的初期阶段，政府投资在社会总投资

中所占的比重较高,公共部门为经济发展提供了必要的基础设施,为经济起飞提供了必要条件。在经济发展达到一定水平之后,公共投资还会不断增加,公共投资逐步变为对私人投资的补充。一旦经济发展达到成熟阶段,公共支出将会从基础设施投资逐步转为教育、卫生保健和社会福利支出,而且该方面支出的增速快于其他方面。从全球视野来看,处在不同发展阶段的国家或地区,其公共支出没有可比性,即仅从公共支出规模很难判断其公共支出的优劣。如图 8 – 1 所示,1970—2009 年多数国家或地区公共支出走出了先上升后平稳的趋势,中国大陆公共支出则是走出了先下降后上升再到平稳的趋势。与经济发展阶段相联系,仅凭公共支出规模很难判断公共支出的优劣。

第二节　公共支出结构比较

　　同等规模的公共支出,其结构安排显得非常重要,合理的公共支出安排不仅会协调经济发展和民生建设之间的关系,而且会对改善收入分配起到很好的效果。在经济发展初期,公共支出会在经济建设方面进行大规模投资,特别是在基础设施上投资较多,经济发展到一定阶段之后,随着公共投资边际效益下降,公共支出会更多地投向教育、医疗、社会保障等方面。因此,公共支出的结构合理与否将会是评价其优劣的重要标准。从各国的公共支出(如表 8 – 1 所示)可以看出,发达国家的社会保障支出比重较高,发展中国家较低。中国的社会保障支出比例不到 11%,与发达国家相比明显不足,与其他转型国家如俄罗斯、波兰和捷克相比也较低。教育支出的比例超过了 14%,整体来看属于中上水平。中国的卫生保健支出比重仅为 3.99%,明显较低,这也突出了国内看病难、看病贵问题。公共支出的大致比较很难看出公共支出存在的问题,要进一步分析具有公共品性质的支出上公共支出与居民支出之间的比例关系。

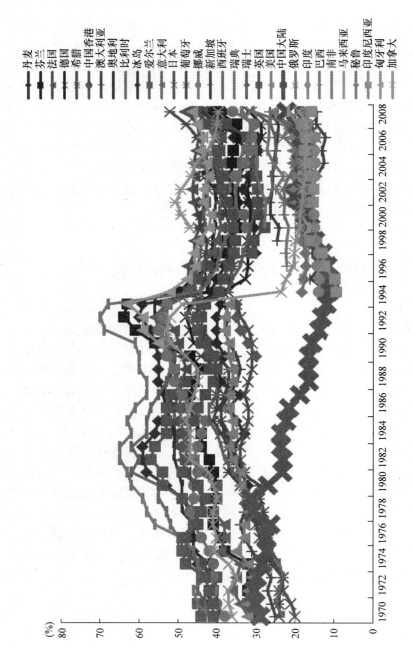

图8-1　1970—2009年主要发达国家或地区公共支出占GDP的比重

数据来源：作者依据世界银行数据绘制。

表 8-1 各国公共支出比重 单位:%

国家和地区	年份	社会保障支出	教育支出	环境保护支出	卫生保健支出	国防支出
印度	2006		3.81		1.9	13.79
印度尼西亚	2004	5.64	3.97		1.38	6.59
以色列	2007	26.22	15.74	0.38	12.11	18.26
韩国	2007	20.73	15.36		0.99	11.33
新加坡	2007	4.07	20.82		6.04	27.99
泰国	2007	13.09	20.29	0.29	11.26	2.6
加拿大	2007	45.37	2.02	1.23	9.34	6.29
墨西哥	2000	20.12	24.73		4.95	3.04
美国	2007	29.54	2.39		25.18	19.96
阿根廷	2004	39.94	5.19	0.29	5.3	3.04
捷克	2007	33.68	9.42	1.43	16.08	3.81
德国	2007	54.03	0.59	0.06	20.35	3.68
波兰	2007	44.82	11.48	0.21	11.58	4.63
俄罗斯	2006	31.13	3.94	0.11	8.41	11.87
澳大利亚	2007	34.05	9.55	0.47	14.77	6.69
中国大陆	2007	10.94	14.31	2.00	3.99	7.14

数据来源：国际货币基金组织 2008 年《政府财政年鉴》。

一　医疗卫生费用支出个人负担比例的国际比较

医疗卫生服务在一定程度上有公共产品的属性，它不但影响到个人的健康状况，而且对整个国家人力资本也会有重大影响，研究人力资本的舒尔茨和明瑟尔都将医疗卫生费用作为衡量人力资本的重要指标。从个人自付医疗费用占个人医疗费用总支出比重来看（如图 8-2 所示），中国自付医疗费用比重在 2005 年之前是最高的，近几年有所回落，和中等收入国家持平，但仍高于世界平均水平，远高于高收入国家。从中国的医疗卫生费用支出结构来看（如图 8-3 所示），个人支出比重在不断下降，政府和社会支出比重在逐步上升，到 2012 年几乎达到了稳定状态，个人、社会分别占 35%，政府占 30%，可见作为公共品属性的医疗卫生服务公共投入是不足的。从中国城乡人均医疗卫生费用支出对比来看（如图 8-4 所示），城乡医疗卫生服务差距呈逐年扩大趋势，特别是自 2005 年之后，差距越来越明显，到 2012 年城市人均医疗卫生费用约是农村人均医疗卫生费用的 3 倍。中国医疗卫生服务存在的问题不仅体现在公共支出不足上，还体现在医疗服务的差距不断扩大上。

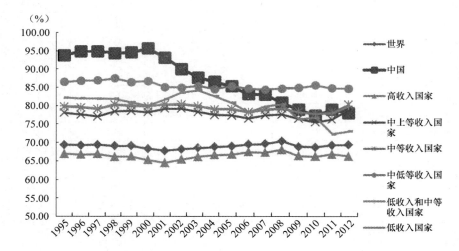

图 8 – 2　个人自付医疗费用占个人医疗总支出比重

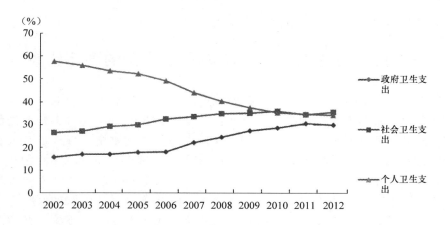

图 8 – 3　中国医疗卫生费用支出比重

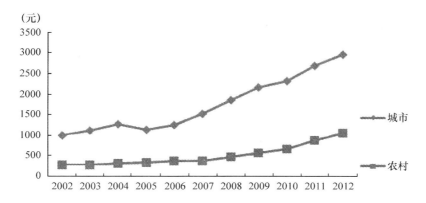

图 8 - 4　中国城乡人均医疗卫生费用支出

二　教育支出个人负担比例的国际比较

教育的外部性同医疗卫生类似，同样具有公共品属性。从国际比较来看，中国在各水平教育机构中，个人支出所占的比重是较高的，仅低于韩国和智利，而教育的公共支出远低于多数发达国家，由于数据的可获得性原因，国外仅列出了 2000 年和 2006 年的数据，如图 8 - 5 所示。从中国教育支出发展趋势来看，2005 年之前中国教育个人支出是不断增加的，2005 年之后开始好转，教育公共支出比例不断增加。

三　养老支出个人负担比例的国际比较

从个人养老支出的比重来看（如图 8 - 6 所示），发达国家之间差距较大，如冰岛个人支出高达 60% 以上，比利时则在 20% 以下。中国的个人养老支出比重比发达国家还要高，2001 年和 2002 年高达 70% 以上，近年来有所下降，但仍高于 60%。中国的数据严格来说是社会保障个人支出，其中包括养老、医疗、工伤以及失业保险等，是公共支出中社会保障支出除以社会保障基金支出比值与 1 的差值。可见，中国的社会保障公共投入也存在不足的问题。

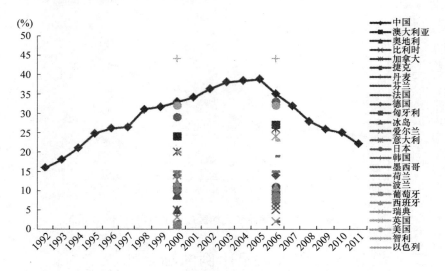

图8-5　在各水平教育机构中私人支出所占比例

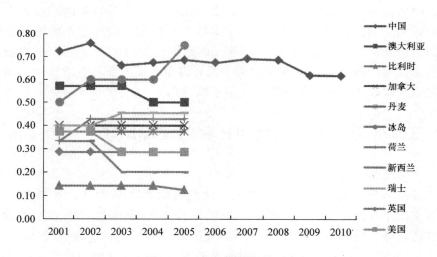

图8-6　个人养老支出比重

四　国家对农业支持比例的国际比较

　　农业也具有公共产品属性，从国家对农业生产者的支持占农场收入总额的比例来看（如图 8 - 7 所示），中国对农业支持与其他国家相比低到了极点，在 1999 年之前几乎为零，有些年份甚至是负值，2000 年之后对农业略微有些支持，但是支持力度仍在 10% 以下。可见，中国对农业的公共投入亟待提高。

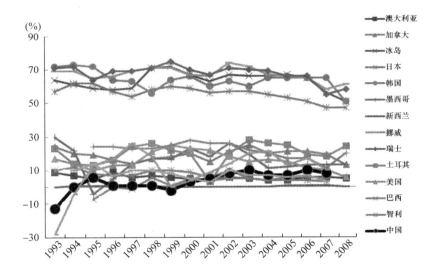

图 8 - 7　国家对农业生产者的支持占农场收入总额的比例

　　从公共支出的规模和结构来看，中国对教育、医疗、社会保障以及农业的投入与发达国家甚至与发展中国家或转型国家相比是严重不足的，这只能说明在规模和结构上公共支出投入不足。考虑到中国经济社会所处的发展阶段仍处于较低发展水平，那么公共支出在投入效率上与发达国家和发展中国家相比如何，是否存在低效率，这将是该部分研究的重点。

第三节 公共支出效率比较

一 公共支出效率测算方法

现代投入产出效率测算始于 Farrell[1]（1957）对 Debreu[2]（1951）和 Koopmans[3]（1951）的企业多项投入效率简单测算的利用。他提出，一个企业的效率包含两个成分：一是技术效率，它反映一个企业在给定投入组合下获得最大化产出的能力；二是分配效率，它反映在给定的价格下，使投入达到最优比例的能力。这两个效率综合起来反映经济总效率。

1. 投入角度的效率测算

Farrell（1957）用一个简单的例子说明了他的思想：假设在规模报酬不变的条件下，多个企业用两种投入（$x1$ 和 $x2$）带来一种产出（y），完全有效率的企业产出在效率前沿面上，即 SS'，如图 8 - 8 所示。假设给定的企业投入产出组合点在 A 点，那么技术无效率可用 QA 表示，它表示在产出不变的情况下可以缩小的投入，企业的技术效率 TE 可以用比例关系来表示，即 $TE = OQ/OA$，如果一个企业的投入产出组合点在 Q 点，说明该企业生产处于投入产出技术前沿面上。当然，考察一个企业的效率还包括投入的最优比例问题，即分配效率 AE 最优，PP' 是投入要素价格的比率曲线，那么 $AE = OR/OQ$，总效率 $TE = OR/OA$。鉴于这里所讨论的是一个国家或地区公共投入和产出的效率问题，其产出价格很难确定，因此讨论的效率是经济效率，也是该国家或地区的总效率，即 $TE = OR/OA$。在公共支出效率理解方面，可以定义为公共支出制度设计效率和公共支出管理效率，公共支出制度设计效率表现为公共支出投入时的资源分配效率，

① Farrell M. J. , "The measurement of productive efficiency", *Journal of the Royal Statistical Society*, 1957, 120 (3), pp. 253 –290.

② Debreu, G. , "The Coefficient of Resource Utilisation", *Econometrica*, 1951, 19, pp. 273 – 292.

③ Koopmans, T. C. , "An Analysis of Production as an Efficient Combination of Activities", in T. C. Koopmans, ED. , Activity Analysis of Production and Allocation, Cowles Commission for Research in Economics, Monograph, 1951, No. 13, Wiley, New York.

分配比例不协调就会存在公共支出低效率。公共支出管理效率即是在资源分配一定的情况下，公共支出的管理人员对公共支出管理的效率，如果管理效率不高，如人浮于事，那么公共支出投入就不会达到预期的产出效果，即存在公共支出的效率损失。

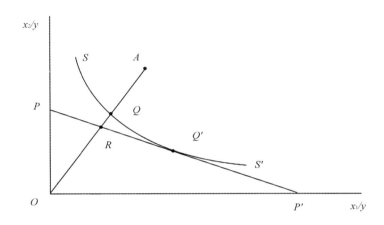

图 8 - 8　投入产出效率

2. 数据包络分析（DEA）

数据包络分析是估计前沿面的非参数数学规划方法，Farrell（1957）首先提出了对前沿面估计的分段线性凸包方法[1]，其后不少研究者对该方法做了大量应用研究，但是并没有得到广泛关注。直到 Charnes、Cooper 和 Rhodes（1978）创造性地提出了数据包络分析法[2]以后，出现了大量的拓展和应用研究，因此该方法也得到了广泛关注。Charnes、Cooper 和 Rhodes 提出投入角度的规模报酬不变的 CRS 模型后，该模型也得到了广泛的应用。

① Farrell M. J. , "The measurement of productive efficiency", *Journal of the Royal Statistical Society*, 1957, 120 (3), pp. 253 – 290.

② Charnes, A. , Cooper, W. W. & Rhodes, E. , "Measuring the efficiency of decision making units", *European Journal of Operational Research*, 1978, Vol. 2, No. 6, pp. 429 – 444.

CRS 模型说明：假设有 N 个生产单位，对每个生产单位来说都有 K 项投入、M 项产出。向量 X_i 和 Y_i 分别表示第 i 个单位投入和产出向量，$K \times N$ 投入矩阵 X 和 $M \times N$ 产出矩阵 Y 代表 N 个单位的数据。DEA 的目的是构建一个覆盖所有的数据点的非参包络前沿面。通过比率的形式来介绍 DEA，对每 1 个单位进行所有投入对应产出的比率测算，比如 $u'y_i/v'x_i$，其中 u 是一个 $M \times 1$ 的产出向量，v 是一个 $K \times 1$ 的投入向量。则选择最优投入产出量就可以表示为数学规划问题：

$$\max_{u,v}(u'y_i/v'x_i)$$

$$st. \quad u'y_j/v'x_j \leqslant 1, j = 1,2,\cdots,N$$

$$u,v \geqslant 0$$

这里涉及求 u 和 v 的值，那么第 i 个单位效率测算就是在小于或等于 1 约束下最大化的测算。在特殊的比例情况下有个问题，就是会产生无数个解。为避免这个问题，则施加约束 $v'x_i = 1$，则有：

$$\max_{\mu,v}(\mu'y_i)$$

$$st. \quad v'x_i = 1$$

$$\mu'y_j - v'x_j \leqslant 1, j = 1,2,\cdots,N$$

$$\mu,v \geqslant 0$$

用对偶线性规划，等价于以下问题的包络形式：

$$\min_{\theta,\lambda}\theta$$

$$st. \quad -y_i + Y\lambda \geqslant 0$$

$$\theta x_i - X\lambda \geqslant 0$$

$$\lambda > 0$$

其中，θ 是一个标量，λ 是 $N \times 1$ 的常数向量。这种包络形式比乘数形式（$K + M < N + 1$）包含较少的约束条件。求解获得的 θ 值便是第 i 个单位的效率的分。它满足 $\theta \leqslant 1$，等于 1 表示该单位投入产出完全效率。

二　公共支出效率评价的文献综述

西方发达国家在现代公共支出管理方向上基本徘徊在效率和民主之

间，一般根据财政盈余状况对其选择有所侧重。比如，20 世纪 90 年代荷兰的改革就是从 20 世纪 80 年代注重效率到注重民主的过程，德国的改革则相反，更多的是注重效率。值得一提的是，在新公共管理理念提出后，西方国家政府更多地借鉴了私人部门的管理模式来衡量和评价公共支出效率[1]。英国对公共支出评价开始是关注过程和投入指标，后来随着体系的不断改进更倾向于关注产出和结果；美国财政绩效评价内容很广，既考虑短期又注重长期，既考虑经济又注重社会环境；澳大利亚公共支出绩效考评注重为社会带来的最终效益和为社会提供的公共产品和服务的数量、质量；我国对公共财政绩效评价的重点主要集中在对公共财政支出的合法性与合规性检查上，尚未转向支出的有效性和经济性方面的检查[2]。

对公共支出效率的测算主要采用 DEA 模型，根据研究目标需要设定了投入产出指标，来评价不同范围和不同层次的公共支出效率。Afonso 和 Fernandes（2003）采用自由阶层处理模型，以一般公共服务、教育、卫生、环境保护作为产出指标评估了 2001 年葡萄牙 51 个城市的政府支出效率，结果表明在不影响公共服务的前提下，公共支出存在 39% 的节约空间[3]。Worthington 和 Dollery（2000）采用 DEA 模型以垃圾处理以及循环利用率为产出考察了澳大利亚新南威尔士州 103 个地方政府公共支出效率，结果显示，在现有的产出下，有 35% 投入空间可以节约[4]。陈诗一和张军（2008）利用 DEA 模型以教育、卫生和基础设施为产出目标，核算财政分权改革后中国省级地方政府财政支出的相对效率，结果显示中国大部分省级政府的支出都不是很有效率的，比较而言，东中部地区的政府支出效率相对较高且相差不大，西部地区与之相比则低很多[5]。娄峥嵘（2012）利用 DEA 模型以 2005 年科教文卫中的 10 项内容作为产出指标，以 2003 年的公共支出

① Frank Hendriks & Pieter Tops, "Between democracy and efficiency: trends in local government reform in the Netherlands and Germany", *Public Administration*, 1999, Vol. 77, No. 1, pp. 133 – 153.

② 连华、刘旭：《公共财政支出绩效评价的国际借鉴与启示》，《宏观经济管理》2012 年第 4 期。

③ Afonso and Fernandes, "Efficiency of Local Government Spending: Evidence for the Lisbon Region", *working papers*, 2003.

④ Andrew C. Worthington & Brian E. Dollery, "Measuring Efficiency in Local Governments' Planning and Regulatory Function", *Public Productivity & Management Review*, 2000, Vol. 23, No. 4, pp. 469 – 485.

⑤ 陈诗一、张军：《中国地方政府财政支出效率研究：1978—2005》，《中国社会科学》2008 年第 4 期，第 65—78 页。

占 GDP 的比重作为投入考察我国 31 个省市自治区的公共支出效率情况，结果发现有 17 个省市公共支出是相对有效的①。陈仲常和张峥（2011）用 DEA 模型以农村人均家庭纯收入、平均受教育年限、社会保障覆盖率等 9 项内容作为产出指标考察了我国 1995—2008 年各地区公共财政支出效率，结果发现我国公共财政支出效率呈现出明显的中、东部和西部的地区差异②。刘振亚、唐滔和杨武（2009）用 DEA 模型以腐败程度、学龄儿童入学率、失业率等 21 项内容作为产出指标考察了我国 2001—2005 年 30 个省市公共财政支出效率，结果发现我国省级地方财政支出效率总体上存在较大提升空间③。唐齐鸣、王彪（2012）利用随机前沿分析方法对中国 26 个省级地方政府 1978—2008 年的财政支出效率进行了测算，结果表明，中部地区的政府财政支出效率平均好于东部地区和西部地区，1994 年的分税制改革明显地提高了中国地方政府的财政支出效率，但之后地方政府的财政支出效率呈逐年下降趋势④。代娟和甘金龙（2013）用 DEA 方法对中国2011 年地方政府的财政支出效率进行核算，结果显示，中国绝大部分地方政府的支出都不是很有效率，而且处于规模报酬递减阶段。但总体看来，地方政府财政支出效率同经济发展水平密切相关，东、中、西部地方政府的财政支出效率依次递减，中部地区内部差别最小，东部地区差别最大⑤。钱海燕和沈飞（2014）以 2012 年和 2013 年合肥市四个社区的政府购买居家养老服务的指标数据作为样本数据，以政府购买居家养老服务的财政支出作为输入指标，以居家养老服务项目的数量、享受服务人员数量和服务满意度作为输出指标，结果认为，要提高财政支出效率，政府应当增加服务项目数量和享受服务人员的数量，提高服务质量⑥。

---

① 娄峥嵘：《我国地方政府公共服务支出评价——基于 DEA 的省际数据比较》，《技术经济与管理研究》2012 年第 4 期。

② 陈仲常、张峥：《我国地方政府公共财政支出效率的影响因素分析——基于 DEA – Tobit 模型的实证研究》，《南京财经大学学报》2011 年第 5 期。

③ 刘振亚、唐滔、杨武：《省级财政支出效率的 DEA 评价》，《经济理论与经济管理》2009 年第 7 期。

④ 唐齐鸣、王彪：《中国地方政府财政支出效率及影响因素的实证研究》，《金融研究》2012 年第 2 期，第 48— 60 页。

⑤ 代娟、甘金龙：《基于 DEA 的财政支出效率研究》，《财政研究》2013 年第 8 期，第 22—25 页。

⑥ 钱海燕、沈飞：《地方政府购买服务的财政支出效率评价——以合肥市政府购买居家养老服务为例》，《财政研究》2014 年第 3 期，第 64— 67 页。

三　公共支出效率的国际比较分析

1. 投入产出变量及数据选取说明

以往的研究发现，研究者大多关注一个国家或地区的公共投入产出，较少考虑国别之间的比较。国内收入分配问题表现突出，而公共支出作为重要的二次分配手段，其效率的改善对节约公共资源、改善社会和谐度有较大益处。那么，用数据包络相对效率的分析方法，考察中国的投入产出效率更应该以国际比较的视野进行分析，否则，仅以国内为参照系进行研究很难发现自身的不足。鉴于此，该部分选取了典型发达国家和发展中国家总共 21 国进行比较研究，以人均公共支出和总公共支出作为投入项，产出是以人文发展、教育、卫生和基础设施等公共指标来衡量（如表 8 - 2 所示），该组数据来源于 2010 年《国际统计年鉴》中 2007 年的 21 国数据。

2. 主要投入产出指标解释

人文发展指数是人类发展的一项综合指标，它代表了人类发展的三个方面指标的平均成就：寿命（出生时人口的预期寿命），知识（成人识字率和平均受教育年限）以及收入（购买力平价计算的人均国内生产总值）。

成人识字率是指 15 岁及以上人口中有一定理解、阅读、使用文字能力的人口占总人口的百分比。

3. 公共支出综合效率比较分析

这里列出了利用数据包络 CRS 模型计算出的 21 个国家的公共投入产出效率值（如图 8 - 9 所示）以及投入一定的情况下，实际产出值与目标值的雷达图，如图 8 - 10 至图 8 - 17 所示。统一应用 DEAP2.1 计算机程序获得计量结果。

（1）发达国家和发展中国家公共支出效率出现了分化。按照我们设计的投入产出项目，用 DEA 模型测算的 21 个国家公共支出效率的结果来看，越是发展中国家公共支出效率的分值越高，发达国家反而较低，诸如印度、印度尼西亚、菲律宾、泰国、马来西亚公共支出效率的分值都比较高，尤其是印度、菲律宾在 21 国中公共支出效率达到了最优值。可能的原因是，较少的公共投入带来相对较大的公共产出，虽然诸如欧美日等发达国家产出水平都比较高，但是相对于其投入来说其产出并不比发展中国家高，或者说发达国家的公共产出水平相对其投入量应该更高，因此发展中国家和发达国家公共支出效率出现了显著的分化。

表 8－2　　　　　　　　公共投入产出表

国家	人文发展指数	出生时的预期寿命	成人识字率(%)	初等、中等和高等教育入学率(%)	预期寿命指数	教育指数	享有卫生设施人口比重(%)	享有清洁饮用水源人口比重(%)	人均公共支出(美元)	总公共支出(亿美元)
澳大利亚	0.97	81.41	99.00	114.20	0.94	0.99	100	100	9562	2009
加拿大	0.97	80.59	99.00	99.27	0.93	0.99	100	100	6865	2264
荷兰	0.96	79.82	99.00	97.51	0.91	0.99	100	100	14843	2431
法国	0.96	81.00	99.00	95.43	0.93	0.98	100	100	18758	11575
日本	0.96	82.66	99.00	86.58	0.96	0.95	100	100	5079	6489
美国	0.96	79.09	99.00	92.38	0.90	0.97	100	99	9499	28621
西班牙	0.95	80.75	97.94	96.53	0.93	0.97	100	100	8033	3605
英国	0.95	79.34	99.00	89.23	0.91	0.96	100	100	17839	10882
德国	0.95	79.77	99.00	88.08	0.91	0.95	100	100	11572	9520
新加坡	0.94	80.18	94.43	85.03	0.92	0.91	100	100	4444	204
阿根廷	0.87	75.15	97.64	88.61	0.84	0.95	91	96	15497	6122
墨西哥	0.85	75.99	92.80	80.21	0.85	0.89	81	95	1457	1534
马来西亚	0.83	74.12	91.90	71.45	0.82	0.85	94	99	1274	338
俄罗斯	0.82	66.18	99.00	81.94	0.69	0.93	87	97	2089	2968
巴西	0.81	72.19	90.01	87.21	0.79	0.89	77	91	1879	3572
泰国	0.78	68.70	94.15	78.03	0.73	0.89	96	98	622	417
中国	0.77	72.92	93.31	68.70	0.80	0.85	65	88	512	6748
菲律宾	0.75	71.60	93.40	79.64	0.78	0.89	78	93	270	239
印度尼西亚	0.73	70.47	91.98	68.18	0.76	0.84	52	80	328	741
南非	0.68	51.50	88.00	76.81	0.44	0.84	59	93	1800	861
印度	0.61	63.35	66.02	60.98	0.64	0.64	28	89	157	1764

数据来源：2010 年《国际统计年鉴》，部分数据经过了计算转化。

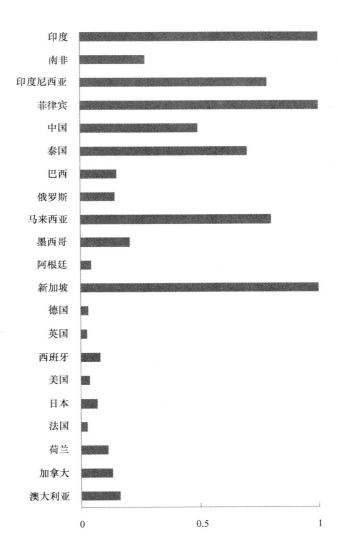

图 8 - 9　21 国公共投入产出效率

（2）中国公共支出效率偏低。与发达国家相比，中国公共支出效率算是较高的，但是中国公共支出效率的得分值还不到 0.5，对中国这样一个发展中国家来说是不应该的,一方面说明公共支出在二次分配中没有发挥应有的作用,公共资源存在较大的浪费;另一方面说明中国公共产品提供有很大的改善空间。在现有的投入水平下,与发展中国家印度相比,中国的公共支出效率太低,同样中国的公共支出效率也远不如发达国家新加坡。通过和新加坡公共支出效率的比较,可以看出,尽管新加坡居民消费率水平和中国差不多,但是在二次分配阶段新加坡公共支出的高效率在很大程度上弥补了其存在的不足,或者说新加坡的居民消费以另外一种方式(公共支出)表现出来,实质上新加坡的居民消费率低只是表象。

4. 各国各项产出的实际值与目标值比较分析

中国产出的实际值与目标值仅成人识字率和享有卫生设施人口比重达到了效率最优值。在初等、中等和高等教育发展方面还有较大的提升空间,在享有清洁饮用水源人口比例上仍存在较大问题,尽管在享有卫生设施人口比重方面达到了效率最优,但是其实际值与其他国家相比差距较大,从另一个角度也说明了公共支出投入不足,整体上来看,公共支出投入水平较低。发达国家产出实际值较高,比例甚至达到了100%,但是与目标值还有一定的差距,这说明发达国家公共支出存在分配方面的低效率,部分公共产出项目已经出现了边际产出递减的现象,而中国的各项公共产出都有待提高。中国公共产出与新加坡形成了鲜明的对比,中国的公共支出挤占了居民消费,即中国居民要拿出本属于自身的私人消费来购买公共属性的物品或服务,这就进一步解释了中国居民消费率低下的原因。

(1)从各国人文发展指数实际值与目标值(如图8-10所示)来看,多数发达国家人文发展指数的实际值与目标值一致,且接近1。人文发展指数是人类发展包含寿命、知识和人均实际收入的一项综合指标,它代表了人类发展所取得的综合平均成就。该指标对衡量一个国家或地区的发展有较强的说服力,属于国际通用指标。包括中国在内的发展中国家人文发展指数大都在0.8附近,在现有的公共支出下,未达到目标值,即存在公共支出的效率损失。中国的人文发展指数实际值与目标值很接近,有效率损失,但是效率损失不大。泰国在人文发展指数方面的实际值距离目标值较远,说明相对效率损失较大。澳大利亚的人文发展指数实际值接近1,但是与目标值有较大的差距,说明澳大利亚在公共支出投入的分配方面存在结构性问题,即公共支出的制度设计效率有损失。综合比较来看,中国在人文发展方面公共支出效率尽管不如发达国家,但是和发展中国家相比效率还是较高的,不足之处是,中国的人文发展指数的基础还处于低级水平,规模和速度是未来的发展方向。

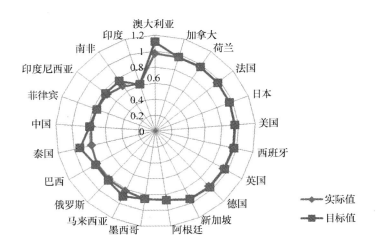

图 8 – 10 人文发展指数实际值与目标值

(2)从出生时的预期寿命实际值与目标值来看(如图 8 – 11 所示),多数国家都存在公共支出的效率损失,发达国家效率损失甚至比发展中国家还大,仅新加坡、菲律宾和印度在该方面效率达到了相对最优水平。南非基数低、效率也较低,澳大利亚的基数较高,但是效率较低。中国的基数低于发达国家,在发展中国家中属中等水平,该方面的公共支出效率有一定的损失,但是相对损失较低。中国未来公共支出的发展目标是一方面调整结构,更重要的是加大投入规模。

(3)从成人识字率的实际值与目标值(如图 8 – 12 所示)来看,发达国家除新加坡以外,都存在公共支出投入结构问题,成人识字率实际值已达到100%。发展中国家尽管基数未达到 100%,但是有些国家目标值却高于100%,说明公共支出既存在结构问题又存在规模问题,如果按照财政理论来说,就是既有制度设计效率损失又有公共支出管理效率损失。中国在该方面效率达到了相对最优水平,支出规模是其未来关注的方向。

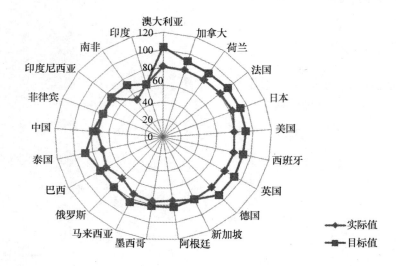

图 8 - 11　出生时的预期寿命实际值与目标值

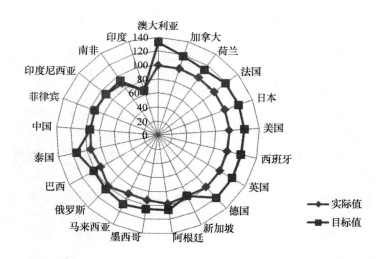

图 8 - 12　成人识字率实际值与目标值

（4）从初等、中等和高等教育入学率的实际值与目标值（如图 8-13 所示）来看，发达国家和发展中国家的公共支出效率差别不大。在基数方面，发展中国家远低于发达国家，中国在基数上处于最低层次，仅高于印度，但公共支出效率在入学率方面远低于印度，中国在现有的公共支出水平上，与目标值有较大差距，提高该方面的公共支出效率是未来的公共支出亟待解决的问题。

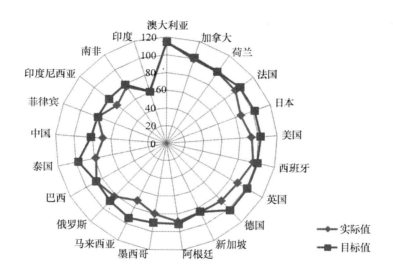

图 8-13　初等、中等和高等教育入学率实际值与目标值

（5）从预期寿命指数的实际值与目标值（如图 8-14 所示）来看，发达国家之间公共支出效率水平相差不大，除新加坡之外，都存在一定的效率损失。发展中国家在该方面公共支出效率水平参差不齐，如南非效率极低，而菲律宾则达到了相对效率最优化。中国在该方面公共支出的效率相对处于较高水平，但实际值与发达国家有较大差距，积极发展医疗卫生是未来应注意的问题。

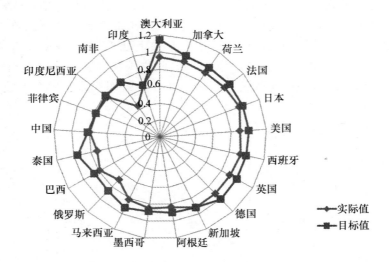

图 8 – 14 预期寿命指数实际值与目标值

（6）从教育指数实际值与目标值（如图 8 – 15 所示）来看，整体上发达国家公共支出的效率低于发展中国家，但是发达国家现实水平较高，接近最优水平，存在过度投入的结构性问题，新加坡表现较好，其现实发展水平不低，效率也达到最优水平。发展中国家基数较低，除个别国家如印度和菲律宾外，其他国家都存在低效率现象。中国在该方面公共支出算是相对较高的，加快发展的同时，注重效率是中国未来在教育公共支出方面应注意的问题。

（7）从享有卫生设施人口占总人口比重实际值与目标值（如图 8 – 16 所示）来看，无论是发达国家还是发展中国家公共支出效率都比较高，仅个别国家如印度尼西亚、南非、墨西哥和澳大利亚存在低效率。其中，澳大利亚公共支出结构仍存在问题。但是，发展中国家基数与发达国家相比差距较大，中国虽然在该方面公共支出效率达到了最优化，但是实际值较低，不仅远低于发达国家，也低于多数发展中国家水平，加大该项公共支出的力度是未来发展应该注意的问题。

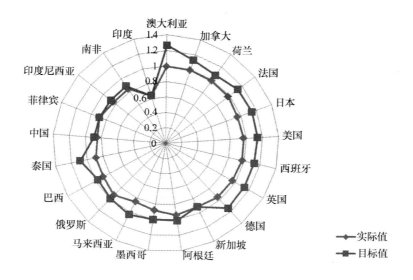

图 8－15 教育指数实际值与目标值

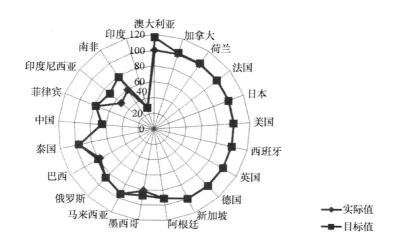

图 8－16 享有卫生设施人口占总人口比重实际值与目标值

（8）从享有清洁饮用水源人口占总人口比重实际值与目标值（如图8－17所示）来看,除个别国家外,发达国家和发展中国家都存在公共支出低效率。发达国家主要表现为公共支出结构性问题公共支出在该方面存在过度投入,而发展中国家既有结构性问题又有过度投入问题。从中国的情况来看,享有清洁饮用水源人口占总人口比重实际值在所有国家当中属于较低水平,仅高于印度尼西亚。中国主要表现为公共支出管理效率问题,存在公共支出浪费,在公共支出分配效率方面损失不大。提高公共支出管理效率是未来发展亟待解决的问题。

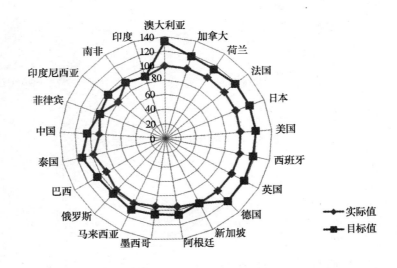

图8－17　享有清洁饮用水源人口占总人口比重实际值与目标值

第四节　本章小结

在国民收入二次分配阶段,公共支出理论上能够为居民提供基本的公共产品和服务,减少对不确定性的担忧以促进消费,但是中国的公共支出对居民消费并没有起到很好的促进作用,整体上反而抑制了消费。那么,公共支出的问题出在什么地方,该部分以国际比较的视角从公共支出的规模、结构和效率三个方面展开研究,企图找到公共支出抑制消费的症结。

　　研究结论表明:(1)因经济所处的发展阶段不同,不能因为现阶段中国的公共支出规模(公共支出占 GDP 的比重)低于其他国家就判断中国的公共支出规模不高,相反,中国的民营企业家普遍反映中国税负较重,应该减税。(2)公共支出结构确实存在一定的问题,主要表现为:中国公共支出城乡结构问题和区域结构问题,各类公共支出城乡之间差别较大,地区之间公共支出不平衡(见附录中国各省人均公共支出比较图)。国际比较来看,中国在教育、医疗以及养老等方面支出比例较高,公共支出对农业支持力度较低。(3)公共支出效率也存在较大问题,即中国公共支出效率偏低,总体来看,中国公共支出效率的得分值还不到 0.5,比较来看还不如东南亚一些国家。另外,中国公共产品提供无论从制度设计上还是从管理上,都有很大的改善空间。在现有的投入水平下,与发展中国家印度相比,中国的公共支出效率太低;同样,中国的公共支出效率也远不如发达国家新加坡。

第九章　主要结论与政策建议

在国民收入初次分配阶段,通过劳资分配模型、劳资讨价还价模型、信贷约束影响劳动收入份额模型,开放条件下外资对劳动收入份额影响的理论模型以及对中国劳动要素和资本要素价格扭曲程度的测算,解释了资本扭曲劳动进而负向影响居民消费的问题。并通过诸如状态空间模型、面板数据模型、向量自回归模型以及 ARMA 组合模型等实证检验了上述理论。在国民收入二次分配阶段,推导了居民效用最大化条件下公共支出对居民消费替代效应的理论方程式,实证检验了中国公共支出对居民消费的替代性,并进行了公共支出规模、结构和效率的国际比较,解释了中国公共支出问题存在的原因。同时,说明了国民收入二次分配也抑制了居民消费。依据上述理论和实证研究得到六项主要研究结论,针对研究结论从金融和财政领域提出了相关政策建议。

第一节　主要研究结论

一　居民消费对收入和利率的敏感性

利用卡尔曼滤波递归算法估计得到了全国、城镇和农村居民消费对收入变动和利率变动的敏感性检验,结果显示,中国居民消费对收入变动非常敏感,对实际利率波动不敏感。

二　劳动收入份额对居民消费的影响

国际面板数据和中国省际面板数据回归结果都表明,居民消费率受劳动收入的正向影响较大;国际面板回归结果表明,包含中国数据的面板回归统计系数要明显大于不含中国数据的回归系数,这也说明中国居民消费率受劳动收入份额影响明显高于发达国家。从省际面板回归结果来看,多种方法计量回归得到的系数类似,中国居民消费率受劳动收入份额的正向影响较大。

三 中国要素市场扭曲对消费的影响

中国要素市场化改革滞后,严重扭曲了要素市场,使得劳动在国民收入分配中处于不利地位,造成内需失去应有的支撑。通过对不同所有制类型企业的资本和劳动要素价格扭曲的测算及对改革开放以来中国经济发展的逻辑分析发现,资本要素市场扭曲导致了整个要素市场扭曲,要素市场扭曲是内需不足的根源。使用1999—2009年省际面板数据验证了要素市场扭曲对内需的影响,发现:(1)要素市场扭曲对内需的扩大产生了显著的抑制作用;(2)从中国东、西部样本估计结果对比来看,东部地区要素市场扭曲对内需的抑制作用明显较大,而金融业竞争程度对内需的促进作用东、西部相差不大;(3)产品市场化的快速发展以及创业环境的优化也对内需的扩大起到了促进作用。

四 资本扭曲劳动抑制了消费

金融市场的不完善,造成企业信贷融资成本不平等,促使受信贷融资约束的企业增加劳动雇佣、减少信贷融资。在行业进入存在障碍和营商环境不理想的情况下,加剧了劳资关系的不平等。即使在就业量增加的情况下,劳动份额也难以提高,最终抑制了内需。信贷资金分配对内需影响的实证结果表明:(1)信贷资金分配市场化提高显著地促进了居民消费,东、中、西部地区信贷资金分配市场化对居民消费的促进作用依次减弱;(2)非国有企业就业比重增加,在东部地区对居民消费有较强的促进作用,在中部地区是负向影响,说明中部地区劳资关系地位更加不对等,在西部地区,因国有经济主导起到的是促进作用;(3)以金融市场化程度作为工具变量的回归结果同样也显示对居民消费有促进作用;(4)另外,非国有经济发展、劳动力流动、减轻农民负担等对居民消费都起到了促进作用。

用 1978—2012 年中国宏观经济发展的时间序列数据分析发现,改革开放 30 多年来,FDI 对中国劳动收入份额起到了抑制作用,但是这种抑制作用逐步趋于减弱,在 1994 年前后抑制作用最弱,之后抑制作用略有增加,并逐步趋于稳定。模拟冲击分析表明,FDI 对劳动收入份额的影响有滞后性,同样表现为负向影响,FDI 波动对劳动收入份额波动的解释力大约占 27%。

用中国 1997—2009 年 31 个省(自治区、直辖市)的省际面板数据回归的计量结果表明,总体上,FDI 抑制了中国的劳动收入份额;从空间上来看,FDI 对中国东部省份的劳动收入份额起到了抑制作用,而对中、西部省份的劳动收入份额起到了促进作用,并且对西部省份的促进作用明显高于中部省份。

五 公共支出对消费的影响

考察中国公共支出对居民消费的影响,从分析经济体制入手,在新古典理论框架下,分阶段进行了实证检验,结果发现,新中国成立 60 多年来,总体上中国公共支出对居民消费起到了替代效应,改革开放之前该替代效应明显强于改革开放之后;分税制改革前后,该效应发生了逆转性的变化,改革开放后至改革开放前该效应表现为互补作用,分税制改革后该效应逆转为替代效应,而且该效应还强于计划经济时代。以上结论也表明,中国居民消费率呈下降趋势很大程度上是由于二次分配不是起到了应有的促进作用,而是起到了相反的作用。

用宏观经济发展的时间序列数据检验了典型国家和地区的公共支出对其居民消费的替代性。研究结果表明,多数国家和地区公共支出对其居民消费起到了互补效应,剔除价格因素之后的回归结论与含价格回归得出的结论基本一致。根据在同一口径下的世界银行公布的宏观数据,中国公共支出对居民消费起到的是替代效应。剔除价格因素后各国教育、医疗公共支出对居民消费的影响结果显示,总体公共支出对居民消费有互补效应的国家,其教育、医疗公共支出对居民消费同样也有互补作用,反之则相反。中国教育、医疗公共支出对居民消费起到了替代作用。

用 1985—2010 年中国省际面板考察各类公共支出及总公共支出对居民消费的影响发现,基础设施公共投资当期支出和教育医疗等有益品公共支出对居民消费有挤出效应,基础设施当期投资支出对居民消费的挤出效应东部地区是西部地区的 3 倍;教育医疗等有益品公共支出,西部地区对居民消费的挤出效应要远高于中东部地区,而且在 1995 年之后挤出效应比 1995 年之前大约高出 1 个百分点;行政管理费用支出和基础设施投资支出的滞后一期对居民消费有一定的拉动作用,但是拉动作用 1995 年之后不如 1995 年之前明显;行政管理费用支出对消费的带动效应,中西部地区特别是西部地区比东部要高出 1 倍以上。

用 1952—2012 年中国居民消费率、劳动收入份额以及公共支出占 GDP 比重统计分析发现,中国公共支出对劳动收入份额起到了抑制作用,而且这种抑制作用非常稳定。居民消费率受劳动收入份额和公共支出冲击影响的反应很剧烈,而且有正面作用,居民消费率波动受公共支出波动影响较大,这正说明二次分配在中国的作用非常强烈。

六 公共支出对消费的替代原因

二次分配中,公共支出理论上能够为居民提供基本的公共产品和服务,减少对未来不确定的担忧,从而促进消费,但是中国的公共支出对居民消费并没有起到很好的促进作用,整体上反而抑制了消费。那么,公共支出的问题出在什么地方? 以国际比较的视角,从公共支出的规模、结构和效率三个方面展开研究发现,公共支出抑制居民消费的症结在于:

(1)公共支出规模过大。公共支出依赖税收,而中国又是以间接税为主的国家,税收容易转嫁,税负必然由居民承担,因此公共支出规模过大替代了居民的部分消费。

(2)公共支出结构不合理。中国因历史、体制遗留等原因,公共支出在城乡之间、地区之间、不同所有制单位之间等存在较大差别。一般来讲,收入较高的居民获得的公共支出也较多(比如医疗、教育、养老补贴等),相反,低收入居民要承担公共支出的缺位部分,公共支出结构不合理必然替代消费。

(3)公共支出效率低。公共支出效率表现为公共支出制度设计效率和公共支出管理效率。公共支出制度设计主要体现在公共支出的分配,中国公共支出分配与公共支出结构类似,在民生和经济发展支出、城乡之间等不平衡;公共支出管理效率主要体现在公共支出的投入过程中的低效率,比如公共支出在支付的过程中因层级较长层层盘剥较重,因此公共支出因为低效率也会替代消费。

第二节　政策建议

依据上述研究结论,我们认清了中国内需不足的逻辑,那么启动内需首先要转变宏观管理的思维方式,即宏观管理方式应从过去的需求管理向供给管理转变,供给管理方式就是要求宏观经济管理更好地促进劳动者的人力资本投入特别是智力投入,以实现经济增长和经济结构转型。具体来讲,金融是国民收入初次分配的核心,财政是国民收入二次分配的核心,金融和财政改革目标就要通过法制化途径明确管理职责,建立与现代市场经济相适应的财政和金融体制,为经济结构转型提供制度保障。

一　金融政策建议

金融是现代市场经济的核心,理论上讲,金融是因便利于实体经济而产生并不断发展的,它对实体经济的兴衰起到了决定性作用。金融控制着实体经济中的核心要素——资本的价格,从资本雇佣劳动的角度来看,资本价格又决定了生产的另一核心要素——劳动的价格。从这个意义上来说,谁控制了金融谁就控制了包括实体经济在内的整个经济活动。美国之所以能够控制全球资本市场,其实质就是通过资本国际间的定价方式——汇价来控制金融领域(至于为什么美国能够控制金融,那是另外一个话题)。从国内金融来看,同样有类似的逻辑,国内金融业则是通过控制资本的另一定价方式——利率来影响国内经济的。与美国不同的是,国内金融业更多的是就金融而金融,金融与实体经济的联系或者传导相对松散,按谢仍明(2014)的说法就是"货币在金融圈中'空转'"①。而美国的金融对实体经济来说是内生性的,金融业与实体经济的关系密切。这种情况造成的后果,即是实体经济发展受到资本约束,资本约束导致资本价格正向扭曲(资本价格高于市场价格),在供求机制的影响下,必然导致实体经济压低劳动价格,即扭曲了

---

① 谢仍明:《中国利率市场化研究》,博士学位论文,中国社会科学院研究生院,2014 年。

劳动。总体来讲,金融是国民收入初次分配的核心。

因此,要通过深化金融领域的改革,放松"利率"——资本价格的管制,使得金融能够切实地服务于实体经济,而不能依靠管制的管理方式让金融仅仅成为部分人谋利的工具。在实体经济运作时,中国的居民和实体企业尤其是民营企业几乎是游离于金融资源配置体制之外的,主要表现为:居民缺乏投资渠道、实体企业缺乏融资渠道。中国金融处于卖方垄断的状态,低价吸储,高价放贷,比如有些年份在负利率的情况下居民存款仍不断增加、利差扩大时,实体企业融资困难,居民和实体企业别无选择。做个不恰当的比喻,中国金融业比高度垄断的烟草业有过之而无不及,烟草行业仅对烟民有较大的影响,而中国的金融垄断会影响到社会中的每一个人。现今金融业竞争日趋激烈,但无非是金融圈内的竞争,仅是垄断利润的一种分割竞争。无论是毕业生的就业选择还是金融业之外的行业觊觎银行业,以及所谓的互联网金融出现,都是想分割或在分割金融业的垄断利润。放松管制的实质是用市场化的思维方式来管理金融业,让经济主体平等地参与金融业,建立金融业与实体经济以及金融业内部之间本应有的无障碍关联,均衡金融业与实体经济之间的利润。

无论是市场主体的准入还是金融产品的审批制度都会造成金融业的高度垄断,对违规经营和操作的企业,如果不能设置严格的退出和惩罚机制,也会加大金融业的风险。金融业垄断通过影响劳资双方在国民收入初次分配阶段的地位,最终决定了劳动要素的价格。要用市场化的治理方式给经济主体平等参与金融业的机会,推动银行资本和产业资本平等参与利润分配。一是可以使企业降低融资成本;二是可以实现劳方向资方顺利转化,目的是实现劳资关系的动态平衡,这样才能改变现有的劳资分配状况,提高劳动收入份额,进而促进居民消费。

二　财政政策建议

财政体制对国民收入二次分配起着决定作用,然而中国现行财政体制存在的问题日益显现:预算管理制度不规范、不透明;中央和地方事权与支出责任划分不清晰、不合理,财力与事权不匹配;等等。如此一来,起不到公共财政应有的作用。中国应建立正如中共十八大新一轮财税体制改革所要求的"与国家治理体系和治理能力现代化相适应"的财政制度基础①。

公共支出制度和管理体制是通过"大社会保障"制度影响居民消费的,公共支出在二次分配阶段,对居民消费既有收入效应又有替代效应,收入效应大于替代效应时,公共支出能够较好地稳定居民的消费预期,减少居民对不确定性的担忧;否则,会抑制消费。依据理论和实证分析,中国的公共支出对居民消费起到的是抑制作用,主要原因在于公共支出的结构和效率出现了问题,对应现行的财政体制应该加强三方面的改革力度。

1. 预算管理制度规范化、透明化

预算管理制度不规范、不透明必然会造成公共支出的结构问题,如公共支出利益的部门化、区域化。不同的部门会依据个人偏好、部门利益来编制预算,造成部门之间、区域之间公共支出不均等,必然会导致公共支出效率损失。预算执行的过程中也会出现不少问题,甚至会出现超预算等人为问题,因此预算编制和执行一定要法制化。预算不透明就会使公共支出的权力缺乏监督,必然会产生公共支出违规甚至违法问题,同样会导致公共资源浪费。透明化是财政体制改革的必然要求。透明化才能有全社会的监督,提高公共资源的利用效率。规范预算、公开透明,最终会使公共支出结构合理化,真正起到降低居民对不确定性担忧的作用。

2. 中央和地方事权与支出责任划分

中央和地方事权与支出责任划分不清晰、不合理,财力与事权不匹配。自1994年分税制实施以来,地方财政困难逐步显现,由于地方事权较多而财力不足,致使不少地方特别是经济不发达的地区公共服务提供不足,诸如教育、医疗、养老甚至是环保等,也造成了城乡之间公共服务严重的不均等,制约了农村消费。地方政府财力不足,则会促使其利用行政权力与民争利,不但破坏营商环境,而且会透支地方经济发展的长远利益,如土地财政问题。中央财权多而事权少也会增强其干预经济的力度,阻碍市场经济的发展。

3. 建立"与国家治理体系和治理能力现代化相适应"的制度基础

一是以预算公开为核心,建立全面、法制规范、公开透明的制度,引入社会监督机制;

二是在公共支出制度设计上,要完善社保制度,稳定消费预期,实现基

---

① 楼继伟:《深化财税体制改革　建立现代财政制度》,《求是》2014年第20期。

本公共服务均等化；

三是在公共支出管理上，要明确事权与支出责任，实行公共支出问责制，减少效率损失；

四是通过公共支出改善配套设施，优化居民消费的软环境和硬环境。

第三节　研究展望

本研究未能在一般均衡条件下研究所提出的问题，如果能将资本、劳动和公共支出纳入到一个具有微观基础的新凯恩斯宏观模型下（考虑到中国经济的垄断性），然后解出稳态条件下的资本收入份额对劳动收入份额、劳动收入份额对居民消费率、公共支出对居民消费率以及公共支出对劳动收入份额的方程式，再通过数值模拟和实证检验获得解释中国消费问题的理论模型，那么通过理论模型再进一步做政策模拟将更具说服力，这将是今后进一步研究的重点。

附录一 世界各国消费率数据 (1950—2009 年)

单位:%

年份	Argentina	Australia	Austria	Belgium	Brazil	Canada	Chile	China	Colombia
1950	66. 89736	66. 5624	70. 14393	71. 6145	65. 47374	73. 35526			74. 02522
1951	63. 85187	73. 1366	69. 48108	67. 59209	63. 48347	72. 33187	58. 68647		74. 33583
1952	67. 21006	68. 81569	69. 16144	67. 7769	63. 89578	70. 98066	60. 50866	67. 02657	74. 86231
1953	64. 80097	69. 90586	71. 55315	67. 81244	66. 33073	72. 75213	57. 11912	63. 4611	73. 58133
1954	67014198	71. 43785	70. 30806	67. 38048	66. 54709	75. 05558	65. 39771	62. 07111	72. 09445
1955	67. 56163	70. 55158	69. 13749	66. 52495	66. 86662	74. 16659	58. 8363	63. 678	73. 04914
1956	64. 71806	68. 21594	68. 78261	64. 39713	66. 96792	72. 2085	56. 68544	61. 34066	71. 66175
1957	65. 5344	71. 01985	67. 99802	65. 79851	64. 35501	73. 27879	61. 62816	60. 59644	72. 87676
1958	66. 14307	69. 1156	67. 52983	66. 08445	66. 05974	74. 54955	61. 68184	53. 87192	74. 87379
1959	63. 25695	69. 46679	68. 42194	66. 02301	62. 93076	74. 75417	61. 25515	43. 37983	74. 60816
1960	59. 08669	68. 77643	66. 835	65. 45709	64. 62706	74. 89906	58. 98948	43. 86934	74. 66258
1961	59. 93606	68. 03192	66. 58097	63. 82212	66. 2363	73. 80353	64. 13359	59. 83274	75. 64155
1962	63. 83236	68. 06573	66. 98017	63. 07973	66. 94069	73. 15081	56. 18569	68. 42518	77. 14161
1963	62. 27501	66. 59505	67. 69794	64. 07789	69. 25606	72. 56455	54. 30782	62. 04754	78. 57413
1964	61. 27613	66. 51309	65. 99909	60. 65185	68. 8241	71. 60297	61. 39713	58. 37392	78. 33645
1965	62. 26386	67. 21563	67. 25153	61. 24596	69. 36326	71. 58768	62. 82865	55. 53033	77. 45238
1966	62. 43043	65. 81944	66. 65089	60. 7119	69. 39657	70. 61256	73. 54634	52. 503	80. 35631
1967	61. 65215	67. 03278	66. 98038	60. 29523	71. 50215	70. 72418	69. 99037	60. 44394	77. 17263
1968	61. 79709	64. 81313	66. 52589	60. 99572	70. 96118	70. 41871	69. 23743	59. 64992	77. 25743
1969	60. 48118	65. 04962	65. 30449	59. 70793	64. 44419	70. 7447	68. 84955	57. 47367	77. 94279
1970	61. 64286	66. 14487	65. 17564	59. 72168	68. 93556	70. 60397	70. 22192	51. 64681	77. 71235

续表

年份	Argentina	Australia	Austria	Belgium	Brazil	Canada	Chile	China	Colombia
1971	60. 62635	66. 06173	65. 85881	60. 82211	68. 74901	70. 96846	74. 21803	49. 98413	79. 85609
1972	59. 84951	65. 42604	65. 27543	60. 79303	67. 72871	71. 63892	80. 61666	51. 52199	78. 05294
1973	59. 71498	65. 54112	64. 60911	60. 97411	66. 14706	70. 54729	79. 59396	50. 03397	76. 02766
1974	59. 43398	69. 40475	65. 51241	60. 99049	67. 01292	70. 81261	66. 62463	50. 11757	76. 69389
1975	66. 81025	69. 2159	67. 33738	63. 31059	64. 93039	72. 42994	76. 79191	48. 44106	77. 96479
1976	60. 77175	69. 37981	67. 48321	62. 82194	65. 28788	71. 57265	72. 12866	49. 95984	76. 57937
1977	58. 80365	70. 41485	68. 56422	64. 09344	66. 21759	71. 65862	77. 0985	48. 87777	74. 62727
1978	59. 85533	68. 69327	67. 92267	63. 79484	66. 24384	71. 40113	76. 35803	45. 30868	75. 2499
1979	63. 53493	67. 93048	65. 8208	65. 40661	67. 44323	69. 96977	73. 36683	45. 85565	76. 25005
1980	65. 06582	68. 33216	67. 06219	63. 33449	66. 09473	69. 48195	71. 05096	46. 5258	76. 06406
1981	66. 80325	68. 86463	68. 18379	66. 0727	66. 50831	69. 34086	74. 78099	48. 36847	77. 09526
1982	67. 66447	70. 87782	68. 60068	67. 66728	68. 32199	69. 83266	78. 78886	48. 17833	76. 83656
1983	68. 11759	69. 48623	70. 82403	67. 90914	69. 46591	69. 71447	77. 00538	48. 88727	76. 95364
1984	69. 3703	68. 69837	69. 26843	66. 15217	68. 17434	68. 76223	73. 73813	48. 28094	76. 85879
1985	66. 58209	69. 22623	67. 93685	66. 42724	67. 35612	69. 04634	72. 98804	48. 6634	77. 43838
1986	71. 09503	68. 94419	68. 20069	65. 24654	67. 44778	70. 06232	72. 43356	47. 77404	73. 82151
1987	70. 8533	66. 81921	67. 93747	64. 28478	66. 91966	68. 84634	70. 33196	46. 87193	74. 87057
1988	68. 98131	66. 1953	67. 04666	61. 89946	66. 20835	68. 49113	67. 07333	47. 78193	74. 78803
1989	67. 09406	66. 76671	66. 77785	61. 05962	71. 93462	68. 5146	66. 65327	47. 15204	75. 39994
1990	73. 95668	68. 20529	66. 64004	60. 9005	70. 93261	69. 82836	67. 14232	45. 50171	74. 94597
1991	76. 77505	68. 86404	66. 83958	61. 82872	70. 13592	70. 97478	67. 57022	44. 62223	75. 06339
1992	76. 64451	68. 59753	68. 05996	61. 70325	69. 78199	71. 89604	68. 99499	45. 71821	73. 95824
1993	74. 92048	67. 95108	67. 82945	61. 50813	69. 48046	71. 56759	69. 40775	43. 7691	73. 91013
1994	74. 70411	68. 06448	68. 6344	61. 27666	69. 86557	70. 07253	68. 42406	40. 96961	72. 45674
1995	73. 89067	67. 20125	67. 29555	60. 77429	71. 72934	68. 37226	64. 29788	40. 86129	72. 37599
1996	73. 49176	66. 26072	68. 67858	61. 83122	72. 11875	68. 58709	68. 09738	41. 81418	74. 34008
1997	73. 65266	66. 20387	67. 57454	60. 65736	71. 36885	68. 38285	67. 95732	41. 56426	76. 56125
1998	73. 96938	67. 04018	66. 69772	60. 94018	71. 88176	68. 89116	69. 57294	41. 87407	77. 82993
1999	75. 64342	66. 17809	65. 75649	60. 29721	72. 90116	66. 98656	69. 22859	41. 73799	79. 32766
2000	74. 94052	66. 49875	65. 81138	60. 17728	72. 04778	64. 70337	67. 54612	41. 5711	77. 21388
2001	74. 66325	66. 02129	65. 96775	61. 00762	72. 64695	65. 8537	68. 44701	40. 91336	78. 87582

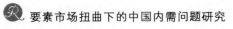

续表

年份	Argentina	Australia	Austria	Belgium	Brazil	Canada	Chile	China	Colombia
2002	67. 29953	65. 45783	65. 19386	60. 20115	72. 52687	66. 68317	67. 60435	39. 54782	79. 61863
2003	68. 1174	65. 3969	65. 729	60. 73952	71. 59417	66. 46125	66. 21116	38. 51537	78. 50332
2004	68. 69863	65. 12506	65. 08215	59. 92538	70. 11038	65. 39811	62. 43794	37. 36349	76. 06964
2005	69. 10506	63. 25775	64. 05387	59. 55339	71. 39833	64. 64961	60. 85221	35. 85148	73. 83334
2006	67. 83666	62. 31842	62. 82869	58. 93886	71. 21984	64. 91312	56. 42966	34. 35609	72. 07229
2007	67. 6902	61. 34876	61. 13653	57. 69011	70. 75279	65. 24669	56. 6038	33. 41448	70. 83823
2008	66. 6948	59. 90135	60. 97702	59. 26649	71. 75536	65. 90238	60. 86106	32. 42913	69. 62212
2009	67. 49227	60. 57529	64. 45597	60. 00493	74. 08762	71. 00804	64. 25235	32. 20684	71. 09613

续表

年份	Cuba	Denmark	Egypt	Finland	France	Germany	Greece	Hong Kong	Hungary
1950		78. 58382	85. 53901	68. 54717	69. 7265				
1951		79. 06766	86. 88427	62. 4836	71. 63919		76. 74236		
1952		78. 00702	84. 49642	66. 2749	72. 74269		79. 33963		
1953		76. 13976	79. 55827	67. 51404	73. 27319		74. 32044		
1954		77. 91247	82. 86391	65. 14701	71. 58148		80. 09192		
1955		77. 37956	83. 066	64. 53352	71. 53926		76. 25111		
1956		76. 49968	83. 82939	65. 40059	71. 5216		75. 11402		
1957		74. 47919	86. 33377	64. 47926	71. 73071		74. 40964		
1958		75. 04276	83. 90333	63. 44492	70. 3731		73. 63516		
1959		72. 67808	79. 77274	63. 01017	68. 58361		72. 52676		
1960		72. 08459	80. 27766	61. 60962	66. 92687	72. 16539	60. 27765		
1961		73. 06612	81. 6803	61. 81813	67. 22704		70. 39469	62. 51735	
1962		73. 04085	81. 75802	62. 66751	67. 4821		70. 17405	60. 15569	
1963		72. 15896	79. 23244	64. 47571	68. 04107		70. 58249	54. 6199	
1964		70. 86301	79. 32144	65. 68677	67. 214		66. 5095	51. 939	
1965		70. 07425	78. 16294	62. 59953	66. 84408		66. 76685	49. 31056	
1966		70. 68815	78. 24783	62. 92803	66. 75058		68. 33025	55. 37598	
1967		70. 9263	79. 74385	63. 73571	66. 76049		69. 04761	55. 70706	
1968		69. 91647	81. 83906	61. 45296	66. 63746		69. 46053	58. 9853	
1969		69. 07708	81. 07949	62. 05331	66. 21857		65. 60449	57. 87268	

续表

年份	Cuba	Denmark	Egypt	Finland	France	Germany	Greece	Hong Kong	Hungary
1970	76. 24717	71. 12302	83. 36646	61. 41903	66. 69191	63. 16872	65. 23241	58. 47699	71. 85146
1971	75. 99634	70. 31395	83. 62364	61. 87002	66. 64365	63. 96228	63. 72486	58. 78546	71. 37387
1972	76. 0416	67. 81206	81. 86177	62. 2824	66. 47918	64. 30445	61. 32529	56. 06174	68. 63623
1973	76. 05716	68. 47056	78. 87959	61. 87644	65. 82175	63. 55582	60. 13487	57. 0489	67. 13773
1974	76. 09187	69. 88283	80. 74459	61. 18334	67. 3752	64. 60782	64. 8922	57. 62849	72. 44826
1975	76. 17268	71. 46659	76. 9095	62. 91399	68. 54402	66. 78905	66. 25075	57. 45345	71. 52414
1976	76. 32472	72. 19612	74. 69875	64. 02355	69. 18134	66. 53805	65. 42584	51. 42787	69. 63398
1977	76. 30138	72. 31953	72. 67183	62. 75668	69. 12818	67. 23697	69. 03195	54. 03729	69. 49786
1978	76. 21395	71. 47841	72. 7535	63. 18504	68. 5004	66. 78918	68. 76673	58. 06843	69. 43068
1979	76. 40438	71. 3263	72. 18619	62. 48271	68. 483	66. 83014	70. 65023	56. 63554	69. 44546
1980	75. 89195	71. 22101	67. 75668	62. 01658	69. 45521	67. 88422	70. 8946	56. 09027	69. 12708
1981	76. 08588	71. 21323	66. 61743	62. 0645	71. 39279	69. 00641	71. 08487	56. 54328	69. 11223
1982	76. 60812	70. 44697	72. 20373	62. 69767	72. 18749	68. 65809	75. 05253	57. 05685	68. 69144
1983	76. 86111	69. 69782	78. 83709	63. 45654	71. 97342	68. 37905	77. 624	59. 44835	69. 17768
1984	77. 16995	68. 68262	79. 38333	62. 30037	71. 70391	68. 3371	77. 06735	56. 05053	68. 88135
1985	74. 96369	68. 16575	77. 54243	63. 48724	71. 66255	67. 92771	75. 9738	56. 35167	69. 6293
1986	76. 72328	67. 66646	78. 63115	63. 75521	70. 81676	66. 65453	73. 82691	56. 27643	70. 90809
1987	77. 79843	66. 184	87. 46588	64. 02721	70. 88288	66. 87956	76. 5709	54. 23359	70. 44968
1988	77. 1159	65. 58719	86. 74705	63. 38318	69. 81305	66. 28289	76. 57818	54. 93855	68. 26985
1989	77. 61985	64. 84574	86. 61489	62. 55154	69. 27504	66. 04726	78. 88088	55. 01384	68. 27395
1990	75. 69801	63. 86885	85. 19862	63. 52654	69. 31624	65. 31128	80. 59915	56. 26664	68. 82594
1991	76. 39164	64. 14085	85. 54674	66. 67079	69. 43989	65. 07486	79. 341	57. 60806	73. 1153
1992	72. 56312	64. 16819	85. 18682	67. 93973	69. 53637	65. 76564	80. 70133	58. 54945	75. 38914
1993	70. 47168	64. 85672	84. 42507	66. 62807	70. 32518	66. 4366	80. 93467	59. 02104	78. 18097
1994	71. 55321	64. 95179	84. 15197	65. 072	69. 65595	65. 97327	80. 08528	59. 89261	75. 44873
1995	72. 42329	63. 75075	83. 52657	62. 73173	69. 02299	65. 73203	80. 2296	60. 47853	70. 59745
1996	72. 31729	63. 64884	82. 01263	63. 96792	69. 78705	66. 51833	80. 33939	60. 20818	68. 35528
1997	71. 47929	62. 86855	80. 1985	61. 77422	68. 36354	66. 09473	79. 32686	59. 64725	66. 25176
1998	71. 49248	63. 4526	83. 54972	60. 46125	68. 15386	65. 79528	79. 57066	59. 79387	66. 09518
1999	71. 28488	61. 85505	82. 25793	59. 98476	67. 73095	65. 87088	78. 56724	60. 45983	66. 47442

年份	Cuba	Denmark	Egypt	Finland	France	Germany	Greece	Hong Kong	Hungary
2000	71.6151	59.27359	81.65386	58.56307	67.57456	65.99805	78.11485	58.45442	65.79404
2001	72.31106	59.62685	79.89881	58.74491	68.08985	66.70427	78.40718	59.73372	66.48534
2002	71.19367	59.90356	78.58688	59.06953	68.25977	65.72876	77.83088	57.3023	68.59785
2003	71.10222	60.44604	76.63517	61.08426	69.26538	66.13589	76.93179	56.49347	71.17099
2004	68.86104	61.08909	75.2574	60.98623	69.30923	65.51008	76.30927	57.66581	69.62363
2005	67.9331	60.33845	76.26689	61.85674	69.70449	65.30384	78.11088	56.12739	70.24356
2006	70.46268	59.91956	75.44489	61.91138	69.45318	63.97389	78.46103	56.12475	69.65748
2007	67.55339	60.25713	75.34227	60.23913	69.09074	61.95432	77.45095	56.39265	67.9905
2008	69.58682	60.58704	78.01774	61.79228	69.54675	62.19818	79.35661	56.90343	68.2959
2009	68.99454	62.85496	78.65687	66.56795	71.94367	64.93397	81.00533	59.94442	68.0033
1950	71.35836	84.6713				90.72848	52.51486	68.71225	65.29804
1951	71.60442	84.7645				93.30557	52.41026	67.5364	63.22361
1952	68.67797	86.13392				84.92593	58.08453	69.72856	67.50121
1953	69.00557	85.37615				83.61229	61.57273	68.26699	71.2962
1954	67.35503	82.03075				84.11412	60.58519	66.42478	69.71031
1955	62.999	80.59814		80.70838		86.1339	59.00623	64.13328	68.62605
1956	65.67519	80.76457		74.36966		85.37066	60.29961	63.37608	68.34426
1957	63.79317	81.65877		67.93218		84.28678	58.21542	62.67417	68.00577
1958	62.7329	81.86425		67.16379		86.39993	58.71183	62.23248	67.84517
1959	62.59849	80.66921		60.9683		82.25557	57.75148	60.85465	66.68858
1960	64.26397	77.65682	66.98202	56.28049		82.90745	57.37693	59.68762	64.90644
1961	59.9487	77.54634	67.65862	56.53193		81.71018	56.37071	59.32201	64.27754
1962	63.74408	75.42593	70.65761	58.11595		81.28367	55.60334	59.40571	63.30851
1963	62.95836	73.63072	73.1989	52.23642		80.68583	55.71348	61.15265	63.19249
1964	59.3931	73.47003	69.82497	51.15089		79.7785	54.62014	61.82994	62.16991
1965	57.59338	71.73439	73.35044	51.63797		79.60099	62.91645	62.89774	62.2089
1966	60.35293	71.55538	74.25513	53.89847		78.75771	64.00593	63.67332	61.77648
1967	62.58102	72.95496	79.61092	50.47912		76.61392	66.74465	63.36054	61.08968
1968	65.63996	73.52275	75.82715	51.76797		77.89925	64.83025	62.68258	58.88473
1969	61.2135	73.34222	74.02471	50.58441		76.95684	63.5594	62.34186	57.79929

年份	Cuba	Denmark	Egypt	Finland	France	Germany	Greece	Hong Kong	Hungary
1970	64. 98385	72. 76902	68. 03538	55. 29023	25. 89617	77. 02246	62. 93628	64. 26638	56. 68341
1971	62. 4884	71. 40759	65. 2051	55. 0633	22. 88554	76. 4225	58. 54814	65. 51034	56. 49211
1972	66. 26121	71. 79775	61. 47483	50. 6426	24. 45985	73. 41221	55. 90894	65. 10783	56. 53886
1973	61. 61845	71. 07718	59. 20704	47. 24105	16. 4502	72. 77437	61. 39908	65. 1961	57. 13519
1974	64. 00244	71. 72526	56. 08129	37. 54166	9. 42202	78. 29114	62. 58642	65. 61665	59. 17077
1975	62. 05456	71. 22632	56. 53568	48. 37326	17. 29326	76. 85722	63. 10391	66. 91771	60. 0126
1976	62. 72503	69. 47221	56. 76625	42. 10222	15. 10522	75. 93777	62. 74248	65. 81453	59. 22334
1977	61. 38797	70. 84354	53. 41702	46. 76124	19. 40813	75. 58439	62. 16204	66. 15818	59. 26714
1978	62. 98637	69. 73267	52. 59603	50. 22831	16. 19147	75. 62537	64. 87937	65. 50232	58. 50648
1979	64. 06842	70. 0641	51. 53787	49. 31586	10. 85365	77. 65056	64. 31974	66. 00002	60. 21653
1980	62. 75456	72. 78961	49. 60365	56. 47399	9. 370981	78. 68315	63. 8851	67. 66056	60. 71405
1981	64. 3849	70. 627	53. 03796	59. 70986	28. 51224	77. 97846	67. 35314	68. 98291	59. 65523
1982	66. 6924	70. 8339	53. 35336	55. 53413	40. 73709	71. 40905	66. 66972	68. 93753	60. 69806
1983	66. 15617	72. 33273	55. 71353	56. 92439	31. 7317	71. 08669	66. 7131	68. 39113	61. 50052
1984	65. 27894	71. 95776	54. 24459	63. 13365	25. 23279	69. 8292	65. 06055	68. 08479	60. 69141
1985	66. 3045	69. 9638	52. 34532	63. 87118	24. 98526	70. 35834	64. 64886	67. 80838	59. 38556
1986	65. 57836	69. 83269	52. 98978	62. 49653	46. 31759	70. 49231	65. 24421	66. 72984	58. 80642
1987	67. 6973	68. 92512	52. 06821	57. 06231	24. 71721	69. 64636	67. 53981	66. 48012	58. 6368
1988	66. 32771	67. 51922	53. 16115	63. 41148	26. 85079	68. 96314	66. 41998	66. 62825	57. 5281
1989	65. 49543	67. 60416	51. 96687	63. 93633	24. 64291	68. 05876	66. 11296	66. 74486	57. 24301
1990	65. 97316	66. 76359	54. 45183	59. 37896	23. 33998	65. 74707	64. 64118	66. 36436	57. 23373
1991	67. 06598	67. 78803	54. 20115	56. 77242	48. 58653	66. 81037	62. 0033	66. 47822	56. 6937
1992	68. 08211	67. 64637	54. 02628	58. 19565	68. 54019	67. 60309	62. 01569	67. 53229	57. 94572
1993	66. 20688	68. 25387	54. 46345	52. 54497	62. 12534	66. 37196	63. 53067	66. 64376	58. 66056
1994	65. 71434	66. 84865	54. 37882	53. 01721	70. 21096	66. 06014	63. 07254	66. 14278	59. 74385
1995	66. 70345	64. 9816	55. 60891	54. 13563	70. 76318	62. 19489	63. 70067	64. 85359	59. 61667
1996	67. 21906	68. 4522	56. 90253	52. 74334	66. 61286	60. 80746	63. 56025	64. 98778	60. 17577
1997	66. 84529	66. 721	57. 16972	54. 56407	49. 68653	58. 00929	62. 66056	65. 34475	59. 89931
1998	66. 96193	67. 26763	59. 06553	58. 66107	44. 13839	57. 50647	63. 0442	66. 10738	60. 961
1999	68. 98387	64. 90246	64. 29976	53. 17283	23. 79795	55. 45002	62. 27707	66. 07881	61. 65897

年份	Cuba	Denmark	Egypt	Finland	France	Germany	Greece	Hong Kong	Hungary
2000	68. 71192	65. 25694	62. 32674	54. 32947	19. 38855	55. 42568	61. 54043	66. 05131	60. 65456
2001	65. 88777	66. 39249	63. 28324	56. 55896	27. 32936	55. 34604	64. 25321	65. 71348	62. 05843
2002	66. 0197	65. 20377	65. 37974	57. 02519	33. 63527	54. 06816	66. 17047	65. 08452	62. 55529
2003	68. 61519	65. 05735	64. 12146	56. 94653	69. 27529	54. 33152	66. 13494	65. 92261	62. 58583
2004	67. 01403	63. 49539	65. 31752	56. 30432	57. 96792	55. 0972	65. 91565	65. 61333	62. 14525
2005	67. 30808	61. 36376	64. 38548	52. 41417	56. 75527	56. 49311	65. 98495	66. 50372	62. 33287
2006	66. 05513	60. 12497	63. 16371	52. 08475	47. 21191	57. 49626	65. 08971	66. 07351	62. 14821
2007	65. 71759	59. 64832	64. 30866	48. 95047	49. 72382	58. 26359	65. 55067	65. 20497	61. 91826
2008	64. 02692	61. 41554	65. 02526	50. 59433	36. 17297	60. 72405	66. 0459	66. 16468	63. 70042
2009	64. 28253	60. 7046	64. 2976	55. 46879	54. 58616	61. 61364	65. 56215	68. 36162	65. 91768

续表

年份	Korea; Republic of	Malaysia	Mexico	Netherlar	New Zealand	Norway	Peru	Philippir	Poland
1950			85. 55211	66. 28338	66. 68944	64. 20582	50. 00676	77. 06002	
1951			87. 60211	64. 02097	73. 80426	60. 66502	43. 93393	81. 29194	
1952			84. 70449	62. 27337	70. 83468	61. 36699	42. 45156	82. 33299	
1953	78. 52947		85. 19072	61. 36273	70. 395	62. 77564	44. 31535	80. 85769	
1954	79. 84323		84. 81082	61. 72933	72. 09356	62. 95496	51. 89386	81. 89871	
1955	82. 0626	68. 06266	83. 20529	60. 50436	72. 79749	61. 32937	50. 56443	82. 68401	
1956	84. 88091	70. 76715	80. 79554	62. 1703	71. 65565	59. 08754	45. 76762	79. 68038	
1957	81. 26944	71. 55265	81. 90203	60. 9372	73. 28437	58. 7465	44. 61854	79. 8447	
1958	81. 09644	73. 53457	83. 56363	61. 18243	70. 94188	60. 36539	49. 69043	79. 04922	
1959	83. 19088	69. 18632	82. 41278	59. 97682	67. 79077	60. 58301	54. 40102	76. 41243	
1960	83. 89457	66. 26781	82. 21609	58. 38455	74. 41474	61. 75134	50. 29019	77. 82703	
1961	82. 90198	70. 80962	81. 2214	58. 76023	73. 22469	61. 35578	54. 62727	77. 74167	
1962	84. 85891	70. 51224	81. 10706	60. 29202	72. 7491	61. 89827	57. 4117	78. 79436	
1963	76. 32835	70. 39563	79. 81575	61. 84652	71. 28497	62. 54218	62. 9623	73. 05185	
1964	79. 96077	70. 46797	79. 05434	59. 98888	70. 5794	60. 81223	59. 09483	73. 44115	
1965	80. 2274	68. 32339	77. 76449	60. 58433	71. 24073	59. 46234	61. 27003	72. 81386	
1966	75. 72308	68. 00323	76. 89106	60. 50246	70. 63317	59. 06929	60. 02125	72. 49101	

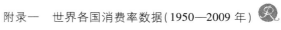

续表

年份	Korea; Republic of	Malaysia	Mexico	Netherlar	New Zealand	Norway	Peru	Philippir	Poland
1967	74. 5698	68. 08553	77. 60841	60. 1633	72. 15315	57. 37025	62. 66841	75. 84427	
1968	71. 89439	67. 06201	76. 28378	59. 30642	73. 31983	58. 1786	70. 14072	78. 30028	
1969	74. 06684	65. 10499	78. 31887	59. 80589	71. 00063	60. 86713	69. 36877	78. 51702	
1970	76. 36246	64. 60836	79. 24267	62. 63175	75. 83605	58. 84795	78. 41325	76. 4791	75. 74676
1971	76. 07771	65. 54454	80. 0055	62. 28106	71. 99692	58. 73516	79. 18263	76. 17512	75. 70251
1972	73. 53853	66. 25859	79. 04298	61. 81105	70. 5727	58. 31176	80. 6056	75. 57663	75. 53636
1973	69. 88508	59. 18956	77. 84892	61. 16549	69. 91947	56. 75737	75. 81332	70. 93601	75. 24825
1974	71. 85799	58. 57424	77. 16669	61. 98545	75. 72329	57. 05402	76. 49302	74. 0548	75. 26441
1975	71. 52853	62. 88299	77. 42968	63. 74794	77. 75194	58. 86347	81. 01275	73. 85585	75. 37191
1976	65. 66243	56. 12906	77. 44946	64. 08384	73. 36329	59. 83962	80. 88222	71. 59872	75. 81387
1977	61. 71624	55. 95084	77. 09436	65. 47231	73. 74806	61. 91404	82. 11992	70. 9426	75. 42628
1978	59. 48298	57. 27203	76. 86831	66. 46752	73. 77825	59. 51727	75. 00731	71. 13217	74. 70912
1979	59. 79241	55. 06324	76. 25581	67. 20623	74. 14141	58. 68952	66. 29497	70. 62153	74. 31611
1980	64. 13339	57. 26365	73. 65806	66. 46523	74. 4642	55. 6161	68. 92419	71. 82299	76. 39052
1981	63. 58357	59. 73168	72. 79471	64. 93456	73. 93461	54. 93612	71. 86983	71. 05414	78. 33503
1982	61. 76007	58. 75143	70. 84262	64. 62855	72. 76702	55. 82741	73. 01608	71. 91875	71. 96887
1983	60. 39582	56. 66748	70. 80843	64. 52036	71. 53732	55. 86217	75. 88824	72. 00748	72. 71025
1984	58. 65818	52. 96327	71. 85445	63. 22846	71. 54611	53. 94646	73. 40176	76. 11255	72. 27716
1985	58. 52653	55. 70236	73. 22946	62. 84306	71. 93172	55. 83671	73. 99983	78. 30095	72. 02799
1986	55. 48284	55. 60965	76. 68173	62. 42946	71. 06544	60. 13441	78. 93753	76. 21091	72. 15879
1987	52. 26314	51. 65214	73. 75876	63. 13338	70. 34481	59. 98156	77. 02379	76. 93605	71. 83624
1988	50. 87511	52. 95429	76. 75583	62. 19346	69. 56325	59. 98172	75. 95605	75. 06286	71. 19387
1989	52. 52905	54. 29679	78. 67508	61. 45377	70. 38516	58. 68809	77. 83397	75. 70583	69. 28254
1990	52. 22047	54. 88567	78. 854	61. 41649	71. 54272	58. 37609	75. 44881	76. 80325	67. 58729
1991	51. 59318	53. 99054	79. 49962	61. 32707	71. 17947	58. 53901	76. 20879	78. 21803	76. 74292
1992	52. 41106	52. 14486	80. 16916	61. 81175	71. 21221	60. 11257	76. 66791	79. 40789	76. 26563
1993	51. 86747	49. 54467	79. 64477	61. 6922	69. 06166	59. 61666	76. 02515	81. 12379	76. 1312
1994	51. 26809	48. 84042	79. 64897	61. 06757	69. 10612	59. 28654	72. 50225	78. 8348	75. 05455
1995	51. 13958	47. 7788	78. 31932	60. 60566	68. 81877	58. 09371	72. 06646	79. 8609	72. 65428

续表

年份	Korea; Republic of	Malaysia	Mexico	Netherlar	New Zealand	Norway	Peru	Philippir	Poland
1996	52. 18948	46. 35737	76. 44391	60. 91056	69. 62009	57. 54032	73. 63427	79. 78915	74. 79253
1997	53. 4109	45. 25524	75. 7462	59. 97564	69. 82327	55. 70773	71. 44621	79. 85314	75. 03084
1998	50. 66768	44. 36445	76. 81438	60. 80222	71. 30879	58. 13056	72. 63268	81. 08785	74. 98208
1999	51. 59035	43. 50923	76. 20394	60. 87271	70. 24838	56. 52281	72. 67059	76. 29505	75. 55483
2000	52. 447	43. 65252	75. 56194	60. 32673	68. 76161	50. 72643	73. 09795	72. 01492	75. 5427
2001	54. 37788	47. 10999	77. 09365	60. 50655	68. 04121	52. 31049	74. 84203	77. 99359	76. 3497
2002	54. 87315	46. 23253	77. 01322	60. 90927	68. 00061	54. 83064	74. 26496	77. 22674	77. 51116
2003	53. 83675	46. 72099	78. 21053	61. 34628	68. 57468	55. 95182	73. 58042	82. 53829	76. 83396
2004	52. 24855	46. 73371	78. 01826	60. 80945	68. 83761	54. 21691	70. 89248	80. 52309	75. 14371
2005	53. 58443	47. 14619	76. 49278	59. 99097	70. 02399	51. 09507	68. 62356	83. 12886	74. 29175
2006	53. 99621	46. 4496	75. 8593	58. 96849	70. 17174	49. 0948	63. 66362	79. 74817	73. 35862
2007	53. 90249	48. 2283	75. 93549	57. 97019	68. 79395	50. 40852	62. 24231	77. 93378	71. 36445
2008	55. 59223	48. 13502	76. 07074	57. 78521	69. 68659	48. 26223	62. 71003	80. 11288	72. 32626
2009	56. 36751	52. 58417	77. 91455	60. 01311	69. 81687	54. 07394	66. 00934	79. 27624	71. 9407

续表

年份	Portugal	Romania	Russia	Singapore	Slovenia	Slovak Re	South Afria	Spain	Sweden
1950	81. 79077						68. 59009	76. 73407	74. 35695
1951	82. 01566						70. 66331	75. 6427	70. 70679
1952	83. 40064						71. 54272	78. 59255	73. 32349
1953	82. 02714						70. 4986	77. 05551	73. 46153
1954	82. 25469						68. 18666	75. 09487	72. 89265
1955	84. 38142						67. 72765	75. 22389	72. 78005
1956	83. 08926						66. 00119	74. 51281	72. 05068
1957	81. 54856						65. 8574	73. 57905	71. 69865
1958	81. 441						68. 13795	73. 21213	71. 77585
1959	81. 59444						65. 44866	76. 13361	70. 45452
1960	78. 10523	73. 77752		58. 52517			65. 56476	71. 86796	69. 24196
1961	79. 12376	66. 36245		61. 54106			67. 29536	71. 66523	69. 03724

续表

年份	Portugal	Romania	Russia	Singapore	Slovenia	Slovak Re	South Afria	Spain	Sweden
1962	77. 30339	64. 31359		59. 14776			67. 94834	70. 54649	68. 8707
1963	75. 9992	59. 91571		58. 88578			67. 3961	71. 434	68. 77337
1964	72. 98672	63. 18973		56. 47706			65. 04435	70. 48743	67. 38366
1965	71. 44338	63. 14532		56. 30613			65. 75757	71. 09134	68. 16933
1966	70. 8969	61. 58057		55. 14313			66. 15397	70. 21658	68. 20488
1967	71. 05265	58. 9894		55. 56559			63. 50184	70. 35199	67. 67356
1968	75. 92286	58. 93303		54. 04839			64. 55513	69. 31056	68. 15265
1969	76. 1088	58. 70394		54. 17374			64. 55466	67. 65421	67. 84863
1970	72. 43876	59. 81905		56. 4122			66. 2935	68. 91045	68. 07493
1971	75. 67621	58. 5877		55. 54128			65. 23078	68. 911	67. 77611
1972	72. 18121	57. 5067		52. 93896			65. 46289	68. 22406	68. 19295
1973	71. 6	57. 94833		50. 27799			63. 30562	67. 92446	67. 31659
1974	80. 23268	56. 19161		50. 89334			63. 24489	69. 76393	69. 1212
1975	88. 39781	55. 62246		50. 80214			64. 91145	70. 12448	68. 08736
1976	85. 54124	56. 86367		49. 49376			67. 10395	71. 53999	69. 90205
1977	81. 73745	53. 19082		49. 36535			64. 06888	71. 21064	71. 98539
1978	78. 27722	50. 99854		48. 09658			63. 38698	70. 03857	71. 30267
1979	75. 97381	51. 57724		46. 74147			60. 24237	70. 90043	71. 29209
1980	76. 60219	51. 38871		45. 11198			57. 28538	72. 31865	70. 43552
1981	79. 12834	53. 92979		43. 48116			62. 61299	73. 37996	70. 88424
1982	79. 07747	52. 08201		40. 71996			67. 24226	72. 91108	71. 36765
1983	79. 84829	50. 23309		38. 72052			64. 73741	72. 72439	69. 48273
1984	80. 06657	50. 02249		38. 09636			66. 5851	70. 85573	67. 37715
1985	77. 82765	49. 36838		39. 73391			64. 53691	70. 37521	67. 76765
1986	75. 34381	48. 10681		41. 46354			66. 44144	69. 05164	67. 59456
1987	73. 93925	50. 25895		41. 80232		62. 05575	66. 51353	69. 01449	68. 21647
1988	73. 79909	52. 04693		42. 53488		61. 90814	67. 53842	68. 46554	67. 90005
1989	72. 53122	58. 80932		41. 3363		62. 60351	67. 6624	68. 81033	67. 12459
1990	72. 39034	67. 79304	42. 6532	40. 12194	63. 43961	66. 69601	70. 35742	68. 36568	67. 06693
1991	73. 60767	66. 7521	40. 62595	39. 16162	65. 99993	61. 37365	70. 53006	68. 33583	68. 36571

173

续表

年份	Portugal	Romania	Russia	Singapore	Slovenia	Slovak Re	South Afria	Spain	Sweden
1992	74. 34374	70. 6299	43. 0998	39. 32582	67. 9707	63. 05289	71. 89818	69. 44626	69. 27083
1993	75. 85344	69. 01816	52. 82919	39. 0193	71. 42956	67. 08052	71. 7026	69. 50896	69. 32448
1994	74. 0524	68. 88399	60. 88583	37. 72934	69. 18875	63. 11482	70. 8296	68. 84247	67. 53061
1995	72. 40946	73. 89445	62. 53591	34. 94284	69. 85602	62. 52509	70. 81384	67. 74479	64. 75342
1996	73. 16476	77. 15029	63. 37592	34. 23544	69. 32458	69. 18668	71. 27086	67. 8641	65. 51133
1997	72. 18182	77. 60745	66. 06716	33. 00457	67. 48077	68. 32007	71. 77828	67. 36554	65. 04783
1998	71. 71826	79. 53131	68. 72703	33. 84336	67. 3072	70. 20412	71. 98853	67. 39539	65. 17734
1999	71. 68639	78. 02118	61. 39836	35. 26623	66. 8087	68. 628	71. 24828	67. 30538	64. 93409
2000	71. 9905	75. 40101	55. 17044	34. 66144	65. 91629	67. 57232	70. 64702	67. 57012	64. 54942
2001	71. 85178	76. 00895	60. 22837	39. 39825	65. 62681	69. 7865	70. 7699	67. 34514	64. 85231
2002	71. 7239	75. 07318	62. 63169	40. 02046	63. 67113	69. 85044	70. 07854	66. 65369	65. 28987
2003	72. 62955	76. 71236	62. 2705	40. 42627	63. 76611	68. 06722	70. 51056	66. 74256	65. 50131
2004	73. 45257	77. 88193	61. 68907	36. 98032	63. 02605	67. 57063	71. 52325	67. 53209	64. 3997
2005	74. 80355	79. 60085	61. 61651	35. 49608	63. 13275	67. 6344	72. 16098	67. 99439	63. 53654
2006	74. 56374	79. 49697	61. 59587	33. 56649	61. 18876	66. 73396	72. 55693	67. 58771	62. 13351
2007	73. 81639	78. 04369	63. 81282	32. 11795	59. 49416	64. 97781	71. 59615	67. 35856	61. 21086
2008	75. 67448	78. 42118	63. 94267	32. 23449	59. 88891	65. 78047	71. 51896	67. 3172	61. 71036
2009	77. 02409	76. 53317	69. 65689	34. 55237	65. 1068	69. 5326	70. 79624	67. 30719	65. 30267

续表

年份	Switzerla	Taiwan	Thailand	Turkey	United	KiUnited	StVietnam
1950	75. 32008		77. 95568	88. 53267	80. 42013	71. 70524	
1951	72. 10323	70. 30596	77. 61553	90. 80576	80. 27871	69. 57534	
1952	72. 69377	72. 28496	80. 71984	90. 14069	79. 02392	71. 12744	
1953	71. 29499	71. 78298	80. 55325	89. 7192	78. 39765	71. 60078	
1954	70. 18785	72. 40728	81. 85359	87. 69597	77. 99081	72. 41236	
1955	68. 97668	70. 37346	76. 3918	87. 54318	78. 11643	71. 56826	
1956	67. 85722	69. 01374	77. 90525	86. 67598	76. 40246	71. 50214	
1957	67. 88278	68. 41259	77. 06351	87. 14645	76. 18806	71. 96108	
1958	70. 50876	68. 66986	79. 3022	85. 37898	76. 688	72. 89401	

年份	Switzerla	Taiwan	Thailand	Turkey	United	KiUnited	StVietnam
1959	67.74674	67.78595	77.37315	86.66898	76.34822	72.23628	
1960	64.97708	65.84391	75.37165	85.56191	75.78865	71.79828	
1961	64.7871	66.39869	74.3062	85.89771	74.6362	71.95756	
1962	65.22002	65.6358	72.70407	86.47151	74.97981	71.1141	
1963	65.06897	63.066	69.99156	86.70284	75.16073	70.84223	
1964	64.13074	62.85997	69.214	85.0466	73.78029	70.35533	
1965	64.69102	64.51969	68.55555	85.2103	73.44766	70.06752	
1966	64.70025	62.31676	63.62106	83.70719	72.93444	69.65692	
1967	64.14647	62.03408	65.12947	83.24544	72.59129	70.31134	
1968	63.89711	61.7267	65.91835	83.51157	71.89156	70.68454	
1969	63.67069	59.95486	62.67593	83.44504	71.39126	70.49645	
1970	64.27351	60.68614	64.44686	83.1048	72.54931	72.90728	85.34071
1971	64.11665	58.69587	64.37185	85.66459	72.42098	72.69398	85.15099
1972	64.49703	57.01741	65.73348	84.79108	74.29175	72.59536	85.06916
1973	64.34021	57.2427	61.0976	82.7824	74.43749	71.60145	84.94832
1974	64.42134	62.97895	63.77689	76.7874	76.93969	72.57412	85.06984
1975	66.82223	61.87326	65.3715	77.56206	75.90247	73.89441	84.95473
1976	67.35075	58.0929	65.2788	76.727	74.23453	73.69283	84.95082
1977	68.44119	56.74474	64.39775	84.79858	72.81032	73.83321	85.10802
1978	67.53671	55.35853	60.97164	85.63293	72.68606	72.72438	84.88153
1979	67.3748	57.6604	64.92313	85.54593	73.69805	72.55394	84.96576
1980	66.94981	58.06528	65.18342	88.5508	73.83013	73.25101	84.78381
1981	67.03568	56.93518	63.80269	81.11961	74.34362	72.51742	84.80578
1982	67.22478	56.78356	63.08821	82.58949	74.33274	74.692	84.92472
1983	67.51633	55.77791	64.17278	83.61965	74.8111	75.33062	85.25859
1984	66.28865	54.9531	62.12839	83.96804	75.06119	73.79804	85.05704
1985	65.61652	54.66815	61.94155	81.28119	74.14375	74.26682	85.04952
1986	63.99821	51.29534	60.59522	80.94738	76.11557	74.8388	85.38419
1987	63.43714	51.08971	59.58524	75.76361	75.90497	74.78153	83.97171
1988	63.33266	54.51618	57.40789	74.95932	76.89043	74.60767	85.5666

续表

年份	Switzerla	Taiwan	Thailand	Turkey	United Ki	United St	Vietnam
1989	63.08835	57.18039	57.10268	75.40121	77.27177	74.01091	86.12975
1990	61.64734	58.91048	56.36448	76.60086	77.18322	74.41556	80.69626
1991	63.05995	58.48414	54.14212	77.44849	76.91001	74.49884	78.74157
1992	63.95827	59.58733	54.03074	76.52529	77.17729	74.54251	74.55311
1993	62.94264	59.6361	54.04159	75.29346	77.19946	74.50033	71.82855
1994	62.08336	60.46061	54.03127	75.06844	76.44638	73.96931	70.59935
1995	61.44701	60.35178	53.29361	74.83439	75.97643	73.72816	68.52203
1996	62.54385	60.21087	53.81645	76.50097	76.41982	73.55337	69.40413
1997	62.86215	59.91469	55.12087	75.50953	75.48458	72.49089	67.14915
1998	62.20049	60.67491	56.77545	74.65468	75.49102	72.77046	65.7313
1999	62.86488	60.89069	58.06602	76.51938	76.01547	72.81931	63.4329
2000	62.40237	61.08398	59.3861	77.30833	76.37264	73.17957	61.5688
2001	63.67734	63.27617	61.4019	76.23629	77.14029	74.74925	60.64467
2002	62.45989	59.76985	61.03245	75.54849	77.342	75.42049	61.19959
2003	63.13644	60.29217	60.35798	78.25525	77.08033	76.04566	62.71655
2004	62.58032	61.61261	60.52538	78.83492	76.93775	75.91602	61.5505
2005	62.52184	61.15477	62.77531	78.36482	77.94434	75.77461	58.99493
2006	61.22752	60.40557	60.88135	77.83424	76.83742	75.59736	58.20969
2007	60.17468	59.65241	57.52954	77.70193	75.77057	75.83196	61.01723
2008	60.14828	63.22521	60.216	77.81666	76.48822	76.5292	62.03157
2009	61.17537	62.56373	59.84505	79.4442	78.98433	78.53013	60.44273

注：数据来源于世界银行数据库，消费率是经购买力平价转化过的各国消费份额除以 GDP。Argentina：阿根廷；Australia：澳大利亚；Austria：奥地利；Belgium：比利时；Brazil：巴西；Canada：加拿大；Chile：智利；China：中国；Colombia：哥伦比亚；Cuba：古巴；Denmark：丹麦；Egypt：埃及；Finland：芬兰；France：法国；Germany：德国；Greece：希腊；Hong Kong：中国香港；Hungary：匈牙利；Iceland：冰岛；India：印度；Indonesia：印度尼西亚；Iran：伊朗；Iraq：伊拉克；Ireland：爱尔兰；Israel：以色列；Italy：意大利；Japan：日本；Korea：韩国；Malaysia：马来西亚；Mexico：墨西哥；Netherlands：荷兰；New Zealand：新西兰；Norway：挪威；Peru：秘鲁；Philippines：菲律宾；Poland：波兰；Portugal：葡萄牙；Romania：罗马尼亚；Russia：俄罗斯；Singapore：新加坡；Slovenia：斯洛文尼亚；Slovak：斯洛伐克；South Africa：南非；Spain：西班牙；Sweden：瑞典；Switzerland：瑞士；Taiwan：中国台湾；Thailand：泰国；Turkey：土耳其；United Kingdom：英国；United States：美国；Vietnam：越南。

附录二　中国和发达国家劳动收入份额数据（1950—2011 年）

年份	中国	美国	澳大利亚	加拿大	英国	日本	德国	意大利	法国		法国
1950							68		64	1896	70
1951							67		65	1897	72
1952							64		67	1898	71
1953							65		66	1899	69
1954							66		67	1900	67
1955					63	70	64		67	1901	72
1956					61	69	65		67	1902	71
1957					60	66	65		66	1903	71
1958					59	66	65		66	1904	71
1959					62	65	64		65	1905	68
1960			70	66	62	61	63	61	64	1906	71
1961			71	67	59	60	65	60	65	1907	64
1962			71	66	58	62	66	61	67	1908	68
1963			70	66	58	63	66	64	67	1909	66
1964			70	65	58	63	65	66	66	1910	68
1965			70	66	59	65	66	65	66	1911	63
1966			71	66	60	63	67	63	66	1912	56
1967			71	67	61	61	66	63	66	1913	57
1968			71	66	60	61	66	63	67	1914	73
1969			70	67	60	60	65	62	65	1915	79
1970	37	79	69	67	68	60	68	65	66	1916	69
1971	33	79	71	68	68	63	69	67	66	1917	69

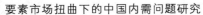

续表

年份	中国	美国	澳大利亚	加拿大	英国	日本	德国	意大利	法国		法国
1972	37	78	71	67	69	64	70	68	66	1918	75
1973	35	79	71	65	70	65	71	68	66	1919	69
1974	36	80	72	65	75	69	72	68	67	1920	68
1975	34	79	75	67	79	72	72	72	71	1921	68
1976	37	79	74	67	76	72	71	70	71	1922	64
1977	36	78	73	68	72	71	72	70	71	1923	63
1978	42	78	73	67	72	69	71	69	72	1924	62
1979	42	79	71	66	72	69	71	68	71	1925	61
1980	43	80	70	66	74	68	73	67	72	1926	59
1981	43	78	70	67	73	69	73	70	72	1927	58
1982	44	79	71	68	70	69	73	69	73	1928	58
1983	43	77	70	66	67	69	71	68	73	1929	59
1984	44	76	68	65	67	68	70	67	71	1930	62
1985	45	76	68	65	66	67	70	66	70	1931	63
1986	46	78	68	66	67	66	70	65	67	1932	66
1987	46	77	67	65	66	66	71	64	66	1933	64
1988	47	77	65	65	65	65	69	63	65	1934	64
1989	48	77	65	65	66	65	68	63	64	1935	63
1990	49	77	67	67	69	64	67	63	65	1936	65
1991	49	77	68	68	70	66	70	64	65	1937	67
1992	48	78	67	69	69	67	71	64	65	1938	65
1993	49	77	66	68	67	68	72	63	65	1939	63
1994	50	76	65	65	64	70	70	61	65	1940	67
1995	50	75	66	64	63	70	70	59	65	1941	71
1996	50	74	66	64	62	69	69	59	65	1942	74
1997	51	74	66	64	61	69	68	59	64	1943	78
1998	51	75	66	65	61	70	67	56	63	1944	88
1999	51	75	66	63	63	69	67	56	63	1945	87
2000	50	76	66	62	64	68	68	55	63	1946	76
2001	50	77	65	63	65	69	68	55	64	1947	77
2002	50	77	65	63	63	68	67	56	66	1948	73
2003	48	77	65	62	63	67	66	57	65	1949	68

续表

年份	中国	美国	澳大利亚	加拿大	英国	日本	德国	意大利	法国		法国
2004	41	75	64	61	62	65	63	56	64	1950	64
2005	41	74	65	61	62	64	62	57	64	1951	65
2006	41	73	65	61	62	64	60	57	64	1952	67
2007	40	74	66	61	61	63	58	57	63	1953	66
2008	39	76	65	61	61	65	60	59	64	1954	67
2009	41	74	64	66	64	67	63	61	66	1955	67
2010	49	71	64	65	63	66	61	60	66	1956	67
2011	50		64	64				61	61	1957	66

数据来源:《PIKETTY – ZUCMAN WEALTH – INCOME DATA SET（2013）》数据库。法国劳动收入份额1896—2010 年。

附录三 中国各省信贷资金分配市场化指数数据(1997—2009 年)

年份	北京	天津	河北	山西	内蒙古	辽宁	吉林	黑龙江	上海	江苏
1997	4.69	2.65	4.79	4.61	1.69	2.34	1.54	1	2.72	2.58
1998	4.3	3.08	5.91	5.22	1.76	2.78	0.77	1.12	3.03	3.4
1999	1.06	3.17	3.94	5.2	0.64	2.65	1.16	0.46	1.93	14.03
2000	3.07	3.29	4.34	5.27	0.89	1.56	1.22	0.4	1.91	13.7
2001	4.98	5.74	5.59	4.88	1.89	4.71	0.29	0	8.08	7.28
2002	5.97	6.26	6.12	6.08	3.17	5.2	0.77	0.88	8.88	8.35
2003	5.84	6.32	7.39	6.87	5.05	5.75	2.4	2.92	9.76	10
2004	6.25	7.46	8.41	7.52	6.09	6.78	3.71	3.68	9.7	10.82
2005	5.38	7.23	9.18	7.22	7.92	8.02	2.69	4.57	9.78	11.43
2006	6.73	5.62	10	9.68	8.25	8.92	2.92	5.08	9.92	10.96
2007	6.99	7.35	10.6	9.61	8.94	10.2	5.94	6.14	9.97	11.56
2008	11.2	11.7	13.3	13.2	12.38	13.3	10.8	10.97	12.9	13.85
2009	11	11.47	13	12.6	13.06	13.5	11.5	11.51	13	13.74

续表

年份	浙江	安徽	福建	江西	山东	河南	湖北	湖南	广东	广西
1997	5.76	3.59	5.3	2.99	3.64	5.42	2.56	3.35	0	3.51
1998	6.03	3.86	5.88	3.75	5.02	4.83	3.07	3.94	0	3.82
1999	7.14	5.66	8.58	2.22	2.96	3.24	3.21	4	1.45	3.91
2000	6.6	6.41	7.48	8.27	3.23	3.5	4.26	3.87	3.47	4.22
2001	10	4.4	7.65	1.66	5.2	3.53	1.53	3.23	9.18	3.64
2002	10.6	5.3	8.56	2.41	6.41	4.23	1.3	4.02	9.49	4.41

续表

年份	浙江	安徽	福建	江西	山东	河南	湖北	湖南	广东	广西
2003	11.5	7.07	9.54	4.51	7.43	5.49	3.9	6.58	10.4	4.9
2004	11.4	7.52	10.6	5.85	8.44	6.9	4.82	7.42	10.9	5.82
2005	12.2	7.83	10.7	7.74	10.1	8.06	6	8.56	11.3	8.78
2006	12.6	8.73	10.6	8.12	10	8.56	6.99	9.03	11.2	10.1
2007	13.2	9.75	11.7	9.03	10.8	9.07	7.73	9.61	11.9	10.2
2008	14.7	13.2	13.9	12.8	13.5	12.6	12.2	13.3	14	13.5
2009	14.6	13.2	13.9	13	13.4	12.8	12.4	13.3	14	12.9

续表

年份	海南	重庆	四川	贵州	云南	西藏	陕西	甘肃	青海	宁夏	新疆
1997	2.37	0.43	4.98	0.48	0	NA	2.9	2.27	0.16	0.98	1
1998	0	0.48	5.35	0.82	0.28	NA	3.4	2.65	0.52	0.98	1.8
1999	0.66	1.7	2.86	0.77	0.33	NA	7.13	5.5	0	2.22	0.2
2000	0.99	1.68	2.6	7.21	1.6	0	8.64	7.26	0.14	2.93	0.8
2001	5.95	5.6	6.23	0.92	3.34	4.43	3.57	1.86	4.19	1.59	4.2
2002	6.77	6.33	6.68	2.07	3.83	6.53	4.62	2.61	5.14	4.59	5.2
2003	9.22	8.31	7.89	4.53	5.39	5.53	5.73	3.57	7.37	7.39	7.1
2004	9.76	9.2	8.56	4.66	7.61	7.4	7.18	4.29	7.76	9.17	7.5
2005	11.5	9.31	8.75	5.99	8.41	9.01	7.92	4.85	10	10.1	7.2
2006	10.7	9.91	9.22	6.57	10.1	10.4	8.28	5.57	8.62	9.46	7.7
2007	11	10.1	10.6	7.91	10.1	11.1	7.85	7.35	8.85	10.2	7.7
2008	13.8	12.7	4.17	11.9	13.1	13.2	11.8	11.5	12.5	12.8	12
2009	13.8	11.9	13.1	12.3	12.9	13.7	12	12.3	12.8	13.1	12

数据来源：樊纲、王小鲁、朱恒鹏：《中国市场化指数——各地区市场化相对进程 2011 年报告》，经济科学出版社 2011 年版，应用主成分分析法对各省的指数测算。

附录四

表1   个人自负医疗费用占个人医疗总支出比重（1995—2012年）   单位：%

年份	世界	中国大陆	高收入国家	中上等收入国家	中等收入国家	中低等收入国家	低收入和中等收入国家	低收入国家
1995	69.39	93.74	66.95	78.03	79.73	86.47	79.89	82.18
1996	69.23	94.821	66.696	77.54	79.447	86.804	79.605	81.976
1997	69.393	94.768	66.831	76.98	79.012	86.837	79.174	81.87
1998	69.02	94.26	66.08	78.38	80.16	87.43	80.26	81.85
1999	69	94.48	66.16	78.48	79.95	86.42	80	80.87
2000	68.309	95.565	65.193	78.179	79.728	86.688	79.736	79.891
2001	67.726	93.075	64.457	79.12	80.258	85.059	80.332	81.694
2002	68.1655	89.9573	65.3742	79.0743	80.2773	84.8935	80.4647	83.5123
2003	68.491	87.609	66.074	78.213	79.7	85.274	79.948	84.172
2004	68.77	86.48	66.59	77.39	78.87	84.47	79.07	82.49
2005	68.98	85.26	66.74	77.29	78.94	85.3	79.04	80.76
2006	69.47	83.09	67.4	76.46	78.15	84.52	78.16	78.17
2007	69.558	83.009	67.259	77.321	78.827	84.352	78.874	79.691
2008	70.3	80.76	67.98	77.53	79.12	84.62	79.19	80.36
2009	68.8	78.86	66.3	76.41	78.28	84.8	78.16	76.27
2010	68.69894	77.24191	66.15173	75.44029	77.73413	85.49833	77.67547	76.70682
2011	69.22672	78.82829	66.80124	76.16196	78.14423	84.68182	77.80386	72.2216
2012	69.27332	77.96963	66.25268	78.77062	80.19088	84.64464	79.76546	72.95981

数据来源：经济合作与发展组织，由 EPS 整理。

表 2　　　2000 年和 2006 年在各水平教育机构中私人支出所占的比例　　单位:%

年份	2000 年	2006 年
中国	33	35
澳大利亚	24	27
奥地利	5	10
比利时	5	5
加拿大	20	26
捷克	10	11
丹麦	4	8
芬兰	2	2
法国	8	9
德国	14	14
匈牙利	11	9
冰岛	9	10
爱尔兰	9	6
意大利	5	7
日本	29	33
韩国	40	41
墨西哥	14	19
荷兰	15	15
波兰	10	9
葡萄牙	1	8
西班牙	12	11
瑞典	3	2
英国	14	24
美国	32	32
智利	44	44
以色列	20	23

　　数据来源：经济合作与发展组织，由 EPS 整理。

表 3 中国卫生费用支出

	2002 年	2003 年	2004 年	2005 年	2006 年	2007 年	2008 年	2009 年	2010 年	2011 年	2012 年
政府卫生支出（％）	15.7	17	17	17.9	18.1	22.3	24.7	27.5	28.7	30.7	30
社会卫生支出（％）	26.6	27.2	29.3	29.9	32.6	33.6	34.9	35.1	36	34.6	35.6
个人卫生支出（％）	57.7	55.9	53.6	52.2	49.3	44.1	40.4	37.5	35.3	34.8	34.4
城市（元）	987.1	1109	1262	1126	1248	1516	1862	2177	2316	2698	2969
农村（元）	259.3	274.7	301.6	315.8	361.9	358	455	562	666	879	1056

注：数据来源于中国卫生部，由 EPS 整理。

表 4 国家对农业生产者的支持占农场收入总额的比例 单位:%

年份 国家	1993	1994	1995	1996	1997	1998	1999	2000	2001	2002	2003	2004	2005	2006	2007	2008
澳大利亚	9	7	5	9	6	7	6	5	4	6	5	4	4	6	6	5
加拿大	24	20	19	16	14	17	18	20	15	21	25	20	21	21	19	13
冰岛	64	61	59	58	59	71	72	67	63	67	66	66	67	65	56	51
日本	57	62	62	57	54	58	60	59	56	57	57	55	53	51	47	47
韩国	72	73	72	64	63	56	64	66	60	63	60	65	65	65	65	51
墨西哥	30	22	-4	5	14	17	17	23	18	26	19	11	12	13	13	13
新西兰	0	1	1	1	1	1	0	0	0	0	0	0	1	1	1	0
挪威	69	69	65	66	69	71	71	67	66	74	72	67	66	65	58	61
瑞士	71	72	64	69	69	71	75	70	67	71	70	69	66	66	55	58
土耳其	23	14	13	16	24	26	22	20	3	20	28	26	25	19	18	24
美国	17	14	10	13	13	21	25	23	22	18	15	16	15	11	10	6
巴西			-7	0	-1	6	1	5	4	5	5	4	6	6	5	
智利	10	12	8	7	7	10	10	9	6	10	5	4	4	4	3	
中国	-13	0	6	1	1	1	-2	3	5	8	10	7	7	10	8	
以色列			24	24	23	23	25	28	26	26	22	20	17	17	11	20
俄罗斯	-28	-4	13	17	26	18	0	4	9	14	20	21	13	10		
南非		10	14	7	10	10	8	5	3	10	7	7	6	7	3	

数据来源：经济合作与发展组织，由 EPS 整理。

表5		个人养老支出比重			单位:%
	2001 年	2002 年	2003 年	2004 年	2005 年
中国	0.723	0.76	0.66	0.67	0.68
澳大利亚	0.571	0.57	0.57	0.5	0.5
比利时	0.143	0.14	0.14	0.14	0.13
加拿大	0.4	0.4	0.4	0.4	0.4
丹麦	0.375	0.38	0.38	0.38	0.38
冰岛	0.5	0.6	0.6	0.6	0.75
荷兰	0.333	0.43	0.43	0.43	0.43
新西兰	0.333	0.33	0.2	0.2	0.2
瑞士	0.4	0.4	0.45	0.45	0.45
英国	0.286	0.29	0.29	0.29	0.29
美国	0.375	0.38	0.29	0.29	0.29

数据来源：经济合作与发展组织，由 EPS 整理。

附录五 各国财政支出占 GDP 比重

单位:%

年份	丹麦	芬兰	法国	德国	希腊	中国香港	澳大利亚	奥地利	比利时	冰岛
1970		30			24		25	39	42	
1971	42	32			24		26	40	43	
1972	42	32			24		27	40	45	
1973	40	31			23		26	41	45	
1974	45	32			26		29	42	44	
1975	46	38			27		31	46	50	
1976	46	39			27		33	46	50	
1977	46	41			28		34	46	52	
1978	47	41	44		28		33	49	53	
1979	49	40	44		29		32	49	55	
1980	53	40	45		29		33	49	55	32
1981	58	41	48		34		33	50	62	34
1982	59	42	49		35		35	51	60	35
1983	59	44	50		37		36	51	62	36
1984	56	44	51		39		38	51	58	33
1985	55	46	51		41		39	52	58	35
1986	51	47	51		40		39	53	57	37
1987	53	47	50		40		37	54	55	34
1988	55	46	49		39		35	53	53	39
1989	55	44	48		40		34	51	52	40
1990	55	47	49		44		35	51	52	38
1991	56	56	50	46	41		37	52	53	40

续表

年份	丹麦	芬兰	法国	德国	希腊	中国香港	澳大利亚	奥地利	比利时	冰岛
1992	57	61	51	47	44		38	53	53	40
1993	60	64	54	48	46		37	56	54	40
1994	59	63	54	47	44		38	56	52	39
1995	41.5	49.8	47	38.6	44.7			42.431	45.597	
1996	40.1	46.4	47	32.7	43			42.042	45.905	
1997	38	41.9	48	32.1	43.5			41.277	44.79	
1998	37.4	39.1	46	32.1	42.9			41.227	44.459	30.1
1999	36.6	38	46	32.2	42.6		24.55141	41.12	43.992	30.7
2000	34.8	35	45	31.8	44.7		24.08476	40.42	42.946	30.5
2001	34.5	34.4	45	31.4	44		26.34822	40.731	43.6	30.7
2002	34.4	35.5	46	31.8	43.3	21	26.45909	40.261	41.983	31.8
2003	35	36.4	46	32.3	42.4	21.2	25.84451	40.629	43.203	33.3
2004	34.5	36.2	46	31.2	43.1	19.3	25.68035	43.567	41.586	31.8
2005	32.7	36.4	46	31.3	42.7	19.7	25.61953	39.828	44.388	30.8
2006	32	35.8	45	30	42.9	16.3	24.92427	39.13	41.117	29.4
2007	35.8	34	45	28.7	45.2	15.9	24.47591	38.596	40.95	29.7
2008	36.5	34.9	45	28.9	48	18.5	24.31439	38.671	42.392	44.3
2009	42	40.2	48	31.9	52.1	18.8	26.49553	39.735	45.117	38.1

续表

年份	爱尔兰	意大利	日本	葡萄牙	挪威	新加坡	西班牙	瑞典	瑞士	英国
1970	44	32	20		38		23	42		41
1971	45	34	21		40		25	45		41
1972	41	36	23		41		24	46		42
1973	40	35	23		41		23	43		43
1974	44	34	25		41		24	45		48
1975	48	39	28		42		26	46		49
1976	48	38	29		44		27	49		49
1977	45	38	30	29	46		28	56		46
1978	46	41	32	32	47		30	58		44

续表

年份	爱尔兰	意大利	日本	葡萄牙	挪威	新加坡	西班牙	瑞典	瑞士	英国
1979	49	40	33	31	46		31	59		43
1980	54	40	33	34	46		33	62		45
1981	54	44	33	37	45		36	63		49
1982	57	46	34	37	46		38	65		48
1983	56	48	34	37	45		39	65		48
1984	53	49	33	37	44		40	62		48
1985	53	49	32	39	43		42	63		46
1986	53	50	32	39	47		42	61		45
1987	52	49	33	38	49		40	58		43
1988	48	50	32	37	51		40	58		41
1989	42	51	31	37	51		41	60		40
1990	42	52	31	40	53		42	60	30	41
1991	44	53	31	43	54		44	61	32	43
1992	44	55	32	44	55		45	69	34	45
1993	44	56	34	46	54		48	70	35	45
1994	43	53	35	44	53		46	68	35	44
1995	47.4	47.649		37.08		11.916	37.109	44.3		40
1996	45.07	46.905		36.9		16.147	36.213	42		39
1997	42.35	44.728		35.81		13.626	34.093	39.9		37
1998	31.14	41.248		36.53		15.726	33.389	39.2		36
1999	30.68	40.212		36.47		14.773	32.158	38		35
2000	27.8	38.95		36.74	32.611	15.756	31.431	35.9		36
2001	29.43	39.699		37.69	33.312	18.273	30.68	34.8		36
2002	29.66	39.061		38.09	38.159	16.25	26.968	35.3	18.8	37
2003	29.66	39.337		39.27	37.57	16.043	25.772	35.3	19.2	39
2004	29.88	38.503		39.96	35.443	14.499	26.07	34.1	19.1	39
2005	30.76	39.003	16.01	41.23	33.03	12.632	24.968	34.5	18.8	40
2006	31.03	39.436	15.72	39.85	31.511	13.13	24.914	33.4	17.8	40
2007	32.46	38.95	14.8	38.91	31.221	12.214	25.089	31.7	17.2	39
2008	37.57	39.983	16.16	40.49	30.498	14.61	26.427	31.4	16.6	42

续表

年份	爱尔兰	意大利	日本	葡萄牙	挪威	新加坡	西班牙	瑞典	瑞士	英国
2009	44.82	43.936	19.13	44.05	35.994	14.434	30.738	33.7	17.7	46

续表

年份	美国	中国	俄罗斯	印度	巴西	南非	马来西亚	秘鲁	印度尼西亚	匈牙利	加拿大	以色列
1970	32	28.8									36	
1971	32	30.2									37	
1972	32	30.4									37	
1973	31	29.7									35	
1974	32	28.3									37	
1975	35	27.4									41	
1976	33	27.4									40	
1977	33	26.3									41	
1978	32	30.8									41	
1979	32	31.5									40	
1980	34	27									41	
1981	34	23.2									42	
1982	36	23.1									47	
1983	37	23.6									47	
1984	36	23.6									47	
1985	36	22.2									48	
1986	37	21.5									47	
1987	37	18.7									46	
1988	36	16.6									45	
1989	36	16.6									45	
1990	37	16.5									48	
1991	37	15.6								55	52	
1992	38	13.9								59	53	
1993	38	13.1								59	52	
1994	37	12								63	49	

续表

年份	美国	中国	俄罗斯	印度	巴西	南非	马来西亚	秘鲁	印度尼西亚	匈牙利	加拿大	以色列
1995		11.4		14				18.3	9.5	52.112	23.52	
1996		11.3		13.8			18.7	17.7	9.92	47.687	22.32	
1997		11.8		14.3	22.1		17	17.2	12.5	45.659	20.45	
1998		13		14.2	22.4		16.8	17.4	13.2	45.974	20.22	
1999		14.9		14.5	22.2		18.6	18.2	16.2	44.715	19.86	
2000		16.2		15.1	21.7	27.9	16.5	18.8		41.993	18.86	46.962
2001	19.4	17.5		15.3	22.8	27.8	18.7	18.5		41.593	18.83	49.225
2002	19.9	18.5	22.56	15.8	22.8	27.5	17.7	17.9	15.4	43.634	18.11	50.681
2003	20.5	18.2	23.05	15.3	24.9	29	17.6	18	15.3	43.497	18.15	49.228
2004	20.3	17.9	21.57	14.9	22.9	29.9	18.9	17.7	15.8	42.397	17.35	46.753
2005	20.6	18.3	19.95	14.9	25.6	29.9	17.7	18.5	16.5	42.683	17.91	45.61
2006	20.5	18.6	19.5	15	27.2	30.1	17.7	17.3	17.8	44.243	17.08	42.468
2007	20.8	18.6	23.01	15	26.8	30.4	18.1	18.1	17.2	43.701	17.02	40.64
2008	22.4	19.8	21.53	16.9	26.8	31.5	19.6	17.7	18.4	45.133	17.2	40.008
2009	25.6	22.3	31.09	16.6	26.3	33.6	21.7	18.4	15.7	46.262	18.9	39.786

注：数据来源于世界银行数据库。

附录六　中国居民消费对收入和利率的敏感性检验相关数据

单位：元

年份	人均消费	农村人均消费	城镇人均消费	人均收入	农村人均收入	城镇人均收入	实际利率
1980	192.4352	148.1278539	376.6210046	183.8615	137.6258993	376.0629921	0.012014
1981	217.8398	170.0534759	407.1301248	188.8502	139.276808	385.2193995	0.026859
1982	238.8071	192.4825175	411.7132867	193.7654	140.4576183	392.7366104	0.074686
1983	260.499	212.7677806	433.5047129	196.8496	141.0746812	399.0106007	0.061384
1984	283.1766	228.3569641	466.5554629	204.1973	142.4048096	410.9010712	0.021573
1985	306.4448	242.1052632	513.5011442	222.0462	147.8616586	460.7855362	- 0.02072
1986	333.3812	255.730659	572.3495702	236.1578	152.6657061	493.1034483	0.030278
1987	348.0488	265.8878505	590.3871829	254.1396	158.4246575	536.4561028	0.026265
1988	358.9856	267.9595278	620.5733558	297.2276	175.3781783	647.3944048	- 0.0275
1989	339.4361	255.0738447	576.9414007	342.5063	196.7615309	752.8219178	0.026074
1990	354.881	270.1478743	590.9889094	363.6235	220.533419	762.3422514	0.033273
1991	377.3376	276.9436997	649.5978552	378.8065	223.2514178	800.6591337	0.016758
1992	393.5683	276.7744645	702.099958	408.1041	233.1945271	870.1588665	0.003719
1993	419.2878	281.8381545	772.9036983	474.1043	265.6673393	1010.348883	- 0.03597
1994	454.2219	299.9410029	841.0914454	599.71	335.1633269	1263.078035	- 0.07982
1995	493.1185	330.1587302	891.3076342	720.3014	411.2877998	1475.370307	- 0.01474
1996	532.1201	365.6896953	911.7236567	809.2868	460.6792633	1604.409814	0.034243
1997	551.4314	365.9651505	947.1826205	853.3817	477.9556369	1654.472587	0.070209
1998	571.2883	362.7509124	988.0474453	864.3656	474.0188555	1644.468021	0.073113
1999	609.482	364.9699213	1068.000925	869.0642	466.8004224	1623.405435	0.071951
2000	662.5477	384.8156682	1151.612903	890.1227	466.1563922	1636.695335	0.037112
2001	705.8952	398.4210526	1214.874142	913.4166	469.8034544	1647.754024	0.037207

年份	人均消费	农村人均消费	城镇人均消费	人均收入	农村人均收入	城镇人均收入	实际利率
2002	801.465	423.1372549	1390.980392	923.4302	468.9524531	1631.603474	0.046984
2003	864.9553	442.9678596	1484.134944	950.4972	476.2440973	1646.36611	0.026298
2004	937.1686	479.3111014	1575.713032	1000.779	499.3877551	1700.036088	−0.01247
2005	1049.889	550.7327586	1711.831897	1039.801	521.2009608	1727.527165	0.015879
2006	1153.051	600.6369427	1846.41189	1075.135	534.814373	1753.31743	0.022493
2007	1282.872	653.1401945	2025.425446	1145.757	563.7799564	1832	−0.00123
2008	1381.966	700.3443658	2150.927874	1227.231	600.1765003	1934.632831	−0.02308
2009	1539.863	769.460501	2363.121387	1236.569	598.7915408	1918.103641	0.059386

数据来源：收入和消费数据来自《中国统计年鉴》，实际利率数据来自世界银行，由 EPS 整理。

附录七　公共支出挤出效应数据

表 1　　　　中国公共支出挤出效应数据（1952—2012 年）

人均消费/人均公共支出 GDP 平减指数/CPI

1952 年	2.632649503	1
1953 年	2.414123443	0.929801735
1954 年	2.253082627	0.897191439
1955 年	2.293609409	0.897162252
1956 年	2.166688999	0.819150542
1957 年	2.319986484	0.80026706
1958 年	1.808372465	0.670590813
1959 年	1.272529779	0.565095953
1960 年	1.152280636	0.537094806
1961 年	2.293521301	0.692613358
1962 年	2.844207813	0.760871476
1963 年	2.542388195	0.755014284
1964 年	2.259072094	0.674523277
1965 年	2.06861317	0.632407867
1966 年	1.899190923	0.588845368
1967 年	2.458848672	0.645028063
1968 年	3.008607199	0.651050161
1969 年	2.144487126	0.572144958
1970 年	1.858302151	0.498229547
1971 年	1.723643416	0.471662255
1972 年	1.742093855	0.467181193
1973 年	1.771186231	0.453508838
1974 年	1.856374565	0.44273087

1975 年	1.862026118	0.416354763
1976 年	1.970354751	0.432131288
1977 年	1.953457494	0.406756329
1978 年	1.567699561	0.379098771
1979 年	1.569289821	0.376727559
1980 年	1.897089101	0.380774804
1981 年	2.308395042	0.391834785
1982 年	2.360119677	0.383725985
1983 年	2.292340655	0.374196338
1984 年	2.199856557	0.363877736
1985 年	2.338730198	0.363986154
1986 年	2.404678649	0.350120523
1987 年	2.708051526	0.332601631
1988 年	3.15834474	0.322198667
1989 年	3.120852191	0.308999012
1990 年	3.064901624	0.308585309
1991 年	3.168527913	0.306948992
1992 年	3.473919085	0.304421444
1993 年	3.535338087	0.289558048
1994 年	3.771039702	0.26784214
1995 年	4.157512325	0.260296487
1996 年	4.277881714	0.25885663
1997 年	3.99862025	0.247495444
1998 年	3.632954813	0.243058091
1999 年	3.178757127	0.244594234
2000 年	2.886387814	0.244974826
2001 年	2.603517615	0.23909292
2002 年	2.383845392	0.233433381
2003 年	2.305659849	0.225953824
2004 年	2.240802699	0.220442675
2005 年	2.098936407	0.21538686

续表

2006 年	1.990882358	0.211438524
2007 年	1.880280466	0.206127978
2008 年	1.731707839	0.206222005
2009 年	1.619721014	0.187526054
2010 年	1.566174304	0.175465954
2011 年	1.546544786	0.169205047
2012 年	1.498422787	0.161043022

数据来源：《中国统计年鉴》和《新中国 60 年统计资料汇编》。

表 2　　　　　国际公共支出挤出效应数据（1970—2009 年）

ppp/cpi	澳大利亚	日本	韩国	中国香港	新加坡	奥地利	比利时	瑞士	德国	丹麦
1970	0.841844	1.278486	0.560459			1.0434	1.046399	1.054331		1.089701
1971	0.840627	1.249417	0.564673			1.060912	1.06502	1.07448		1.103951
1972	0.843594	1.25942	0.573893			1.069594	1.066998	1.098999		1.125401
1973	0.820603	1.285189	0.632191			1.067524	1.065397	1.099003		1.141584
1974	0.834913	1.279174	0.718342			1.081571	1.078005	1.082469		1.143851
1975	0.855752	1.228233	0.713349		1.043271	1.057997	1.078534	1.056481		1.166822
1976	0.860229	1.209561	0.726974		1.068473	1.046825	1.064945	1.061793		1.186081
1977	0.860155	1.189714	0.75891		1.025829	1.050657	1.067807	1.063073		1.158048
1978	0.870425	1.187084	0.826108		1.019246	1.065553	1.067026	1.078322		1.133291
1979	0.867839	1.199788	0.855553		1.063328	1.07184	1.068817	1.081271		1.118572
1980	0.859652	1.194365	0.843393		1.111667	1.078234	1.064733	1.092882		1.086045
1981	0.866156	1.165039	0.810249		1.073702	1.08063	1.056418	1.084491		1.07368
1982	0.87725	1.154317	0.789006		1.050632	1.071653	1.047932	1.082055		1.078907
1983	0.874745	1.138603	0.802568		1.049185	1.075802	1.022757	1.075068		1.076409
1984	0.904343	1.126613	0.825095		1.037113	1.066702	1.013704	1.085803		1.074323
1985	0.897556	1.112759	0.841357		1.017819	1.064305	1.005634	1.081343		1.072196
1986	0.880478	1.111366	0.830701		1.02417	1.074048	0.998719	1.080206		1.050513
1987	0.869211	1.111844	0.834501		1.029548	1.083943	0.997202	1.077852		1.050456
1988	0.864121	1.108596	0.834664		1.047185	1.079662	0.998103	1.094057		1.045135
1989	0.869316	1.108241	0.853333		1.050986	1.085003	1.009998	1.104549		1.04456

续表

ppp/cpi	澳大利亚	日本	韩国	中国香港	新加坡	奥地利	比利时	瑞士	德国	丹麦
1990	0.860681	1.105421	0.884645	1.052644	1.056384	1.078992	1.007137	1.089975		1.040765
1991	0.86374	1.096505	0.897092	1.020343	1.046685	1.083372	1.003762	1.077422	1.09146	1.046985
1992	0.875231	1.094046	0.902344	1.008823	1.046499	1.080056	1.003535	1.058708	1.087079	1.033751
1993	0.875269	1.085877	0.909134	0.996135	1.074003	1.072277	1.007641	1.035011	1.077423	1.029869
1994	0.875943	1.07816	0.920189	0.985419	1.042621	1.066505	1.006358	1.027137	1.072305	1.031328
1995	0.85729	1.071803	0.941637	0.960608	1.066935	1.060095	1.003647	1.011734	1.071296	1.022808
1996	0.853968	1.06535	0.95686	0.944112	1.058312	1.055837	0.992535	1.008493	1.06353	1.016636
1997	0.862801	1.056143	0.961489	0.931882	1.057357	1.04235	0.98593	1.017208	1.050397	1.014843
1998	0.87013	1.044827	0.897231	0.899841	1.040997	1.036664	0.989938	1.009491	1.041883	1.011067
1999	0.868606	1.036191	0.9256	0.923276	1.029975	1.03312	0.990202	1.005024	1.035709	1.004372
2000	0.853052	1.033173	0.986697	0.931429	1.021373	1.024534	0.997269	1.015078	1.02753	1.000513
2001	0.854271	1.028352	0.995571	0.926705	1.001257	1.015487	0.992238	1.018772	1.018113	1.002419
2002	0.846539	1.022438	1.001802	0.90808	1.014791	1.003485	0.987622	1.005662	1.010325	0.999712
2003	0.848342	1.010386	1.003265	0.888641	0.979458	1.001431	0.994799	0.997552	1.008844	0.992793
2004	0.842848	1.001188	1.003988	0.890278	0.99027	0.998403	1.001821	1.000122	1.002538	0.999271
2005	0.841309	1	1	0.894949	1	1	1	1	1	1
2006	0.836895	0.996001	0.991775	0.889757	1.008052	1.007231	1.011158	1.014897	0.992817	1.003271
2007	0.847329	0.991643	0.991733	0.891021	1.055898	1.010784	1.01487	1.033652	0.985003	1.011012
2008	0.84165	0.982796	1.012414	0.876621	0.993828	1.003754	1.011936	1.040169	0.973589	1.010974
2009	0.853531	0.970615	0.998825	0.861398	1.053263	1.007068	0.998151	1.021064	0.967014	1.011501

续表

ppp/cpi	西班牙	芬兰	法国	英国	希腊	爱尔兰	冰岛	意大利	荷兰	挪威
1970	0.958234	0.955301	1.025146		0.943916	0.946793	0.892548	0.816003	1.033833	0.98153
1971	0.947499	0.968687	1.027478		0.944339	0.952501	0.937657	0.828152	1.040896	0.987693
1972	0.950242	0.974979	1.033177		0.95468	0.976191	1.000897	0.829249	1.03918	0.976484
1973	0.959191	0.997812	1.034472		1.002423	0.998817	1.056326	0.863955	1.044026	0.981545
1974	0.989966	1.058822	1.037922		0.971397	0.979931	1.053259	0.891346	1.051777	1.011302
1975	0.980321	1.018091	1.041986		0.977744	0.947611	1.036981	0.876403	1.056929	1.014402
1976	0.972897	0.991313	1.061945		1.005133	0.970068	0.995522	0.892559	1.055859	1.024312

续表

ppp/cpi	西班牙	芬兰	法国	英国	希腊	爱尔兰	冰岛	意大利	荷兰	挪威
1977	0.956366	0.956006	1.055304		1.013237	0.975333	0.993044	0.892033	1.062993	1.024232
1978	0.947518	0.956422	1.045624		1.022421	0.996095	0.999749	0.902576	1.07834	0.99153
1979	0.959454	0.969316	1.046246		1.032224	1.030066	0.997335	0.91472	1.086385	0.98261
1980	0.963746	0.9739	1.044535		0.994334	1.006625	0.969745	0.926749	1.070919	0.968971
1981	0.957028	0.968812	1.037282		0.955538	0.989851	0.962923	0.938289	1.043531	0.951238
1982	0.949587	0.965387	1.042034		1.02076	0.940501	0.988847	0.939212	1.026845	0.953828
1983	0.948842	0.965137	1.032266		1.021342	0.91622	0.940377	0.935024	1.018983	0.939326
1984	0.934808	0.964753	1.027472		1.057716	0.891874	0.927671	0.937949	0.997253	0.934901
1985	0.928803	0.965588	1.025032		1.061179	0.880464	0.932512	0.936722	0.992621	0.944292
1986	0.931287	0.975894	1.037769		1.015465	0.887976	0.931065	0.930496	0.997538	0.952864
1987	0.938751	0.975474	1.033532		0.996533	0.8722	0.945298	0.939713	1.008334	0.946957
1988	0.94756	0.993211	1.034504	0.977082	1.019748	0.87659	0.928336	0.955931	1.009742	0.942912
1989	0.949401	0.990837	1.035993	0.995285	1.033868	0.884234	0.951962	0.956193	1.011573	0.947578
1990	0.94895	0.985296	1.02918	0.999084	1.033701	0.871024	0.955599	0.96986	1.000885	0.943482
1991	0.952624	0.968369	1.023631	0.985326	1.028084	0.867377	0.9642	0.975274	1.000332	0.937131
1992	0.956234	0.951987	1.016028	0.972042	1.018022	0.862068	0.959455	0.969535	0.998111	0.930865
1993	0.955185	0.945304	1.008511	0.964849	1.010392	0.876321	0.944202	0.969899	0.987098	0.931126
1994	0.949638	0.942689	1.004486	0.959893	1.003169	0.881039	0.94894	0.966998	0.980104	0.933592
1995	0.950264	0.959272	1.000291	0.962267	1.008767	0.889953	0.96082	0.967937	0.981008	0.937821
1996	0.947568	0.952179	0.996278	0.962933	0.998697	0.874024	0.976726	0.970706	0.974864	0.951606
1997	0.952927	0.96265	0.991136	0.956373	1.00637	0.8909	0.981972	0.977149	0.974876	0.954658
1998	0.956541	0.97752	0.993164	0.959176	1.009068	0.925932	1.004847	0.978069	0.975456	0.961087
1999	0.961882	0.986837	0.989559	0.965	1.011991	0.943051	1.006331	0.979963	0.975348	0.960638
2000	0.972301	0.988155	0.995475	0.968056	1.024101	0.953391	1.002539	0.988677	0.99028	0.967521
2001	0.971352	0.99083	0.998658	0.975928	1.019103	0.952063	1.017721	0.98734	0.993636	0.971402
2002	0.975172	0.99093	0.997441	0.983564	1.010474	0.958013	1.015554	0.990866	0.995546	0.973554
2003	0.981646	0.981138	0.997095	0.987744	1.005672	0.9841	1.019243	0.990994	0.997781	0.97556
2004	0.992342	0.991797	0.994843	0.996298	1.004857	0.996121	1.018687	0.994302	0.997947	0.990941
2005	1	1	1	1	1	1	1	1	1	1
2006	1.005195	1.005809	1.008782	1.006602	0.993968	1.002732	1.023053	1.005255	1.007939	1.012731

要素市场扭曲下的中国内需问题研究

续表

ppp/cpi	西班牙	芬兰	法国	英国	希腊	爱尔兰	冰岛	意大利	荷兰	挪威
2007	1.007711	1.012575	1.016109	1.005848	0.996854	0.986724	1.019506	1.00786	1.012263	1.047988
2008	0.997187	1.013054	1.01549	1.00613	1.005571	0.936398	1.034705	1.005766	1.005799	1.059678
2009	0.989404	1.020497	1.013459	1.00805	1.013368	0.922002	1.003359	1.003343	1.000389	1.069546

续表

ppp/cpi	葡萄牙	瑞典	加拿大	美国	以色列	中国	俄罗斯	印度	巴西
1970	1.132058	0.912358	1.049942	1.224922				1.018862	
1971	1.102018	0.909094	1.07714	1.236271				1.034805	
1972	1.079355	0.916506	1.088163	1.249823				1.075457	
1973	1.076801	0.916838	1.096236	1.240739				1.090588	
1974	1.032284	0.933256	1.119694	1.227915				1.007642	
1975	0.99992	0.960839	1.127645	1.224486				0.942389	
1976	0.988527	0.977525	1.139519	1.225354				1.075486	
1977	0.986127	0.97978	1.134964	1.229067				1.036852	
1978	0.974687	0.978662	1.119324	1.22204				1.044739	
1979	0.948208	0.991821	1.119011	1.191386				1.146374	
1980	1.003661	0.981343	1.111907	1.150984				1.159722	
1981	1.00678	0.951745	1.105882	1.139125				1.122998	
1982	0.985873	0.953794	1.07807	1.137599				1.121844	
1983	0.967606	0.957359	1.076022	1.145552				1.070502	
1984	0.926175	0.943164	1.070042	1.138861				1.078909	
1985	0.922646	0.939406	1.067596	1.13351				1.091719	
1986	0.970816	0.944302	1.065323	1.136295		1.272531		1.057314	
1987	0.988008	0.954089	1.05995	1.12654		1.231872		1.06773	
1988	1.01335	0.958815	1.060966	1.118795		1.168464		1.056009	
1989	0.986491	0.972639	1.052567	1.107502		1.070713		1.112909	1
1990	0.981569	0.968077	1.042533	1.090786		1.073039		1.138776	1.116071
1991	0.967273	0.956178	1.022614	1.077671		1.106367		1.129502	1.080268
1992	0.973559	0.944592	1.026252	1.070373		1.131905	2.19647	1.096213	1.087786
1993	0.978309	0.932104	1.029831	1.064099		1.162001	2.46588	1.11737	1.129765

· 198 ·

1994	0.992294	0.931118	1.043145	1.059254		1.105081	2.64841	1.107444	1.218855
1995	0.981846	0.930986	1.033885	1.052225	1.008437	1.06507	2.183295	1.101633	1.408125
1996	0.979979	0.939477	1.029609	1.040154	0.986476	1.039614	2.169319	1.099497	1.420191
1997	0.996061	0.946677	1.032385	1.031326	0.965665	1.018707	2.209397	1.075223	1.425717
1998	0.997861	0.954966	1.033526	1.022565	0.975265	1.016688	2.116139	1.018365	1.442989
1999	1.002493	0.969061	1.029407	1.016229	0.975531	1.032906	1.919485	1.016051	1.520133
2000	1.018013	0.976518	1.026712	1.008384	0.989001	1.069473	1.997218	1.016558	1.514173
2001	1.005963	0.981764	1.016201	0.999634	0.994813	1.081524	2.004303	1.013751	1.55028
2002	0.998591	0.984911	1.015484	0.997537	0.982826	1.123566	2.036425	1.017245	1.569881
2003	0.991496	0.985369	1.002797	0.996529	0.98103	1.144212	2.01305	1.008409	1.554939
2004	0.994041	0.990471	1.001367	0.998828	0.996944	1.174551	2.092734	1.042464	1.566921
2005	1	1	1	1	0.999998	1.2058	2.094373	1.038023	1.580705
2006	0.999872	1.00641	1.003443	0.99969	1.043017	1.24297	2.099191	1.03925	1.599296
2007	0.996865	1.006053	1.003129	0.998409	1.037215	1.285172	2.107759	1.033059	1.629947
2008	0.997035	1.004258	1.001927	0.989835	1.026475	1.32374	2.028089	1.021933	1.660164
2009	0.993722	1.028857	1.012082	0.990047	1.005768	1.284893	2.202656	0.981747	1.701165

续表

ppp/cpi	南非	马来西亚	泰国	印度尼西亚	菲律宾	阿根廷	墨西哥	秘鲁	波兰
1970	0.659293	0.921382	1.935906	1.399152	1.129826		0.655863		
1971	0.65418	0.929595	2.014975	1.385538	1.079044		0.660779		
1972	0.664093	0.935965	2.008831	1.599603	1.078719		0.665804		
1973	0.688317	0.928762	1.955749	1.645777	1.0514		0.670901		
1974	0.700028	0.890063	1.973469	1.442803	1.061047		0.667185		
1975	0.705915	0.870908	1.983363	1.30876	1.121418		0.678282		
1976	0.716849	0.893032	1.999407	1.316485	1.133239		0.696291		
1977	0.700469	0.899645	1.987612	1.340581	1.105165		0.708861		
1978	0.695547	0.903362	2.021433	1.279473	1.124343		0.703618		
1979	0.689034	0.94176	1.98943	1.32611	1.081175		0.711308		
1980	0.742469	0.941697	1.901082	1.341447	1.07885		0.748118		
1981	0.757268	0.918309	1.866103	1.14337	1.078849		0.733962		
1982	0.764196	0.89936	1.90196	1.10367	1.049928		0.726724		

续表

ppp/cpi	南非	马来西亚	泰国	印度尼西亚	菲律宾	阿根廷	墨西哥	秘鲁	波兰
1983	0.781041	0.898886	1.845859	1.181659	1.117657	3	0.677349	4	
1984	0.776409	0.875134	1.836146	1.154695	1.147232	3.076923	0.660396	4	
1985	0.756468	0.874321	1.912029	1.119889	1.050143	2.776699	0.668306	4	
1986	0.74363	0.862325	1.89095	1.123341	1.075795	2.602041	0.637048	3.6	
1987	0.726251	0.867845	1.920634	1.206659	1.103509	2.586283	0.646902	3.666667	
1988	0.756382	0.881064	1.940458	1.322588	1.089144	2.807289	0.663924	2.360294	
1989	0.785252	0.90115	1.97456	1.344449	1.093955	2.737096	0.703956	2.030685	
1990	0.799533	0.920325	1.999581	1.289569	1.106994	2.52993	0.710852	1.799695	1.283009
1991	0.807281	0.921235	1.992325	1.298133	1.085574	2.183012	0.719996	1.737492	1.183825
1992	0.817262	0.894574	1.983721	1.280055	1.082591	1.944693	0.716685	1.699387	1.110041
1993	0.845772	0.892785	1.983406	1.27625	1.097216	1.732685	0.89778	1.697171	1.049078
1994	0.850267	0.893965	1.99394	1.255691	1.108393	1.709628	0.913949	1.706309	1.072179
1995	0.868022	0.888925	1.984137	1.237695	1.113111	1.707229	0.887718	1.719655	1.068378
1996	0.864027	0.876203	1.908257	1.241944	1.114282	1.691979	0.856401	1.711257	1.057216
1997	0.863665	0.883901	1.896546	1.281238	1.151982	1.675747	0.841283	1.682568	1.049434
1998	0.873739	0.884044	1.932517	1.377971	1.239359	1.638394	0.838977	1.690432	1.037335
1999	0.898123	0.865236	1.926328	1.351389	1.230294	1.63602	0.836698	1.718425	1.028857
2000	0.932492	0.948182	1.967089	1.560291	1.235984	1.655909	0.833721	1.723074	1.017479
2001	0.943731	0.934343	2.014729	1.615294	1.247301	1.657539	0.824773	1.726816	0.998045
2002	0.948473	0.941773	2.017053	1.568516	1.256384	1.590435	0.829941	1.728062	1.004836
2003	0.941586	0.938685	1.991078	1.556733	1.263257	1.583447	0.838347	1.724756	1.005093
2004	0.984585	0.963502	2.007735	1.5913	1.282008	1.686044	0.863765	1.718839	0.999873
2005	1	1	2.073148	1.665249	1.285672	1.69154	0.867474	1.71645	1
2006	1.009362	0.992115	2.070739	1.668634	1.286633	1.721196	0.878197	1.710383	1.004049
2007	1.0141	1.014519	2.039406	1.770175	1.299943	1.807676	0.883947	1.706385	1.012069
2008	0.986531	1.013913	2.097413	1.96758	1.292102	1.959275	0.882905	1.700652	1.00599
2009	0.976444	0.973474	2.07295	2.012492	1.259726	2.032307	0.878616	1.698288	0.993518

消费/教育支出	丹麦	芬兰	法国	德国	希腊	中国香港	澳大利亚	奥地利	比利时	冰岛	爱尔兰
1970	11.60321	11.21072	19.18126		40.22198			15.55427			
1971	10.66907	11.46697	20.7081		46.65446	24.82337		15.2211			16.72829
1972	10.17388	12.2883	19.54333			24.42128		14.51743			15.61517
1973	10.65376	12.00403	20.15042		51.53828	26.12883		14.1614			15.5075
1974	10.36508	13.48774	15.69438		46.31353	24.41585		13.92613			16.40725
1975	10.41403	12.35114	15.25339		43.24489	23.45805		12.99651	10.85232		
1976		12.09998	15.42316		43.07817	21.13451		12.75183	10.82827		17.35689
1977	12.51194		15.40052		44.06848	24.34946		13.69794	10.5719		14.59629
1978	12.20399		15.55823		38.89983	25.00201	11.42988	13.02858	11.59204		14.65526
1979	12.54892	12.8708	15.76369				11.51633	12.93023	12.00862		14.42019
1980	11.8088	12.69845	15.87145			25.58699	12.08538	13.25086	11.78079		14.51836
1981		12.67994	14.83804		40.04263	24.88997		12.57182	12.00822		13.35968
1982		12.96446	14.6162		42.42677	34.16926	12.95133	12.66008	12.57233		13.01162
1983		12.8922	14.58035		43.83258	23.05451	12.94489	13.2163			12.81728
1984		13.06526	14.48128		40.60087	21.71079		12.94875			12.98351
1985		12.38135	14.51323			22.02123	12.82913	12.69326			13.16497
1986	11.36474	12.29407	14.78945		38.39852		13.08284	12.27282	13.28287		13.05856
1987	10.68514	12.10282	15.06406		39.80749		13.1753	12.50708	13.87382		12.37071
1988	10.14457	12.2939	15.09468		39.0715		13.44982	12.78389	14.2176		13.50127
1989	10.87497	12.10154	15.26908		37.32045		14.08759	13.17047			14.18121
1990		11.68388	15.05337		37.56275	22.81613	14.60774	13.30483		15.26213	14.03439
1991	11.25203	10.31645	14.0735		39.11256		14.39159	12.96298			13.71837
1992		10.20078	14.3858			20.70202	14.65675	12.71681			13.26284
1993	8.19434	8.712706	12.69946	14.60733			12.34462	12.78228	11.30974	12.68598	12.74149
1994	8.550755	9.244548	12.14945	14.81929			12.98502		11.18653	13.61366	12.50284
1995	8.393613	8.979544	11.70343	14.47434			13.14756	12.26969	20.08749	13.74617	12.53747
1996	7.934681	9.056469	11.87432	14.44198		22.06794	12.69032	12.91533	20.02871	12.71631	12.5504
1997											
1998	7.679486		11.7093	14.34555	25.7652			10.68052		9.624714	13.11149
1999	7.622799	9.849002	11.64717		24.24645			10.51606		10.43593	13.10507
2000	7.149847	9.938207	11.87214		23.12062	13.6129	11.49261			10.29508	13.06036
2001	7.067841	9.687246	12.17022		22.2172	15.30182		11.49246	10.20553	9.453228	13.03401
2002	7.099597	9.497457	12.21297		21.57935	14.27014		11.48276	9.885166	8.646007	12.66023
2003	7.255522	9.498466	11.73695		21.42529	13.18299		11.89564	10.08483	9.089886	12.48226

续表

消费/教育支出	丹麦	芬兰	法国	德国	希腊	中国香港	澳大利亚	奥地利	比利时	冰岛	爱尔兰
2004	7.246157	9.49925	11.89872		19.7202	12.64876		11.88709	10.06312	8.969515	11.79994
2005	7.270849	9.814106	12.28823		19.09283	13.57505	12.86307	11.77805	10.05635	8.863604	11.95738
2006	7.518487	10.01243	12.38239	14.45395		14.60513	13.09986	11.62659	9.849672	8.752641	12.14164
2007	7.714018	10.21063	12.30443	13.78432		16.32412	13.12262	11.4618	9.608597	8.928402	11.89109
2008	7.886792	10.12991	12.37383	13.62113		17.45183	12.89416	11.14941	9.215621	8.474304	10.70731
2009	7.191684	9.770711	12.19271	12.83932		13.64814	11.85531	10.78694	9.135784	8.234572	9.581306

续表

消费/教育支出	意大利	日本	韩国	荷兰	葡萄牙	挪威	新加坡	西班牙	瑞典	瑞士
1970	18.39125		22.10566	9.325612				36.50188		
1971	21.77421	15.19344	20.23898	9.116535			17.85032	35.41489		
1972		13.86025	22.56628	9.061636		9.797529	18.44666	32.08385		
1973		13.89677	25.72672	9.696803	43.23645	9.551174	20.1901			
1974	16.48461	14.40235		9.062253	40.90311	9.955959	21.29331	46.40904		
1975	17.37094	12.6395	33.72508	9.267602	28.47987	10.50501	20.80588			
1976	16.17836	12.00574	23.56042	9.404069	27.4139	9.609533	18.37431	36.57034		
1977		12.04081	25.09086	9.809498		10.25654	20.12317	33.28642		
1978	16.69432	11.75478		9.955534	26.62762	9.134763	20.96305	30.48495		
1979	15.27237	11.70833	19.39668	10.22168	27.77024		20.73951	29.44345	10.61422	
1980		11.77882	18.09893	10.44785	24.63964	9.51366	17.58841		10.22254	14.51883
1981		11.58327	21.49532	10.46188	24.50689	9.796114	16.77915		9.917251	14.66594
1982		11.85588	9.490671	10.51197	23.43654	9.705772	12.4233		14.47874	
1983	14.68204	12.54951	13.47721	10.8649	24.36985	9.757568	9.767204			14.19523
1984	13.73918		13.99936	11.50642	25.13848	9.782444				14.3989
1985	13.93073		14.0036	10.63642	23.53706	10.43575				14.43209
1986	13.81195		14.53713	10.39796	24.37932	10.64933				13.95762
1987		10.33681	14.65735	9.915485	23.10111	10.16697		21.42116		13.98045
1988	13.97748	10.15967	17.391	10.5292	21.4949	10.04041	11.60548	19.97303		13.74481
1989		10.46999	16.00871		20.59242	9.146662		18.81056		13.98142
1990		15.99681		10.88023	20.00844	9.083384		18.26821	12.20777	12.8882
1991		13.78174		11.0057	17.83832	9.018211		17.72958	11.91472	12.73936
1992		13.59219			16.91126	8.882577		17.57248	12.49789	

续表

消费/教育支出	意大利	日本	韩国	荷兰	葡萄牙	挪威	新加坡	西班牙	瑞典	瑞士
1993	13. 56395	16. 86186	12. 93885	12. 01397	15. 4601	7. 610718		15. 89896	11. 94311	11. 68825
1994	14. 37474	16. 28812	15. 51345	12. 13042	15. 64115	7. 41573		14. 90458		11. 61251
1995	14. 46879	17. 00302	15. 90052	12. 26051	15. 4864	7. 394463		14. 83244	9. 995326	11. 48411
1996	14. 09881			12. 57511	14. 27109	7. 895344		14. 7472	9. 07764	11. 65671
1997						7. 479475				
1998	14. 32269	17. 79244	13. 55595	12. 30984		7. 742411		15. 25128	8. 682011	12. 03139
1999	14. 13587	17. 43389	13. 70804	12. 43511	14. 0923	7. 951596		15. 37927	8. 953338	12. 12959
2000	14. 85681	16. 76059		12. 16603	13. 82208	7. 708059	10. 26595	15. 77002	9. 009343	12. 28292
2001	13. 60719	17. 37704	13. 20714	11. 96228	13. 33334	7. 523982	10. 91694	15. 89934	9. 191998	12. 10216
2002	14. 15758	17. 44888	13. 68227	11. 76536	13. 44887	7. 236763	10. 07798	15. 68459	8. 867617	11. 17772
2003	13. 96473	17. 18178	12. 32422	11. 31967	13. 50717	7. 413243	9. 944178	15. 60981	9. 078617	10. 83599
2004	14. 40004	17. 26933	11. 98403	11. 14602	14. 2748	7. 302875	9. 948728	15. 89914	9. 08716	10. 91031
2005	15. 08965	17. 89164	12. 92013	10. 94254	14. 34433	7. 326519	10. 88099	16. 08714	9. 226487	11. 31015
2006	14. 03946	17. 9477	12. 80247	10. 80417	14. 69937	7. 56852		15. 85665	9. 208689	11. 60366
2007	15. 28767	17. 87644	12. 74616	10. 95447	14. 47199	7. 570791		15. 50451	9. 337885	12. 05125
2008	14. 50274	18. 51627	11. 57366	10. 55436	15. 47377	7. 539736	11. 46152	14. 57521	9. 133805	11. 68545
2009	14. 56033		11. 16221	10. 13641	13. 3018	7. 467766	11. 29919	13. 41521	8. 993322	11. 41753

续表

消费/教育支出	英国	美国	中国	俄罗斯	印度	巴西	南非	马来西亚	墨西哥	秘鲁
1970										
1971	13. 74473		35. 54553					15. 31862		
1972	13. 72459		31. 67426							
1973	13. 03757		29. 92033							21. 75974
1974	13. 56805		28. 07691							
1975	11. 61441		27. 95924							
1976	11. 30058		27. 08907							
1977	11. 72643		27. 52406							
1978			22. 91963							
1979			21. 15045					11. 02147		
1980	14. 01393		24. 11213					10. 18368		
1981	13. 48456		24. 5971					9. 082746		

· 203 ·

消费/教育支出	英国	美国	中国	俄罗斯	印度	巴西	南非	马来西亚	墨西哥	秘鲁
1982	13.64412		23.46077					8.504409		
1983	14.08906		23.31073							
1984	14.57238		23.92337					9.518442		
1985	15.34664		24.0121					9.282072		
1986	16.48629	16.31634	22.94832					7.818096		
1987	16.46689		25.73119				12.47087	8.165056		
1988	16.9357	15.95057	26.83896				12.36284			
1989	17.51805	15.43141					13.50755		34.72164	
1990	17.64627	15.45042					13.30073		34.10507	
1991	17.39569	15.20676					11.91672		31.33138	
1992	16.61599		27.35619					10.2017	26.71157	
1993			26.15001				11.81684	10.6441		
1994	14.80053	15.17599	20.44575				11.84477	10.3799	22.09997	
1995	14.86769	14.92002	21.98652			15.69422		11.00242	20.4558	
1996	15.33069		22.36077				12.42479	9.434022		23.86663
1997						23.59375		9.794702		
1998	15.91147	15.11184	22.49275		19.15922	14.76391			22.02247	22.66011
1999	17.03126	15.0242	21.88994		14.95693	18.78088	11.82065	7.650902	21.06845	21.68417
2000	17.09608			18.76667	15.35363	17.94653	12.65046	7.309997	18.50571	
2001	16.87218	13.70228		19.39085		18.69987	13.36605	6.294366	17.61959	25.5451
2002	15.09604	13.95531		16.3145		19.19614	13.48691	6.03721	16.80282	24.96385
2003	14.57225	13.66708		16.92805	18.32013		13.94401	6.227074	15.2667	26.15997
2004	14.82906	14.30076		17.38764	19.27163	17.4937	13.54369	7.889037	16.3488	25.01534
2005	14.49995	14.93746		16.33554	19.58126	15.76895	13.65992		15.65509	25.22258
2006	14.09333	14.03038		15.93164	19.45332	14.37986	13.70892	10.3549	15.99156	24.98935
2007	14.10559	14.45594				13.91569	13.83044	11.02981	16.04791	24.9042
2008	14.40139	14.4325		15.58912		13.27898	14.04751	12.15982	15.65818	23.4501
2009	14.31373	14.96105			18.90661	13.1794	12.8474	8.801906	14.93363	22.63043

续表

消费/教育支出	菲律宾	印度尼西亚	智利	阿根廷	泰国	波兰	匈牙利
1970				42.27645			20.0246
1971					20.99388		19.97841
1972		23.26609		30.91081	21.7003		19.6429
1973				33.53795	23.91998		18.98831
1974			17.02226	30.89855	29.70692		19.31804
1975			20.25322	36.23902	27.45686		18.43311
1976				52.13595	21.639		18.93756
1977				34.19135	20.02966		18.54191
1978			23.95028	30.9242			17.91801
1979			20.03037	26.4698	22.81776		18.01752
1980	41.81274		15.9876	24.95669	25.31847		15.44919
1981			14.39466		22.12958		14.99613
1982	34.66081			42.34667	19.27017		14.89601
1983	42.70729			42.11289	18.52633		12.77992
1984				26.99528	18.07519		13.87872
1985				48.89055			14.72742
1986	44.14927			56.3553	17.78039		14.35593
1987			23.39649	55.25486	19.12345		14.58576
1988					20.84967		14.60146
1989		62.80971		64.1361	22.81889		12.96983
1990			28.43772	69.28805			12.1878
1991					17.52966	19.29407	12.20435
1992					17.7417	17.81662	12.16955
1993			28.17022			17.80722	12.96129
1994		54.45779	26.35475		15.61015		12.68989
1995	26.25052	55.36806	24.35424		16.81945	16.39715	14.29257
1996	23.72651	52.75836	23.6446	19.69243	15.28646	11.69084	15.52308
1997	22.41095	53.32598	21.9896		12.09951		14.75971
1998	21.25785		20.26658	18.30984	12.07783	15.01741	14.75971

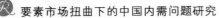

续表

消费/教育支出	菲律宾	印度尼西亚	智利	阿根廷	泰国	波兰	匈牙利
1999			18.02584	16.72905	11.63214	16.23854	14.31247
2000	22.03868		18.22625	16.29992	10.97623	15.07411	13.27614
2001	25.7692	25.72458		15.44627	12.24033	14.31764	13.22497
2002	25.76733	24.71179	16.86117	16.75226	14.91846	14.3232	13.00591
2003	27.10884	19.92587	17.19056	19.26915	15.1752	14.36224	12.03552
2004	31.35671	23.76505	17.89848	18.18208	14.26637	13.90232	12.79293
2005	34.26172	22.41194	18.86843		14.84689	13.59251	12.86649
2006	31.47362		18.66177	15.02164	14.03669	13.96288	12.80624
2007	30.02835	21.12463	17.55957	13.73899	14.997	14.52472	12.85493
2008	29.74879	22.40782	16.04702	12.36761	16.05525	14.23135	13.39282
2009	29.8823	18.23978	15.14925	11.20046	14.50603	14.12846	13.2827

续表

消费/公共支出	丹麦	芬兰	法国	德国	希腊	中国香港	澳大利亚	奥地利	比利时	冰岛
1970		2.047301			2.718017		2.645795	1.67117	1.421945	
1971	1.674142	1.933438			2.655203		2.540836	1.64647	1.414468	
1972	1.614573	1.946325			2.55522		2.423187	1.631886	1.350956	
1973	1.711764	1.996014			2.61456		2.520812	1.575832	1.35498	
1974	1.552952	1.911979			2.495854		2.393267	1.559819	1.386148	
1975	1.553622	1.655631			2.453731		2.232771	1.463856	1.266212	
1976	1.569481	1.641629			2.423179		2.102419	1.467026	1.256439	
1977	1.572164	1.530651			2.465427		2.071025	1.490527	1.232566	
1978	1.520817	1.541098	1.556827		2.455955		2.081614	1.386177	1.203676	
1979	1.455639	1.562068	1.556432		2.436215		2.122827	1.343282	1.189211	
1980	1.343793	1.550415	1.543449		2.444641		2.070672	1.368616	1.151536	1.96108
1981	1.227814	1.513768	1.48735		2.090732		2.086807	1.363676	1.065689	1.893674
1982	1.194017	1.492802	1.473214		2.144358		2.025081	1.345111	1.127788	1.905497

续表

消费/公共支出	丹麦	芬兰	法国	德国	希腊	中国香港	澳大利亚	奥地利	比利时	冰岛
1983	1.181319	1.442194	1.439468		2.097946		1.930173	1.388707	1.095309	1.837671
1984	1.226475	1.415918	1.405959		1.976086		1.807852	1.358205	1.140555	1.97815
1985	1.239377	1.380157	1.405148		1.853019		1.775032	1.306478	1.145297	1.894414
1986	1.326793	1.356494	1.388564		1.845673		1.7678	1.286805	1.144676	1.772388
1987	1.248755	1.362281	1.417658		1.914272		1.805925	1.258101	1.168814	1.991097
1988	1.192494	1.377895	1.424756		1.963543		1.891294	1.265031	1.167914	1.700711
1989	1.179013	1.421626	1.44323		1.972022		1.963727	1.30937	1.174223	1.637386
1990	1.161252	1.351629	1.414617		1.831799		1.948723	1.306668	1.171164	1.736136
1991	1.145372	1.19055	1.388798	1.414671	1.935146		1.86119	1.285376	1.16658	1.67665
1992	1.125758	1.113766	1.363458	1.399269	1.834121		1.805198	1.28415	1.164212	1.702053
1993	1.080945	1.041064	1.302318	1.384096	1.759449		1.836516	1.21124	1.139039	1.655172
1994	1.100878	1.032889	1.289925	1.403687	1.82012		1.791171	1.225614	1.178397	1.684983
1995	1.536723	1.259038	1.463179	1.703764	1.7942			1.586004	1.332857	
1996	1.585573	1.378223	1.477143	2.036242	1.868245			1.633575	1.34695	
1997	1.656316	1.474693	1.438391	2.057768	1.823234			1.63709	1.354256	
1998	1.697374	1.548045	1.485278	2.047236	1.855815			1.617805	1.370694	2.227943
1999	1.690631	1.57807	1.476903	2.045122	1.843476		2.69549	1.599154	1.370631	2.247058
2000	1.705139	1.671614	1.515739	2.077947	1.747346		2.761031	1.628183	1.401229	2.256368
2001	1.72935	1.707525	1.51713	2.124136	1.780091		2.505722	1.619582	1.399256	2.143626
2002	1.740644	1.662539	1.483168	2.064809	1.796419	2.732277	2.473925	1.619269	1.433933	2.072959
2003	1.729461	1.677072	1.494437	2.046496	1.815655	2.659265	2.530398	1.617789	1.405924	2.061899
2004	1.771805	1.68569	1.510497	2.098636	1.771264	2.993875	2.535988	1.493848	1.441013	2.105154
2005	1.84453	1.697647	1.513218	2.089618	1.828368	2.856011	2.469122	1.60826	1.341663	2.187817
2006	1.869657	1.72919	1.532251	2.132186	1.827412	3.432858	2.50031	1.605626	1.433438	2.246599
2007	1.683791	1.773253	1.545901	2.158871	1.714117	3.538568	2.506495	1.584017	1.408793	2.21565
2008	1.660429	1.768337	1.543924	2.154501	1.65332	3.071894	2.463617	1.576825	1.398057	1.444594
2009	1.497251	1.656944	1.493311	2.037726	1.554254	3.186296	2.286246	1.622156	1.32998	1.687302

续表

消费/公共支出	爱尔兰	意大利	日本	葡萄牙	挪威	新加坡	西班牙	瑞典	瑞士	英国
1970	1.75051053	2.008324	2.83417		1.54863		2.996106	1.620832		1.769495
1971	1.698277885	1.926775	2.690101		1.468379		2.75644	1.506136		1.766365
1972	1.790541594	1.808551	2.458211		1.422238		2.842669	1.482455		1.768851
1973	1.81935927	1.862746	2.484139		1.384326		2.953237	1.565502		1.731104
1974	1.7793441	1.929901	2.366831		1.391561		2.90683	1.536027		1.60291
1975	1.60119212	1.715839	2.143307		1.401511		2.697095	1.48016		1.54903
1976	1.582036944	1.731961	2.042184		1.359991		2.649629	1.426573		1.51499
1977	1.679653178	1.741005	1.975571	2.818533	1.345957		2.543237	1.285453		1.582833
1978	1.644029831	1.597618	1.828328	2.446163	1.266325		2.334619	1.229356		1.651956
1979	1.584705288	1.65	1.824743	2.450768	1.275859		2.287111	1.20834		1.713908
1980	1.45709528	1.691514	1.83982	2.253006	1.209046		2.191474	1.136057		1.64067
1981	1.444045492	1.567793	1.807734	2.138604	1.220803		2.038332	1.125147		1.517217
1982	1.25279036	1.498642	1.785237	2.137229	1.213639		1.918713	1.097964		1.548599
1983	1.269405204	1.424815	1.808839	2.158062	1.241382		1.864728	1.068965		1.558565
1984	1.317532025	1.389486	1.839134	2.163961	1.226056		1.771393	1.086728		1.563775
1985	1.327515812	1.383844	1.855799	1.995581	1.298528		1.6756	1.075677		1.611821
1986	1.330043498	1.334597	1.837701	1.931893	1.279456		1.644087	1.108108		1.691457
1987	1.33935308	1.356737	1.776873	1.94577	1.224113		1.725362	1.176146		1.765232
1988	1.436732109	1.332565	1.797753	1.99457	1.176112		1.711638	1.17069		1.875376
1989	1.620446737	1.308723	1.846549	1.960303	1.150747		1.678301	1.118743		1.931794
1990	1.565406435	1.276238	1.846249	1.809758	1.101436		1.627754	1.117782	2.054911	1.882517
1991	1.51841759	1.254306	1.828829	1.711806	1.084056		1.553087	1.120749	1.970624	1.788605
1992	1.536433807	1.22786	1.810804	1.689631	1.092956		1.54325	1.003925	1.881126	1.715051
1993	1.508453674	1.190067	1.72531	1.648988	1.104012		1.448103	0.99035	1.798361	1.715543
1994	1.536282339	1.247977	1.706967	1.683009	1.118614		1.496575	0.993097	1.77381	1.737418
1995	1.312258619	1.361069		1.952798		2.932508	1.825553	1.463133		1.918876
1996	1.349327133	1.385526		1.982779		2.120284	1.874042	1.561158		1.982126
1997	1.369816796	1.460941		2.01564		2.422184	1.975959	1.628395		2.041647
1998	1.846876422	1.602689		1.963299		2.152104	2.018493	1.662173		2.113173
1999	1.807362066	1.643244		1.965607		2.387264	2.092989	1.706817		2.154312
2000	1.993441159	1.6958		1.959222	1.555497	2.199863	2.149793	1.796105		2.132432
2001	1.880404373	1.655307		1.906251	1.570307	2.156096	2.19507	1.864244		2.125138
2002	1.822802428	1.66622		1.883019	1.436904	2.462738	2.471613	1.85171	3.329224	2.06646

续表

消费/公共支出	爱尔兰	意大利	日本	葡萄牙	挪威	新加坡	西班牙	瑞典	瑞士	英国
2003	1.831786319	1.675832		1.849503	1.489276	2.519869	2.589756	1.855751	3.284339	2.001461
2004	1.844017319	1.704095		1.838054	1.529681	2.550569	2.590442	1.889215	3.283708	1.982926
2005	1.836380445	1.705084	3.894504	1.814483	1.546932	2.809928	2.723316	1.844039	3.327523	1.927436
2006	1.852772041	1.675464	3.953235	1.871277	1.558026	2.556377	2.712876	1.862249	3.432592	1.942364
2007	1.795175656	1.674056	4.183519	1.896936	1.614551	2.629637	2.68479	1.930934	3.499218	1.930086
2008	1.616326065	1.654801	3.941207	1.868776	1.582453	2.206405	2.547251	1.96444	3.628322	1.80542
2009	1.374556472	1.555944	3.445987	1.748562	1.502323	2.393879	2.189735	1.935223	3.457069	1.729054

续表

消费/公共支出	美国	中国	俄罗斯	印度	巴西	南非	马来西亚	秘鲁	印度尼西亚	匈牙利	加拿大	以色列
1970	2.278352533	1.791546									1.961221	
1971	2.271686936	1.656466									1.918066	
1972	2.268605127	1.694011									1.936187	
1973	2.3097242	1.683244									2.015637	
1974	2.267941197	1.769352									1.913854	
1975	2.111268946	1.768741									1.766584	
1976	2.233116097	1.824197									1.789316	
1977	2.237370055	1.855319									1.747771	
1978	2.272636976	1.470075									1.741491	
1979	2.267310604	1.454305									1.749244	
1980	2.154441589	1.72224									1.694682	
1981	2.132865273	2.081528									1.650973	
1982	2.074777708	2.082762									1.485801	
1983	2.03596262	2.07034									1.483287	
1984	2.049945544	2.045182									1.463026	
1985	2.062967305	2.192669									1.438466	
1986	2.022670184	2.221152									1.490688	
1987	2.021122415	2.503852									1.496659	
1988	2.072435414	2.879768									1.522025	
1989	2.055858503	2.834333									1.522547	
1990	2.011231317	2.760515									1.454758	

续表

消费/公共支出	美国	中国	俄罗斯	印度	巴西	南非	马来西亚	秘鲁	印度尼西亚	匈牙利	加拿大	以色列
1991	2.01348215	2.861908								1.329369	1.3649	
1992	1.961645035	3.298922								1.277782	1.356529	
1993	1.960534988	3.333601								1.325101	1.3763	
1994	1.999170541	3.417239								1.197599	1.430052	
1995		3.58154		4.641475				3.937699	5.85287	1.354734	2.906767	
1996		3.69501		4.946671			2.480461	4.151994	5.734052	1.433402	3.072284	
1997		3.513842		4.650876	3.226992		2.663583	4.156367	4.560107	1.45102	3.343223	
1998		3.219578		4.750767	3.207517		2.638744	4.174229	4.481573	1.437651	3.406753	
1999		2.800293		4.460989	3.28786		2.341211	3.982948	3.973828	1.486627	3.373081	
2000		2.564433		4.308865	3.316601	2.531526	2.643647	3.889963		1.566773	3.430854	1.310440441
2001	3.856437173	2.339061		4.345712	3.18378	2.5435	2.513151	4.044345		1.598479	3.49639	1.30529337
2002	3.781424914	2.135733	2.77638	4.133025	3.18167	2.547003	2.615775	4.154763	4.247464	1.572134	3.682371	1.30561772
2003	3.707660824	2.112084	2.701973	4.249582	2.869524	2.430456	2.650658	4.077456	4.193092	1.636233	3.662117	1.343435821
2004	3.740502233	2.093145	2.859438	4.269269	3.062853	2.392702	2.474403	4.01094	4.124157	1.642176	3.769903	1.40988064
2005	3.677359865	1.963294	3.088841	4.112201	2.784123	2.410586	2.66563	3.711601	3.893757	1.64572	3.610339	1.446705716
2006	3.689584511	1.848769	3.158675	3.995615	2.617652	2.411776	2.621445	3.676912	3.547859	1.574444	3.801052	1.532660269
2007	3.643471568	1.797296	2.773682	3.979919	2.641111	2.358605	2.661779	3.430587	3.748446	1.555797	3.832728	1.612957186
2008	3.418708345	1.638375	2.969631	3.639873	2.676955	2.273728	2.459883	3.542674	3.525341	1.513219	3.831094	1.65081901
2009	3.064247636	1.441085	2.240837	3.665286	2.819351	2.108403	2.426442	3.58211	4.0826	1.469963	3.756409	1.647852306

续表

消费/医疗支出	1995	1996	1997	1998	1999	2000	2001	2002	2003	2004	2005	2006	2007	2008	2009
澳大利亚	14.09	13.65	13.21	13.21	12.45	12.36	12.20	11.66	11.86	11.37	11.15	10.98	10.62	10.09	9.78
日本	10.65	10.51	10.70	10.57	10.26	9.87	9.77	9.80	9.74	9.63	9.34	9.54	9.36	9.10	8.49
韩国	35.43	31.90	30.69	25.51	24.11	24.07	19.58	20.79	19.82	18.92	17.88	16.14	15.32	15.39	13.99
新加坡	23.77	24.28	24.33	20.17	23.47	28.01	43.63	37.26	29.71	35.43	34.81	33.04	33.22	26.62	22.21
奥地利	9.55	9.84	9.16	8.89	8.55	8.68	8.71	8.61	8.56	8.36	8.16	8.13	7.86	7.62	7.53
比利时	10.40	10.00	10.36	10.33	10.01	9.93	9.76	9.64	8.10	7.88	7.84	8.42	8.26	7.98	7.45
瑞士	12.29	11.82	11.83	11.56	11.40	11.36	10.88	10.20	9.90	9.78	9.68	9.97	9.98	8.97	8.49
德国	7.98	7.79	7.98	8.00	7.96	7.98	8.01	7.75	7.72	8.00	7.89	7.87	7.74	7.60	7.20
丹麦	9.51	9.41	9.37	9.48	8.23	8.13	7.78	7.60	7.52	7.49	7.31	7.13	7.15	7.03	6.44
西班牙	12.61	12.57	12.68	12.75	12.77	13.08	13.06	12.90	11.65	11.65	11.57	11.26	11.04	10.31	9.36
芬兰	11.15	11.12	11.10	11.35	11.38	11.38	10.99	10.44	10.30	10.14	9.94	9.91	10.07	9.98	9.65

续表

消费/医疗支出	1995	1996	1997	1998	1999	2000	2001	2002	2003	2004	2005	2006	2007	2008	2009
法国	8.36	8.45	8.37	8.45	8.40	8.44	8.40	8.11	8.22	8.13	8.14	8.21	8.22	8.21	7.97
英国	13.42	13.58	14.32	14.18	13.70	13.76	13.34	12.75	12.39	11.82	11.65	11.21	11.12	10.54	9.65
希腊	18.32	17.99	18.16	18.63	17.42	16.52	14.94	14.98	14.65	15.11	13.64	13.15	13.25	12.11	11.62
爱尔兰	13.07	13.10	12.27	12.53	12.17	12.11	10.88	10.07	9.71	9.47	9.82	10.15	9.74	8.89	8.48
冰岛	9.69	9.89	10.06	9.35	8.72	8.92	8.71	7.94	7.92	8.22	8.58	8.55	8.51	8.31	8.03
意大利	12.62	12.49	12.07	12.20	12.00	11.30	10.74	10.47	10.60	9.98	9.76	9.56	9.80	9.43	9.22
荷兰	10.24	11.21	11.13	11.76	12.00	12.02	11.61	10.99	10.26	10.20	8.53	7.01	6.88	6.66	6.35
挪威	8.05	7.78	7.19	6.94	6.81	6.65	6.42	6.29	6.34	6.43	6.40	6.31	6.29	6.34	6.34
葡萄牙	15.38	14.39	14.12	13.89	13.37	11.63	11.58	11.26	10.86	10.74	10.63	11.09	11.08	11.34	10.71
瑞典	9.38	9.19	9.44	9.36	9.24	9.30	9.02	8.69	8.58	8.71	8.64	8.56	8.44	8.20	8.06
加拿大	10.62	10.98	11.10	10.80	10.76	10.40	10.10	9.99	9.68	9.48	9.36	9.34	9.27	9.12	8.78
美国	12.02	12.03	12.01	12.39	12.54	12.52	11.92	11.38	11.12	10.96	10.87	10.59	10.44	10.06	9.39
以色列	12.46	11.99	11.64	12.64	12.89	13.03	12.85	13.15	13.61	13.90	14.17	13.89	14.26	14.07	13.81
中国	22.82	23.58	23.21	22.98	22.62	23.49	25.09	22.94	21.93	20.73	19.75	18.57	16.35	14.03	11.92
俄罗斯	15.78	15.98	13.14	15.95	17.12	16.99	18.09	17.76	18.88	19.96	19.07	18.36	18.48	18.71	16.84
印度	62.20	68.47	62.62	61.28	57.42	58.79	61.76	63.88	66.49	67.35	65.43	63.63	62.23	59.39	55.95
巴西	25.07	25.98	24.40	25.02	24.07	24.95	23.63	22.58	22.97	20.91	21.77	20.14	19.98	20.26	19.42
南非	24.06	24.93	22.41	21.31	19.99	20.62	20.42	20.77	20.28	21.96	21.37	21.30	20.66	19.43	17.47
马来西亚	28.76	27.39	30.88	27.65	26.17	26.12	24.07	24.06	20.17	22.61	28.57	23.59	25.11	25.37	22.74
泰国	32.10	29.70	25.57	27.73	30.26	31.15	32.85	25.97	26.41	26.53	27.47	23.97	21.15	20.22	19.61
印度尼西亚	79.68	78.29	84.46	83.26	81.46	88.11	65.65	76.74	63.16	69.87	80.16	69.21	57.09	64.65	63.06
菲律宾	58.56	54.97	51.25	59.05	53.41	47.17	58.89	69.16	63.19	61.79	55.36	54.92	56.98	66.06	51.19
智利	25.95	25.84	25.33	23.27	21.71	20.34	20.88	21.19	24.30	23.78	23.75	22.18	20.88	20.15	17.98
阿根廷	14.88	15.87	16.18	16.00	14.68	15.09	14.74	15.11	16.02	16.29	15.50	15.02	14.15	13.02	10.87
墨西哥	36.10	39.46	35.27	34.13	31.24	32.00	31.64	31.26	30.63	28.91	28.93	29.51	28.95	27.73	25.16
秘鲁	29.60	29.89	31.57	28.81	26.42	26.53	27.61	26.77	27.79	27.61	25.89	25.03	20.93	17.51	21.41
波兰	18.20	17.34	18.60	19.42	18.52	19.54	18.12	17.19	17.61	17.66	17.25	16.93	16.01	14.63	13.93
匈牙利	11.48	11.83	11.93	12.32	12.54	12.96	13.31	12.87	11.68	12.17	11.88	12.09	13.17	13.65	13.38

注：数据来源于经济合作与发展组织和世界银行数据库。

附录八 中国各省份人均各类公共支出比较

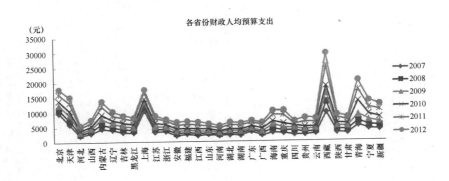

各省份财政人均预算支出

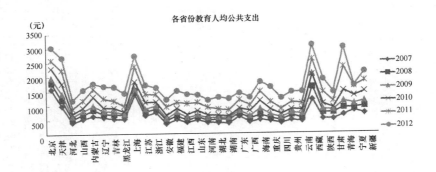

各省份教育人均公共支出

各省份社会保障就业人均公共支出

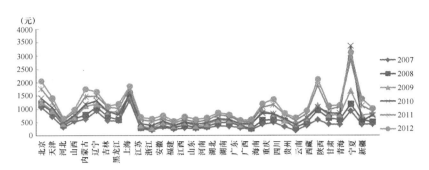

各省份医疗卫生人均公共支出

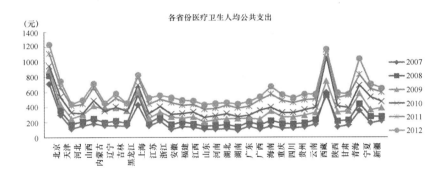

各省份住房人均公共支出

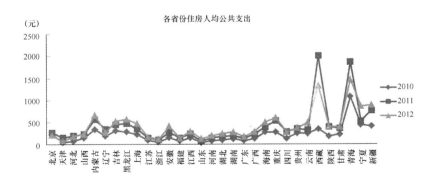

数据来源：相关年份《中国统计年鉴》。

参考文献

1. ［美］钱纳、［以色列］塞尔昆：《发展的型式 1950—1970》，李新华等译，经济科学出版社 1988 年版。

2. ［英］凯恩斯：《就业、利息和货币通论》，高鸿业译，商务印书馆 2009 年版。

3. 罗长远：《卡尔多"特征事实"再思考：对劳动收入占比的分析》，《世界经济》2008 年第 11 期。

4. 周明海、肖文等：《中国劳动收入份额的下降：度量与解释的研究进展》，《世界经济文汇》2010 年第 6 期。

5. 李扬、殷剑峰：《中国高储蓄率问题探究——基于 1992—2003 年资金流量表的分析》，《经济研究》2007 年第 6 期。

6. 伍山林：《劳动收入份额决定机制：一个微观模型》，《经济研究》2011 年第 9 期。

7. 徐现祥、王海港：《我国初次分配中的两极分化及成因》，《经济研究》2008 年第 2 期。

8. 白重恩、钱震杰：《谁在挤占居民的收入——中国国民收入分配格局分析》，《中国社会科学》2009 年第 5 期。

9. 李稻葵、刘霖林、王红领：《GDP 中劳动份额演变的 U 型规律》，《经济研究》2009 年第 1 期。

10. 龚刚、杨光：《从功能性收入分配看中国收入分配的不平等》，《中国社会科学》2010 年第 2 期。

11. 郭庆旺、吕冰洋：《论要素收入分配对居民收入分配的影响》，《中国社会科学》2012 年第 12 期。

12. 马敏娜：《我国居民收入差距扩大对居民消费需求的影响》，《当代经济研究》2001 年第 1 期。

13. 臧旭恒、张继海：《收入分配对中国城镇居民消费需求影响的实证分析》，《经济理论与经济管理》2005 年第 6 期。

14. 李军：《收入差距对消费需求影响的定量分析》，《数量经济技术经济研究》2003 年第 9 期。

15. 田青、马健、高铁梅：《我国城镇居民消费影响因素的区域差异分析》，《管理世界》2008 年第 7 期。

16. 李光、梁嘉骅：《三大收入差距对消费影响的实证分析》，《中国软科学》2011 年第 3 期。

17. 白暴力、傅辉煌：《收入分配差距偏大的主要因素和消费需求牵扯》，《改革》2011 年第 1 期。

18. 陈斌开：《收入分配与中国居民消费——理论和基于中国的实证研究》，《南开经济研究》2012 年第 1 期。

19. 骆祚炎：《城镇居民收入结构、收入初次分配格局与消费过度敏感性1985—2008 年的经验数据》，《财贸研究》2010 年第 2 期。

20. 何立新、封进、佐藤宏：《养老保险改革对家庭储蓄率的影响：中国的经验证据》，《经济研究》2008 年第 10 期。

21. 杨汝岱、陈斌开：《高等教育改革、预防性储蓄与居民消费行为》，《经济研究》2009 年第 8 期。

22. 张德勇：《财政支出政策对扩大内需的效应——基于 VAR 模型的分析框架》，《财贸经济》2013 年第 8 期。

23. 臧文斌、刘国恩等：《中国城镇居民基本医疗保险对家庭消费的影响》，《经济研究》2012 年第 7 期。

24. 樊彩耀：《完善社会保障体系促进居民消费增长》，《宏观经济研究》2000 年第 7 期。

25. 黄少安、孙涛：《非正规制度、消费模式和代际交叠模型——东方文化信念中居民消费特征的理论分析》，《经济研究》2005 年第 4 期。

26. 叶海云：《试论流动性约束、短视行为与我国消费需求疲软的关系》，《经济研究》2000 年第 11 期。

27. 杭斌：《习惯形成下的农户缓冲储备行为》，《经济研究》2009 年第 1 期。

28. 黄益平、陶坤玉：《中国外部失衡的原因与对策：要素市场扭曲的角色》，《新金融》2011 年第 6 期。

29. 张杰、周晓艳等：《要素市场扭曲是否激发了中国企业出口》，《世界经济》2011 年第 8 期。

30. 张兴：《反垄断执法与经济周期：相机选择还是固定规则——以美国为例》，《产业经济研究》2010 年第 6 期。

31. 盛仕斌、徐海：《要素价格扭曲的就业效应研究》，《经济研究》1999 年第 5 期。

32. 张幼文：《政策引致性扭曲的评估与消除——中国开放型经济体制改革的深化》，《学术月刊》2008 年第 1 期。

33. 盛誉：《贸易自由化与中国要素市场扭曲的测定》，《世界经济》2005 年第 6 期。

34. 卢锋、刘鎏：《我国两部门劳动生产率增长及国际比较（1978—2005）——巴拉萨－萨缪尔森效应与人民币实际汇率关系的重新考察》，《经济学（季刊）》2007 年第 1 期。

35. 王必锋：《要素市场扭曲对中国经济外部失衡的影响研究》，博士学位论文，辽宁大学，2013 年。

36. 王胜谦：《我国收入分配问题与就业政策》，《管理世界》2006 年第 2 期。

37. 林毅夫、蔡昉、李周：《中国的奇迹：发展战略与经济改革》，上海三联书店、上海人民出版社 1994 年版。

38. 田国强、陈旭东：《论中国深化改革面临的四个转变》，《中国高校社会科学》2014 年第 2 期。

39. 蔡昉、王德文、都阳：《劳动力市场扭曲对区域差距的影响》，《中国社会科学》2001 年第 2 期。

40. 赵自芳、史晋川：《中国要素市场扭曲的产业效率损失——基于 DEA 方法的实证分析》，《中国工业经济》2006 年第 10 期。

41. 靳涛：《引资竞争、地租扭曲与地方政府行为——中国转型期经济高速增长背后的"不和谐"分析》，《学术月刊》2008 年第 3 期。

42. 卢峰、姚洋：《金融抑制下的法治、金融发展和经济增长》，《中国社会科学》2004 年第 1 期。

43. 黄益平、苟琴、蔡昉：《中国经济从奇迹走向常规发展》，《中国金融》2013 年第 10 期。

44. 樊纲、王小鲁、朱恒鹏：《中国市场化指数——各地区市场化相对进程

2011 年报告》，经济科学出版社 2011 年版。

45. 毛其淋：《要素市场扭曲与中国工业企业生产率——基于贸易自由化视角的分析》，《金融研究》2013 年第 2 期。

46. 叶耀明、王胜：《关于金融市场化减少消费流动性约束的实证分析》，《财贸研究》2007 年第 1 期。

47. 巩师恩、范从来：《收入不平等、信贷供给与消费波动》，《经济研究》2012 年增刊（1）。

48. 刘瑞明：《金融压抑、所有制歧视与增长拖累——国有企业效率损失再考察》，《经济学（季刊）》2011 年第 2 期。

49. 宁光杰：《市场结构与劳动收入份额：基于世界银行对中国企业调查数据的分析》，《当代经济科学》2013 年第 3 期。

50. 罗长远、陈琳：《融资约束会导致劳动收入份额下降吗？——基于世界银行提供的中国企业数据的实证研究》，《金融研究》2012 年第 3 期。

51. 辛念军：《经济增长中的金融效率——对转型期中国经济高增长与金融"低"效率悖论的解释》，经济科学出版社 2006 年版。

52. 蔡吉甫：《金融漏损、银行歧视与商业信用》，《财经论丛》2013 年第 3 期。

53. 白重恩、路江涌、陶志刚：《中国私营企业银行贷款的经验研究》，《经济学（季刊)》2005 年第 3 期。

54. 胡星斗：《建议"两会"审议和制止"国进民退"》，《学习月刊》2010 年第 2 期。

55. 白重恩、钱震杰、武康平：《中国工业部门要素分配份额决定因素研究》，《经济研究》2008 年第 8 期。

56. 邵敏、黄玖立：《外资与我国劳动收入份额——基于工业行业的经验研究》，《经济学（季刊）》2010 年第 4 期。

57. 罗长远、张军：《经济发展中的劳动收入占比：基于我国产业数据的实证研究》，《中国社会科学》2009 年第 4 期。

58. 唐东波：《全球化与劳动收入占比：基于劳资议价能力的分析》，《管理世界》2011 年第 8 期。

59. 胡书东：《中国财政支出和民间消费需求之间的关系》，《中国社会科学》2002 年第 6 期。

60. 李广众：《政府支出与居民消费：替代还是互补》，《世界经济》2005

年第 5 期。

61. 胡宝娣、汪磊：《基于分位数回归的我国居民消费研究》，《商业研究》2011 年第 1 期。

62. 潘彬、罗新星等：《政府购买与居民消费的实证研究》，《中国社会科学》2006 年第 5 期。

63. 黄威、丛树海：《我国财政政策对居民消费的影响：基于省级城乡面板数据的考察》，《财贸经济》2011 年第 5 期。

64. 黄赜琳：《中国经济周期特征与财政政策效应——一个基于三部门 RBC 模型的实证分析》，《经济研究》2005 年第 6 期。

65. 贺京同、那艺：《调整政府支出结构 提升居民消费意愿——一个财政政策视角的分析》，《南开学报》2009 年第 2 期。

66. 魏向杰：《区域差异、民生支出与居民消费：理论与实证》，《财经论丛》2012 年第 2 期。

67. 蔡伟贤：《公共支出与居民消费需求：基于 2SLS 模型的分析》，《财政研究》2014 年第 4 期。

68. 李春琦、唐哲一：《财政支出结构变动对私人消费影响的动态分析——生命周期视角下政府支出结构需要调整的经验证据》，《财经研究》2010 年第 6 期。

69. 彭晓莲、李玉双：《我国政府支出对居民消费的影响分析》，《统计与决策》2013 年第 10 期。

70. 谢建国：《政府支出与居民消费——一个基于跨期替代模型的中国经验分析》，《经济科学》2002 年第 6 期。

71. 官永彬、张应良：《转轨时期政府支出与居民消费关系的实证研究》，《数量经济技术经济研究》2008 年第 12 期。

72. 连华、刘旭：《公共财政支出绩效评价的国际借鉴与启示》，《宏观经济管理》2012 年第 4 期。

73. 陈诗一、张军：《中国地方政府财政支出效率研究：1978—2005》，《中国社会科学》2008 年第 4 期。

74. 娄峥嵘：《我国地方政府公共服务支出评价——基于 DEA 的省际数据比较》，《技术经济与管理研究》2012 年第 4 期。

75. 陈仲常、张峥：《我国地方政府公共财政支出效率的影响因素分析——基于 DEA – Tobit 模型的实证研究》，《南京财经大学学报》2011 年第

5 期。

76. 刘振亚、唐滔、杨武：《省级财政支出效率的 DEA 评价》，《经济理论与经济管理》2009 年第 7 期。

77. 唐齐鸣、王彪：《中国地方政府财政支出效率及影响因素的实证研究》，《金融研究》2012 年第 2 期。

78. 代娟、甘金龙：《基于 DEA 的财政支出效率研究》，《财政研究》2013 年第 8 期。

79. 钱海燕、沈飞：《地方政府购买服务的财政支出效率评价——以合肥市政府购买居家养老服务为例》，《财政研究》2014 年第 3 期。

80. 楼继伟：《深化财税体制改革　建立现代财政制度》，《求是》2014 年第 20 期。

81. 谢仍明：《中国利率市场化研究》，博士学位论文，中国社会科学院研究生院，2014 年。

82. 张晓峒：《应用数量经济学》，机械工业出版社 2009 年版。

83. 李广泳：《收入分配、公共支出与居民消费：理论分析与实证检验》，博士学位论文，南开大学，2013 年。

84. 高铁梅：《计量经济分析方法与建模——Eviews 应用及实例》，清华大学出版社 2009 年版。

85. 陈共：《财政学》，中国人民大学出版社 2009 年第 6 版。

86. Daudey, E. and Garcia-Penalosa, C., "The personal and the factor distributions of Income in a Cross-Section of Countries", *Journal of Development Studies*, 2007, Vol. 43, No. 5, pp. 812 – 829.

87. Duesenberry, "Income-Consumption Relations and their Implications", *Income, Employment and Public Policy in Metzler*, 1948.

88. Modigliani Franco, "Life Cycle, Individual Thrift, and the Wealth of Nations", *The American Economic Review*, 1986, 76 (3), pp. 297 – 313.

89. Friedman, *A Theory of Consumption Function*, Princeton, N. J.: National Bureau of Economic Research and Princeton University Press, 1957.

90. Hall Robert E., "Stochastic Implications of the Life Cycle-Permanent Income Hypothesis: Theory and Evidence", *Journal of Political Economy*, 1978, 86 (6), pp. 971 – 987.

91. Flavin, M., "The adjustment of consumption to changing expectations about

future income", *Journal of Political Economy*, 1981, 89, pp. 974 – 998.

92. Campbell, John and Deaton, Angus, "Why is consumption so smooth?", *Review of Economic Study*, 1989, 56, pp. 357 – 372.

93. Caballero, Ricando J., "Consumption puzzles and precautionary saving", *Journal of Monetary Economics*, 1990, 67, pp. 113 – 136.

94. Deaton, A., "Saving and Liquidity Constraints", *Econometrica*, 1991, 59 (5), pp. 1221 – 1248.

95. Sydney Ludvigson, "Consumption and Credit: A Model of Time-Varying Liquidity Constraints", *Review of Economics and Statistics*, 1999, Vol. 81, No. 3, pp. 434 – 447.

96. Campbell, John Y. and Mankiw, N. G., "The response of consumption to income: A cross-country investigation", *European Economic Review*, 1991, 35: 723 – 726.

97. Aziz J. and L. Cui, "Explaining China's Low Consumption: The Neglected Role of Household Income", *IMF Working Paper*, 2007.

98. Zeldes, S., "Optimal Consumption with Stochastic Income: Deviations from Certainty Equivalence", *Quarterly Journal of Economics*, 1989, 104 (2), pp. 275 – 298.

99. Meng, Xin, "Unemployment, Consumption Smoothing, and Precautionary Saving in Urban China", *Journal of Comparative Economics*, 2003, Vol. 31, No. 3, pp. 465 – 485.

100. Blanchard, O. and F. Giavazzi, "Macroeconomic Effects of Regulation and Deregulation in Goods and Labor Markets", *Quarterly Journal of Economics*, 2003, 118 (3), pp. 879 – 907.

101. Louis Kuijs, "How will China's Saving-investment Balance Evolve?", *World Bank Policy Research Working Paper*, 3958, July 2006.

102. Giles, John and Yoo, Kyeongwon, "Precautionary Behavior, Migrant Networks, and Household Consumption Decisions: An Empirical Analysis Using Household Panel Data from Rural China", *Review of Economics and Statistics*, 2007, Vol. 89, No. 3, pp. 534 – 551.

103. Chamon, Marcos and Prasad, Eswar, "Why Are Saving Rates of Urban Households in China Rising?", *American Economic Journal/Macroeconomics*,

Forthcoming, 2008.

104. Hubbard, R. G. , Skinner, J. and Zeldes, S. P. , "Precautionary Saving and Social Insurance", *Journal of Political Economy*, 1995, Vol. 103, pp. 360 – 399.

105. Gruber, J. and Yelowitz, A. , "Public Health Insurance and Private Savings", *Journal of Political Economy*, 1999, Vol. 107, pp. 1249 – 1274.

106. Engen, E. M. and Gruber, J. , "Unemployment Insurance and Precautionary Saving", *NBER Working paper*, 1995, No. 5252.

107. Kantor, S. E. and Fishback, P. V. , "Precautionary Saving, Insurance and the Origins of Workers' Compensation", *Journal of Political Economy*, 1996, Vol. 104, pp. 419 – 442.

108. Wagstaff, A. and M. Pradhan, "Health Insurance Impacts on Health and Nonmedical Consumption in a Developing Country", 2005, SSRN.

109. Chou, S. Y. , Liu, J. T. and Hammitt, J. K. , "National Health Insurance and Precautionary Saving: Evidence from Taiwan", *Journal of Public Economics*, 2003, Vol. 87, pp. 1873 – 1894.

110. Juan A. Rojas Banco de España, "Social Security Reform with Uninsurable Income Risk and Endogenous Borrowing Constraints", *Review of Economics Dynamics*, January 2008, Volume 11, Issue 1, pp. 83 – 103.

111. Norman Loayza, Klaus Schmidt-Hebbel and Luis Serven, "What Drives Private Saving across the World?", *The Review of Economics and Statistics*, May 2000, Vol. 82, No. 2, pp. 165 – 181. ,

112. Emilie Daudey and Cecilia García-Peñalosa, "The Personal and the Factor Distributions of Income in a Cross-Section of Countries", *Journal of Development Studies*, 2005, 43 (5), 812 – 829.

113. Flavin, M. , "The adjustment of consumption to changing expectations about future income", *Journal of Political Economy*, 1981, 89, pp. 974 – 998.

114. Samuel Bentolila, Gilles Saint-Paul, *Explaining Movements in the Labor Share*, April 1999.

115. N. Gregory Mankiw and David Romer, *New Keynesian Economics*, *Introduction*, MIT Press, 1991.

116. Layard, R. , S. Nickell and R. Jackman, *Unemployment*, *Macroeconomic*

Performance and the Labour Market, Oxford: Oxford University Press, 1991.

117. Blanchard, O. and S. Fischer, *Lectures on Macroeconomics*, Cambridge, Mass. : The MIT Press, 1989.

118. Thomas Piketty. *Capital in the Twenty-First Century*, Belknap Press, 2014.

119. Harrison, A. E. , "Has Globalization Eroded Labor's Share? Some Cross-Country Evidence", *UC-Berkeley and NBER Working Paper*, 2002.

120. Fisher and Waschik. "Union bargaining Power, relative wages and efficiency in Canada", *Canadian Journal of Economics*, 2000, 33 (3), pp. 742 – 765.

121. Magee, S. P. , "Factor Market Distortions, Production, Distribution, and the Pure Theory of International Trade", *The Quarterly Journal of Economics*, 1971, 85 (4), pp. 623 – 643.

122. Gertler, Paul, David Levine and Enrico Moretti, "Do Microfinance Programs Help Families Insure Consumption against Illness?", *UC Berkeley Center for International and Development Economics Research Working Paper*, Series 1045, 2003.

123. Park, A. and M. Shen, "Refinancing and Decentralization: Evidence from China", J*ournal of Economic Behavior and Organization*, 2008, 66, pp. 703 – 730.

124. Allen F. , Qian J. and Qian M. , "Law, Finance, and Economic Growth in China", *Journal of Financial Economics*, 2005, 77 (1) : 57 – 116.

125. Cull R. , Xu L. and Zhu T. , "Formal Finance and Trade Credit during China's Transition", *Journal of Financial Intermediation*, 2009, 18 (2), pp. 173 – 192.

126. Petersen M. and Rajan R. , "Trade Credit: Theories and Evidence", *The Review of Financial Studies*, 1997, 10 (3), pp. 661 – 691.

127. Fisman R. and Love I. , "Trade Credit, Financial Intermediary Development and Industry Growth", *Journal of Finance*, 2003, 58 (1), pp. 353 – 374.

128. Brandt L. and Li, H. , "Bank Discrimination in Transition Economies: Ideology, Information, or Incentives?", *Journal of Comparative Economics*, 2003, 31 (3), pp. 387 – 413.

129. Draper N. , Huizinga F. , "ELIS: equilibrium labor income share", *GPB Report*, 2000 /3 , pp. 28 – 32.

130. Banerjee, Abhijit and Newman, Andrew, "Ocupation Choice and the Process of Development", *Journal of Political Economy*, 101, 1993, pp. 274 – 298.

131. Aghion, Philippe, Patrick Bolton, "A Theory of Triekle- Down Growth and Development", *The Review of Economic Studies*, 1997, Vol. 64, pp. 173 – 189.

132. Masuyama, Kiminori, "Endogenous Inequality", *Review of Economic Studies*, 2000. Vol. 67, pp. 743 – 759.

133. Beck Thorsten, Asli Demirguc-Kunt, Ross Levine, " Finance, Inequality, and Poverty: Cross-Country Evidence ", *NBER Working Paper*, 2004, No. 3338.

134. Blanchard O. , Wolfers J. , "The role of shocks and institutions in the rise of European unemployment: the Aggregate evidence", *Economic Journal*, 2000, 110: C1 – C33.

135. Robert M. Solow, "A Skeptical Note on the Constancy of Relative Shares", *The American Economic Review*, Sep. 1958, Vol. 48, No. 4, pp. 618 – 631.

136. Diwan, I. , "Labor Shares and Globalization", *World Bank working paper*, November 2000, Washington.

137. Lavoie, Marc, Foundations of Post-Keynesian Economic Analysis, Bookfield, 1992, Vt: Edward Elgar.

138. Naish, Howard F. , "The Near Optimality of Mark-up Pricing, *Economic Inquiry*", 1990.

139. Fisher and Waschik. "Union bargaining Power, relative wages, and efficiency in Canada", *Canadian Journal of Economics*, 2000, 33 (3), pp. 742 – 765.

140. R. C. Feenstra, G. H. Hanson, "Foreign direct investment and relative wages: Evidence from Mexico's maquiladoras", *Journal of International Economics*, 1997, 42, pp. 371 – 393.

141. Arjun Jayadev, "Capital account openness and the labour share of income", *Cambridge Journal of Economics*, 2007, 31, pp. 423 – 443.

142. Sims, C. A. ,   "Macroeconomics and Reality", *Econometrica*, 1980, 48, pp. 1 – 48.

143. Harrison, A. E. , "Has Globalization Eroded Labour's Share" mimeo, University of California Berkeley, 2002.

144. Bailey, M. J. , *National Income and the Price Level*, 1971, 2nd Edition, New York: McGraw-Hill.

145. Barro, R. J. , "Output effects of government purchases", *Journal of Political Economy*, 1981, 89, pp. 1021 – 1086.

146. Kormendi, R. C. ,   "Government debt, government spending and private sector behavior", *American Economic Review* , 1983. 73 (5), pp. 994 – 1010.

147. Aschauer, D. A. ,   "Fiscal policy and aggregate demand", *American Economic Review*, 1985, 75 (1), pp. 117 – 127.

148. Ahmed, S. , "Temporary and permanent government spending in an open economy", *Journal of Monetary Economics* , 1986, 17, pp. 197 – 224.

149. Karras, G. , "Government spending and private consumption: Some international evidence", *Journal of Money, Credit, and Banking* , 1994, 26, pp. 9 – 22.

150. Blanchard, O. and R. Perotti, "An Empirical Characterization of the Dynamic Effects of Changes in Government Spending and Taxes on Output", *The Quarterly Journal of Economics*, 2002, 117, pp. 1329 – 1368.

151. Perotti, R. , "Estimating the Effects of Fiscal Policy in OECD Countries", *Universita Bocconi Discussion Paper*, 2004, No. 276.

152. Riccardo Fiorito and Tryphon Kollintzas, "Public goods, merit goods, and the relation between private and government consumption", *European Economic Review*, 2004, 48, pp. 1367 – 1398.

153. Campbell, J. Y. , Mankiw, G. W. , "Permanent income, current income and consumption", *Journal of Business and Economic Statistics*, 1990, 8, 265 – 279.

154. Ni, S. , "An empirical analysis on the substitutability between private consumption and government purchases", *Journal of Monetary Economics*, 1995, 36, pp. 593 – 605.

155. Yum K. Kwan. The Direct Substitution Between Government and Private Consumption in East Asia NBER Working Paper, August 2006, No. 12431.

156. Ogaki, Masao and Carman M. Reinhart, " Measuring intertemporal substitution: the role of durable goods", *Journal of Political Economy*, 1998, 106 (5), pp. 1078 – 1098.

157. Farrell M. J. , "The measurement of productive efficiency", *Journal of the Royal Statistical Society*, 1957, 120 (3), pp. 253 – 290.

158. Debreu, G. , "The Coefficient of Resource Utilisation", *Econometrica*, 1951, 19, pp. 273 – 292.

159. Charnes, A. , Cooper, W. W. and Rhodes, E. , "Measuring the efficiency of decision making units", *European Journal of Operational Research*, 1978, Vol. 2, No. 6, pp. 429 – 444.

160. Frank Hendriks and Pieter Tops, "Between democracy and efficiency: trends in local government reform in the Netherlands and Germany", *Public Administration*, 1999, Vol. 77, No. 1, pp. 133 – 153.

161. Afonso and Fernandes, "Efficiency of Local Government Spending: Evidence for the Lisbon Region", *working papers*, 2003.

162. Andrew C. Worthington and Brian E. Dollery, "Measuring Efficiency in Local Governments' Planning and Regulatory Function", *Public Productivity & Management Review*, 2000, Vol. 23, No. 4, pp. 469 – 485.

163. Acemoglu, D. , "Labor and Capital Augmenting Technical Change", *Journal of the European Economic Association*, 2003.

164. Thomas Piketty and Gabriel Zucman (2013). Capital is Back: Wealth-Income Ratios in Rich Countries 1700 – 2010, p. 44. http://piketty. pse. ens. fr.

后　　记

内需问题是中国经济学界讨论的热点，也是我的研究兴趣所在。其实，真正的兴趣不是来自经济学理论本身，而是通过经济学能够解释现实生活中的一些经济现象。从早年的农村生活经历，到后来的城市生活感受；从私企工作经历，到体制内的工作过程；从东部地区到西部地区的辗转奔波；从对剩余价值的初识，到对资本论的再认识。可谓感慨良多，其中除了对生活经历的慨叹之外，更多的是感同身受的经历与经济理论的融合，让我对最初感觉模糊的问题有了清晰认识，甚至还能够给出自认为符合理论逻辑的解释。

对中国内需问题的解释，即经历了这样的一个思索历程。如果说，当初博士论文是对中国内需问题的现象研究，那么本书是在其基础上的深化，是对中国内需问题的逻辑的分析和理论论证。它既是我一年多来的博士后研究工作的总结，也是使之前不成熟的思考成熟化。其中的经历也是跌宕的，包括生活滋味的苦辣和学术研究的醇畅与执着。学习改变着我生活的轨迹，学习也逼迫着生活的取舍，艰辛付出也好，忧患意识也罢，也唯此，能给我带来一点心灵的慰藉。

在即将完稿之际，有好多好多要感谢的人，没有他们提供的外在环境与内在的心灵指引，我是不可能获得这点安慰心灵的东西的。首先，要感谢我的合作导师高淑娟老师，高老师不仅在学术上给予严格、认真的教诲，而且在生活上也给予了入微的体贴和大力的帮助，高老师为人处世坦荡淡泊，更是我学习的榜样。要感谢高老师的爱人冯斌老师，与冯老师的交流让我洞察了时世的复杂，增长了见识。要感谢博管办的杨叶老师，感谢杨老师的关怀和周到的服务。还要感谢经济所的老师和博士后同人，与他们的交流给了我不少启发。特别感谢我的老领导青海省委党校的常务副校长武伟生同志，感谢他多年来对我的关心与支持。本书得以出版，还要感谢众位编辑付出的辛苦劳动。最后，要感谢父母，他们对我的付出无法用语言来形容！

李广泳

2014 年 12 月于清华园